Brigid Keenan

Mes valises diplomatiques

Les tribulations d'une épouse d'ambassadeur

Traduit de l'anglais
par Danièle Momont

W0392539

Petite Bibliothèque Payot/Voyageurs

Retrouvez l'ensemble des parutions des Éditions Payot & Rivages sur

www.payot-rivages.fr

Titre original :
DIPLOMATIC BAGGAGE
The Adventures of a Trailing Spouse
(John Murray Publishers Limited)

© 2005, Brigid Keenan.
© 2008, Éditions Payot & Rivages, pour la traduction française,
© 2010, Éditions Payot & Rivages, pour l'édition de poche,
106, bd Saint-Germain, Paris VIe.

Je dédie ce livre à toutes les femmes qui ont suivi
leur compagnon ou leur mari en poste à l'étranger.

Je le dédie à Cecilia ; c'est pour elle
que j'ai d'abord entrepris de l'écrire.

Je le dédie à ma mère, la première épouse d'expatrié
que j'aie connue, la plus formidable
et la plus courageuse aussi.

Et, cela va de soi, ce livre est pour AW, mon époux,
sans qui je peux dire en toute honnêteté
qu'il n'aurait jamais vu le jour.

REMERCIEMENTS

J'aimerais remercier ici toutes les femmes d'expatriés dont l'amitié m'a été si précieuse, à Bruxelles, à Trinité-et-Tobago, à la Barbade, en Inde, en Gambie, en Syrie et au Kazakhstan. Je ne suis pas parvenue à les faire figurer toutes dans ces aventures, mais elles savent bien ce que je leur dois.

Je remercie Andreas, Carmelita, Hari et Meena, Ceesay, Old Pa Momodou, Bakari, Sukai, Rabie, Marcelle, Bing, Khaled, Nabila, Nina, Ira et Youri, ainsi que tous ceux qui, aux quatre coins du monde, ont mis leur patience et leur bonne humeur au service de notre famille ; ils nous ont certes facilité l'existence, mais ils l'ont aussi ô combien enrichie. Et je sais gré à Michael Wynn Jones de m'avoir commandé il y a quelques années pour le *Sainsbury's Magazine* une chronique sur la vie des expatriés – ce fut là un bon galop d'essai.

Je remercie Christopher Matthew, Sue Fletcher et Barbara Toner qui, depuis plusieurs décennies, ont toujours su, chaque fois qu'il le fallait, me redonner de l'entrain et me galvaniser. Je remercie Claudia Shaffer, mon agent et ma très chère amie, de même que Gordon Wise, mon sage éditeur – qui décidément porte bien son nom.

Je tiens par-dessus tout à remercier mon mari, Alan Waddams, dit AW, ainsi que mes deux filles, Hester et Claudia ; je n'aurais pu rêver plus merveilleux compagnons de voyage au cours du long périple auquel ce livre est consacré.

Prologue

Le commun des mortels ayant tendance à s'imaginer que les femmes d'expatriés se vautrent dans le luxe, engloutissent des litres de gin et prennent de nombreux amants, il n'est guère surprenant que l'on nous manifeste si peu de compassion ; aussi cette lettre reçue voilà quelques années m'avait-elle fait chaud au cœur. « Je tiens à vous dire, écrivait son auteur, combien j'admire votre courage, votre détermination et votre capacité à faire face à l'adversité. » La suite était du même tonneau. Je rayonnais d'aise : enfin, quelqu'un mesurait les sacrifices que nous, femmes d'expatriés, sommes amenées à consentir ! Mais l'homme, un peu plus loin, me demandait une photo dédicacée ; la démarche me parut tout de même un brin excessive. Après quoi il évoquait la rude épreuve que j'avais endurée à Beyrouth, et c'est alors que je me rendis compte que la missive n'avait pas été adressée au bon destinataire. Ces éloges (d'ailleurs amplement mérités) étaient pour Brian Keenan, l'ex-otage, non pour Brigid Keenan, la « conjointe accompagnatrice ». Déconfite, je réexpédiai la lettre à mon homonyme.

Le fait est que personne ne comprend la vie d'une femme d'expatrié, sinon une autre femme d'expatrié. C'est pourquoi j'espère que ce livre saura toucher la corde sensible de mes vaillantes sœurs installées à l'étranger, et qu'elles reconnaîtront dans mon expérience quelques bribes au moins de la leur.

Je présente d'emblée mes excuses à ceux qui

apparaissent dans ces lignes si leurs souvenirs des événements que j'y décris diffèrent des miens. J'ai fait de mon mieux pour dire les choses telles qu'elles se sont déroulées mais, ainsi que l'a jadis souligné l'Américain William Maxwell, écrivain distingué : « Lorsque nous parlons du passé, nous mentons à chaque phrase. »

J'ai, par intermittence, tenu un journal depuis notre emménagement à Bruxelles, dans les années 1970, mais quand je l'ai consulté en vue d'écrire ce livre, j'ai constaté avec dépit que l'encre s'était effacée sur plusieurs pages, tandis que je me découvrais ailleurs incapable de me relire. Comble de l'exaspération, certaines anecdotes – des épisodes qui, à l'époque, m'avaient tant marquée que j'étais certaine de toujours me les rappeler – se réduisaient à quelques notes sibyllines qui, aujourd'hui, ne possèdent plus le moindre sens pour moi. « La guêpe hilarante et le bonbon à la gélatine » : qu'était-ce donc que cette histoire, bon sang ? Et qui diantre était ce « petit VIP vert » à qui j'ai associé voilà vingt ans deux astérisques pour souligner toute la drôlerie de l'incident ? Il semble inimaginable de pouvoir oublier ce genre de péripétie ; c'est pourtant ce que j'ai fait.

I

Vent de nostalgie sur la steppe

Almaty, 11 février 2002.

Franchement, je ne sais pas si je vais tenir le coup. C'est mon premier matin au Kazakhstan, à onze heures je n'ai déjà plus rien à faire, et il me reste quatre ans (soit plus de mille quatre cents jours) à passer dans ce pays avant que la mission d'AW ne s'achève. Comment diable vais-je tenir jusque-là ?

À vrai dire, il ne s'agit pas tout à fait de mon premier matin ici. Je suis arrivée dans cet univers inconnu de neige, de montagnes, de faciès mongols, de langues inintelligibles et de toques en fourrure (même les balayeurs en portent) samedi matin à quatre heures, il y a un peu plus de deux jours, mais c'est aujourd'hui mon premier lundi, le plus redouté par toutes les femmes dont le compagnon travaille à l'étranger. Le jour où, votre époux ayant rejoint son bureau, il vous faut affronter votre nouvelle vie : seule. Je me sens anéantie et j'ai la nette impression de faire un mauvais rêve dont je pourrais m'éveiller à tout instant pour me retrouver dans mon cher vieux quartier londonien de Pimlico. J'en pleurerais. Que dis-je ? J'en pleure.

AW, mon mari, m'a présentée samedi à notre personnel lorsque je suis descendue pour le déjeuner après avoir passé la matinée à dormir : Nina, la cuisinière, à la fois robuste et maternelle – on l'imagine volontiers mariée à un sergent-major –, Ira la gouvernante, aussi jeune, aussi mince et aussi jolie qu'un mannequin, Youri enfin, un énorme type à l'air bourru qui doit bien mesurer deux mètres quarante et occupe les fonctions de garde du corps, de jardinier ainsi que d'homme à tout faire. Nos trois employés sont russes (comme près de la moitié des habitants du Kazakhstan, qui s'y sont établis à l'époque où le pays faisait encore partie de l'Union soviétique), et ils ne parlent pas un traître mot d'anglais. Pour ma part, tout ce que je sais dire en russe c'est : *Niet !*

Voilà qui s'avère un tantinet incommode car en ces premiers jours suivant leur installation en terre étrangère, en ces jours où le téléphone ne sonne jamais (s'il le fait, c'est un faux numéro), les femmes d'expatriés solitaires dans mon genre tendent à compter de toutes leurs forces sur leurs Nina, leurs Ira et autres Youri, qui représentent désormais leur unique contact avec le reste de l'humanité. Nous faisons d'eux nos confidents, nos âmes sœurs, après quoi nous passons le reste de notre séjour à tenter d'instaurer entre eux et nous une distance respectueuse. En Syrie, où nous avons vécu avant de venir ici, dans un élan d'émotion j'embrassai ainsi Bing, notre majordome philippin, la première fois que je m'absentai de la maison ; je ne pouvais décemment pas lui faire ensuite la bise dès que je me rendais quelque part… Personne n'était plus embarrassé que moi, sinon lui.

(L'incident n'était néanmoins pas aussi humiliant que celui qui se produisit lorsqu'il y a fort longtemps nous quittâmes la Gambie. Tandis que je faisais mes adieux à Ceesay, notre majordome, j'éprouvai soudain envers lui une telle tendresse que je me penchai en avant pour déposer sur sa joue un baiser impromptu. Ayant deviné ce qui risquait de se passer, Ceesay leva les mains pour s'en prémunir, de sorte que mes seins vinrent se nicher dans le creux de ses paumes. Nous hurlâmes en chœur.)

En Éthiopie, premier poste à l'étranger d'AW après notre mariage, Andreas, notre bonne, m'offrait quant à elle davantage qu'un simple soutien moral. Chaque fois que je me disputais avec mon mari – environ seize fois par jour –, elle apparaissait en silence derrière lui, une poêle à frire dans la main, gesticulant par-dessus son épaule en m'interrogeant du regard pour savoir si elle devait lui en asséner un coup sur-le-champ.

De toute évidence, mes employés et moi ne tisserons pas ici les mêmes liens puisque nous ne sommes pas en mesure de communiquer, mais nous éviterons par là même désaccords et frictions, ce dont on aurait tort de se plaindre. Quoi qu'il en soit, jamais ils ne pourront lire dans mon journal ce que je rapporte à leur sujet – cela s'est jadis produit à Damas. Je m'étais alors sentie extrêmement confuse car, cela va de soi, toutes les pages étaient consacrées à nos gens de maison. L'affaire avait d'ailleurs pris de telles proportions qu'ils se disposaient tous à démissionner, mais nous finîmes par nous pardonner mutuellement et par cohabiter en harmonie jusqu'à mon départ.

En me réveillant ce matin, il m'a fallu une dizaine de minutes pour me rappeler qui j'étais, et surtout où je me trouvais. (*Le Kazakhstan !* j'en ai eu un haut-le-cœur.) J'avais oublié le nom des uns et des autres, mais à neuf heures la cuisinière aux allures maternelles m'a apporté du thé dans un bol tadjik posé sur une soucoupe anglaise, après quoi j'ai pris mon courage à deux mains pour descendre affronter nos auxiliaires, que j'ai trouvés tous trois dans l'entrée, la mine radieuse. Je parierais pourtant qu'ils sont tout prêts à me haïr : ce sont eux qui ont pris soin d'AW au cours de ces quatre derniers mois que j'ai passés pour ma part dans le déni absolu, occupée à aménager notre nouvel appartement de Londres. La dernière chose qu'ils souhaitent voir dans cette maison, c'est une femme de sahib fraîchement débarquée d'Angleterre pour les mener à la baguette du matin au soir.

Lorsque nous vivions en Gambie, Ceesay – qui, soit dit en passant, est le portrait craché du comédien Eddie Murphy – avait su parer d'office à cette éventualité en découvrant, dès le premier jour et par je ne sais quel prodige, mon point faible : la peur de recevoir. Incapable d'inviter deux personnes à prendre le thé sans céder à la panique, je m'étais trouvée réduite à l'état de chiffe bredouillante face à un Ceesay évoquant pour moi, dans un incroyable pidgin mêlé de français, de mandingue et de wolof, les merveilleux dîners organisés naguère par notre prédécesseur, les mets extraordinaires que l'on y servait, la jovialité des convives… Jusqu'à ce qu'un jour je demande fébrilement à une autre expatriée si elle avait assisté à l'une de ces somptueuses soirées et que je l'entende me répondre : « Des réceptions ? Je ne crois pas qu'on en ait jamais donné une seule dans cette maison. »

Après le petit déjeuner, j'ai cherché dans mon dictionnaire comment on disait « merci » en russe *(spassiba)* pour le servir à nos trois employés, ce qui, me semble-t-il, s'est révélé du meilleur effet, puis j'ai couru me réfugier ici, dans le grenier (où j'ai installé mon ordinateur), afin d'éviter de faire étalage de mon désœuvrement ou, pis, d'éclater en sanglots devant eux. J'ai vidé mes valises et rangé mes vêtements ; je ne sais absolument pas comment on fait pour se rendre dans le centre d'Almaty, je n'ai de toute façon jamais conduit sur la neige ou la glace, et puisque je ne peux m'adresser à personne, je ne vois sincèrement plus rien d'autre à faire qu'appeler AW à son bureau toutes les heures environ (autant de conversations dont mon mari est jusque-là sorti exaspéré, et moi en larmes), ou consulter mes mails. Par bonheur, un charmant jeune homme travaillant auprès de mon époux s'est occupé de la connexion avec Kazakhtelecom. Il s'agit de notre première affectation depuis la création d'Internet (en Syrie, son accès ne nous était pas autorisé) ; quel progrès, surtout s'agissant de garder le contact avec nos filles, Hester et Claudia !

À vingt-trois ans, cette dernière est en première année au King's College de Londres. Elle est certes une étudiante un peu âgée, mais c'est la troisième fois qu'elle s'inscrit à la fac. À sa première tentative, nous l'installâmes dans sa résidence universitaire avant de nous envoler pour la Syrie – tandis qu'elle prenait la poudre d'escampette vers l'Allemagne où elle emménageait avec son petit ami. Il nous fallut plusieurs semaines pour découvrir le pot aux roses : chaque fois que nous tentions de lui téléphoner, nous tombions sur le répondeur d'une certaine Helga en nous étonnant que Claudia n'ait pas encore modifié l'annonce. Le mystère augmentait à proportion de nos craintes, jusqu'à ce que notre fille aînée nous appelle en décrétant : « Il est temps que quelqu'un vous explique ce qui se passe… » La deuxième fois, notre cadette y mit davantage les formes : elle prévint l'université – et nous – qu'elle abandonnait les cours pour devenir institutrice.

Hester, vingt-six ans, vit au Caire où elle participe à un programme d'aide aux réfugiés. Elle a prévu de se rendre plus tard à Jérusalem pour entrer au service d'un avocat palestinien. Je ne puis m'empêcher de penser, et cela me chagrine, que c'est sans doute AW et moi, à qui la cause palestinienne tient profondément à cœur, qui avons, sciemment ou non, encouragé un tel projet… Hester risque donc de se trouver un jour en danger par notre faute. Quoi qu'il en soit, elle se forge, grâce à ces postes au Moyen-Orient qu'elle occupe dans le cadre de sa formation d'avocat, une expérience en matière de droit humanitaire, avant d'entamer cet automne son « pupillage » auprès d'un membre confirmé du barreau. Si tout se présente aujourd'hui au mieux pour Hester et Claudia, force m'est d'avouer qu'à l'adolescence elles nous en ont fait voir de toutes les couleurs, au point que leurs frasques à elles seules avaient de quoi alimenter la chronique mensuelle que je rédigeais à l'époque pour le *Sainsbury's Magazine*.

12 février.

Oubliez tout ce que je viens de vous dire sur les merveilles d'Internet. Je me suis aperçue ce matin que je ne pouvais pas envoyer de messages à nos filles : alors que je sanglotais au-dessus du portable, l'ordinateur a soudain été pris de malaise (l'humidité de mes larmes, peut-être), à moins que la ligne ne batte la campagne, ou Kazakhtelecom. Le système est en tout cas devenu si lent qu'il m'a fallu des heures pour récupérer chaque message puis y répondre. J'ai fini par capituler, au désespoir, passant le reste de la journée les yeux dans le vague, embués, nourrissant à l'égard d'AW une haine meurtrière puisque, aussi bien, c'est uniquement à cause de lui que je me trouve ici.

J'ai appris qu'il allait être nommé ambassadeur de la Commission européenne en Asie centrale (il est à ce titre en relation avec le Kazakhstan, le Kirghizstan et le Tadjikistan) il y a environ neuf mois. La plupart des gens ignorent que l'Europe possède un tel ambassadeur ; il existe pourtant bel et bien. Tous ses homologues le détestent parce qu'il incarne la dernière création en date de la diplomatie internationale (un parvenu, en somme) même si, en tant que représentant de l'ensemble des nations européennes, il jouit souvent, auprès du gouvernement du pays où il est en poste, d'un pouvoir et d'un prestige supérieurs à ceux de ses collègues. J'ai pu constater que les diplomates britanniques manifestaient les plus vives réticences à qualifier AW d'ambassadeur, se donnant un mal de chien pour trouver comment l'évoquer en termes moins glorieux : ils parlent de « chef de mission », de « délégué », de « représentant de la Commission européenne »... Tout leur est bon pour éviter de prononcer ce mot terrible qui commence par un *a*. Au fil des années passées ensemble à l'étranger – surtout au début de la carrière d'AW, lorsqu'il travaillait exclusivement pour les autorités britanniques –, il nous est fréquemment arrivé, quoique de façon involontaire, d'ulcérer nos ambassadeurs. Le diplomate en poste au Népal m'adressait à peine la parole, sans doute parce que je vivais avec AW dans son campement en pleine jungle avant notre mariage ; notre ambassadeur en Éthiopie me tança vertement pour avoir eu l'intention de proposer au *Sunday Times* un article consacré à la famine ; en Gambie, c'est avec le haut-commissaire que nous nous trouvâmes en désaccord, étant donné que selon nous il s'était révélé totalement inefficace dans son enquête sur le meurtre de l'une de nos amies anglaises. Mais soyons équitables : nous adorions nos représentants à Bruxelles, à Trinité-et-Tobago ainsi qu'à la Barbade.

Revenons à ce qui nous a conduits au Kazakhstan. En juin de l'année dernière, AW me téléphona d'Arabie Saoudite où il était en voyage d'affaires. J'aurais dû me méfier car il ne m'appelle jamais lorsqu'il est en déplacement, c'est la règle depuis le tout début de notre union. Il vivait à l'époque à Addis-Abeba, moi je travaillais à Londres pour le *Sunday Times*. Or les standardistes londoniens étaient en grève perlée, si bien que la liaison téléphonique entre l'Éthiopie et l'Europe ne se trouvait établie que deux heures par jour et que ce pauvre AW ne composait guère mon numéro professionnel que pour entendre résonner la sonnerie jusqu'à ce que la ligne finisse par être coupée. Il en a conçu une tenace phobie du téléphone : ses appels longue distance le mettent à la torture ; pis, il ne supporte pas davantage les miens, et ce pour des raisons financières. Si j'ai vraiment quelque chose d'important à dire, prétend-il, c'est différent, mais rien à faire : du moment que ma communication coûte cher, il fait les cent pas, soupire, allant parfois jusqu'à me mettre son poignet sous le nez en tapotant sa montre. Cela me met dans une telle colère que ce sont ses joues que pour ma part je tapoterais volontiers, à l'aide d'un coup-de-poing américain de préférence... D'ailleurs, nos plus âpres disputes éclatent pour la plupart à cause du téléphone, essentiellement parce que sa définition du « quelque chose d'important » se situe à des années-lumière de la mienne.

Quand il m'appela d'Arabie Saoudite en juin dernier, il me dit :

« J'ai une bonne et une mauvaise nouvelle...

– Attends un peu. La bonne nouvelle, c'est que tu as obtenu un poste à l'étranger. La mauvaise, c'est que tu es muté en... »

Je laissai mes songes vagabonder vers les contrées les plus lointaines, les plus improbables – celles, en somme, où j'avais le moins envie de me rendre –, pour finalement hasarder :

« Au Kazakhstan ?

– Comment as-tu deviné ? »

Il était abasourdi.

C'est à ce moment que j'éclatai en sanglots, prête dès lors à consacrer la quasi-totalité des quelques mois suivants à pleurer ou à invectiver mon mari.

Je n'avais jusque-là pratiquement jamais entendu parler du Kazakhstan mais, chose étrange, dès que je sus que nous allions nous y installer bientôt, je ne cessai plus de le croiser sur ma route : chaque fois que j'ouvrais un journal anglais, je découvrais un nouvel incident rocambolesque survenu dans ce pays. Je lus, par exemple, l'histoire de ces deux hommes que l'on avait jetés en prison pour avoir assassiné et dévoré huit prostituées ; je lus qu'un cas de peste bubonique avait été signalé là-bas ; je lus qu'on y testait une trayeuse pour les chamelles. Je vis ensuite à la télévision le premier « touriste de l'espace » (un milliardaire américain) décoller du cosmodrome russe situé au Kazakhstan, puis y retrouver le plancher des vaches. Le pape s'y rendit également. On me raconta encore que les forces de l'ordre kazakhes avaient intercepté un groupe de randonneurs britanniques farfelus qui s'étaient retrouvés en salle d'interrogatoire pour avoir annoncé aux policiers, qui ne connaissaient pas *Le Seigneur des anneaux*, qu'ils étaient à la recherche du Mordor. Sur ces entrefaites, nous fîmes la connaissance au cours d'une soirée de Sacha Baron Cohen, créateur de Borat, l'hilarant journaliste kazakh. Il fut ravi d'apprendre que nous allions partir pour l'Asie centrale. Pouvait-il nous aider en quoi que ce soit ? Dans l'un des épisodes de la série, nous apprit-il, Borat retournait chez lui pour rendre visite à sa famille, mais le tournage avait en fait eu lieu en Roumanie, de sorte que le président kazakh, fou de rage, menaçait à présent la production de poursuites judiciaires. AW en profita pour s'éclipser parmi les invités...

On me rapporta à quelque temps de là qu'un spécialiste de l'histoire des plantes, Barrie Juniper l'excellemment bien nommé* (quel dommage que ses parents n'aient pas poussé l'audace jusqu'à l'appeler Berry**), avait établi que notre bonne vieille pomme domestique était originaire du Kazakhstan. Il me parla des quelques forêts d'arbres fruitiers qui subsistaient dans les montagnes du Tian Shan, ajoutant que la route de la Soie aurait mérité qu'on la rebaptise « route de la Pomme » ; il m'indiqua que les guerriers des hordes mongoles qui, venues d'Asie centrale, avaient jadis déferlé à cheval sur le Moyen-Orient bourraient leurs poches de pommes séchées, sources de vitamines ; que les pommiers s'étaient peu à peu déplacés vers l'ouest et qu'il était fait mention du

---

* *Juniper* signifie « genévrier » en anglais. *(N.d.T.)*
** *Juniper berry* signifie « baie de genièvre ». *(N.d.T.)*

greffage sur des tablettes d'argile datant de 2500 avant notre ère et découvertes en Syrie, le procédé s'étant trouvé plus tard illustré sur une mosaïque romaine.

Il me fallut bientôt faire mes adieux au boucher. « Je pars pour le Kazakhstan », lui annonçai-je, à quoi la Chinoise qui faisait la queue derrière moi réagit en lâchant un léger cri, une femme plutôt bien mise qui s'avéra en fin de compte n'être nullement chinoise mais bel et bien kazakhe. Un autre jour, au terme d'un déjeuner avec un ami dans un petit restaurant de Pimlico, alors que je récupérais mon sac en lui disant : « Je suppose que la prochaine fois que nous nous verrons, c'est quand tu viendras au Kazakhstan », l'homme assis à la table voisine se pencha vers nous, à notre grande surprise, pour se mêler à la conversation : « Pardon, mais je n'ai pas pu m'empêcher d'entendre que vous parliez du Kazakhstan, je voulais simplement vous dire que j'y habite. » Il vivait à quelque trois mille kilomètres d'Almaty, du côté des champs pétrolifères, mais nous échangeâmes tout de même nos numéros de téléphone.

Tout cela était on ne peut plus encourageant, au point que j'en vins à m'extasier que tant de choses se produisent dans ma nouvelle patrie. Quand je m'avisai qu'un auteur de ma connaissance avait effectué une partie des recherches pour le guide *Lonely Planet* consacré à l'Asie centrale, je l'appelai donc, débordante d'enthousiasme. Je crois que dans un premier temps il ne comprit pas que j'allais vraiment passer quatre ans là-bas car il m'avoua que le jour le plus heureux de son existence était peut-être bien celui où il avait sauté dans un avion pour quitter la région et regagner Londres. Après quoi, tâchant vaillamment de se montrer plus optimiste, il insista sur le fait qu'il y avait séjourné aussitôt après la proclamation d'indépendance de ces ex-républiques soviétiques et qu'à n'en pas douter la situation s'était améliorée depuis.

J'enchaînai avec le livre de Colin Thubron *The Lost Heart of Asia (Le Cœur perdu de l'Asie)* et… c'est à moi que le cœur se mit à manquer. Mes amis n'arrangèrent rien. Sans cesse ils me répétaient joyeusement : « Tout ira bien, Bridge. Rappelle-toi que les choses se sont déroulées à merveille toutes les autres fois », quand je savais, moi, que j'avais subi mon lot de chagrin à mon arrivée dans chacun des six pays, dispersés sur quatre continents, où nous avions séjourné durant ces vingt dernières années. Mais je savais aussi que j'avais versé presque autant de larmes au moment de les quitter.

À en croire AW, j'ai le culot de me plaindre au beau milieu du paradis, et William Dalrymple (devenu notre ami depuis qu'à Damas, à l'époque où il écrivait *Dans l'ombre de Byzance**, il vint passer une nuit chez nous pour y demeurer finalement six semaines) me dit que je ne suis qu'une poule mouillée et que Robert Byron, illustre écrivain voyageur des années 1930, se serait fait couper le bras droit pour être autorisé à parcourir l'Asie centrale. Tout cela est bien joli, mais les gens qui mènent une vie normale ne parviennent peut-être pas à comprendre ce que l'on éprouve à devoir quitter l'Angleterre pour s'installer d'abord à Bruxelles, puis à Trinité-et-Tobago, à la Barbade ensuite, en Inde, en Afrique de l'Ouest et enfin en Syrie, sans se voir accorder de pause entre les affectations. Nous avons certes passé trois ans en Europe après notre retour de Syrie, mais je n'en ai eu que plus de mal à refaire mes valises. Je me sens très précisément comme une feuille morte : coupée de mes attaches, anxieuse, ballottée en tous sens dans le sillage d'AW sans avoir aucun moyen d'intervenir sur le cours des événements.

---

* *Dans l'ombre de Byzance. Sur les traces de chrétiens d'Orient*, Noir sur Blanc, 2002.

Rien ne relie ces divers pays entre eux, on ne discerne aucune continuité ; c'est comme si je m'étais réincarnée à huit reprises (en comptant l'Europe et, maintenant, le Kazakhstan) au cours d'une même vie. À chaque fois on arrive nu, pour ainsi dire, seul et vulnérable, alors on bâtit peu à peu autour de soi un petit monde, mais tout à coup on se voit expédié à l'autre bout de la planète pour tout recommencer. Je ne suis pratiquement plus capable de distinguer mes souvenirs de mes rêves, et cela n'a rien d'étonnant. À ce propos, je fais ici les songes les plus affreusement réalistes qui se puissent concevoir. Soit ils concernent ma mère et je lui fais faux bond : ayant invité le prince Charles à déjeuner, elle est épouvantée de constater que je ne suis pas venue l'aider comme je le lui avais promis, tout cela parce que mon réveil n'a pas sonné et que j'en écrase toujours, dans mon appartement, à une centaine de kilomètres de chez elle. Soit ils concernent mon amie Sandy dont la carrière de journaliste ressemble à celle que j'aurais pu mener si AW ne m'y avait arrachée, auquel cas ils se rapportent systématiquement à mes ratages professionnels : Sandy et moi travaillons pour un grand journal, ses articles paraissent en une, le rédacteur en chef ne cesse de la féliciter, tandis que je m'échine sans parvenir à écrire quoi que ce soit, au point que mes collègues commencent à se demander ouvertement pour quoi l'on me paie…

Ma paranoïa relative à ma carrière, ou plutôt à l'absence d'icelle, ne se cache jamais bien loin. Dans les années 1960, j'étais responsable des pages mode au *Sunday Times*, et si l'on me qualifia alors d'« étoile montante », aujourd'hui je suis plutôt du genre « astre mort » ou peut-être satellite d'AW, voire, les jours sombres, trou noir. Lorsque nous vivions à la Barbade, je faillis fondre en larmes sur la plage en apprenant que Sandy venait de se voir proposer le poste de rédactrice en chef du magazine *Good*

Housekeeping. L'ami qui se trouvait avec nous ce jour-là était stupéfait : « Mais réfléchis un peu, bon sang ! me secoua-t-il. N'es-tu pas mieux ici au soleil, sur la plage de Sandy Lane avec tes enfants, que dans un bureau à Londres ? » Il avait raison, bien sûr, mais lui-même occupait à temps complet un poste enrichissant : comment aurait-il été capable de comprendre mon sentiment d'échec ?

Le rêve que je décrypte le plus aisément, c'est celui que j'ai fait avant-hier, au cours de ma première nuit ici : j'avais créé un jardin magnifique que j'avais invité Sandy et ma mère à venir admirer, mais une fois sur place nous nous apercevions qu'AW était passé avant nous pour déterrer toutes mes plantations puis les repiquer la tête en bas, de sorte qu'il ne nous restait plus à contempler que des racines pleines de terre. Sans commentaire.

Avant de quitter l'Angleterre pour s'installer à Almaty, il y a quatre mois, AW interrogea le Yi-king, comme il a coutume de le faire. Je ferais peut-être bien d'en dire quelques mots à l'intention de ceux qui ignorent de quoi il s'agit. Le Yi-king est un livre chinois supposé prédire l'avenir : on lance quelques pièces de monnaie qui, selon le côté sur lequel elles retombent, permettent de consulter ensuite l'ouvrage pour y lire sa destinée. Enfin, en théorie. Car le Yi-king délivre des messages si abstrus – « L'oie sauvage se dirige progressivement vers la falaise », « Au milieu de la terre pousse le bois » ou bien « Avancez comme le hamster » – que je me suis toujours trouvée déconcertée face à ce qui était censé m'arriver. Concernant le Kazakhstan, en revanche, le livre pour une fois ne mâcha pas ses mots : TROU DE SANG. Ainsi définit-il le sort qui attendait AW en Asie centrale. Je fais tout ce que je peux pour ne pas y penser.

13 février.

Aujourd'hui j'ai décidé d'adopter une attitude plus positive, mais l'exercice est effroyablement difficile. Voyons : à l'âge que j'ai atteint, âge auquel je ne serais pas plus attristée que cela de découvrir ma nécrologie dans le journal, je n'ai nulle envie de gaspiller les années qui me restent, tant que je me sens encore en forme, à tuer le temps au Kazakhstan alors que je pourrais m'occuper à… à quoi, au fait ?

Forte de mon optimisme tout neuf, je me pose sans répit cette question : qu'est-ce que je ne fais pas ici que je pourrais faire à Londres, si ce n'est écumer les rayons de Marks & Spencer ? Dans ce cas, pourquoi un tel accablement ? D'une part, j'éprouve tout bonnement le mal du pays, cela va de soi. Il me semble revivre l'époque du pensionnat : je me sens désespérément isolée, ma famille et mes amis me manquent, et aussi mon décor habituel. C'est puéril, je vous l'accorde, mais je viens de découvrir que je n'étais pas unique en mon genre : William Fiennes, l'auteur de *The Snow Geese (Les Oies des neiges)*, évoque abondamment cette nostalgie qui, écrit-il, « affecte davantage ceux et celles qui se retrouvent loin de chez eux par force plus que par décision personnelle ». Or mon exil tient autant du choix que de la contrainte. AW et moi avons compris depuis longtemps que nous ne pouvions rester plus de trois mois séparés sans mettre en péril notre union – cette fois j'ai repoussé nos limites en différant mon arrivée au Kazakhstan de quatre ou cinq semaines supplémentaires. Car au bout de ces fameux trois mois, nous avons si bien pris goût à notre indépendance que, même si nous nous sommes par ailleurs languis l'un de l'autre, nous avons beaucoup de mal à reprendre la vie commune ; chacun en veut à l'autre de le priver de sa liberté, de se mêler de ses affaires et d'exprimer certaines exigences

– l'obligation qui m'est faite, par exemple, d'éteindre la lumière avant une heure du matin.

Mon désarroi vient aussi de ce qu'une femme d'expatrié n'est jamais qu'un appendice. La preuve : les employeurs de nos époux nous désignent officiellement, mes semblables et moi, sous le nom de « conjointes accompagnatrices ». Nous suivons nos maris ou concubins, nous ne possédons pas d'identité propre ; nous ne nous trouvons en Asie centrale, en Inde, en Afrique ou ailleurs que par la volonté de nos partenaires. Nous pouvions bien être ingénieurs, pharmaciennes, journalistes, femmes d'affaires, antiquaires, généticiennes : lorsqu'une épouse d'expatrié en croise une autre, elle ne s'enquiert pas de sa profession mais de celle de son mari. Seul nous relie au monde extérieur le cordon ombilical de l'ambassade, où arrivent le courrier et les journaux, où la secrétaire veille sur l'agenda. En règle générale, nous ne sommes pas en mesure de gagner notre vie, aussi nous voyons-nous obligées de demander de l'argent à nos compagnons chaque fois que nous souhaitons en dépenser. AW est extrêmement généreux et ne me pose la plupart du temps aucune question, mais la nécessité de quémander me pèse. J'ai parfois l'impression d'être un gros chien qui, toute la journée, attend que son maître rentre pour l'emmener en promenade. Dès que j'entends la clé d'AW tourner dans la serrure, il me prend une folle envie de me ruer dans l'escalier en aboyant et de sauter autour de lui pour lui lécher la figure.

Je ne m'étonne guère que les ministères des Affaires étrangères et les multinationales aient de plus en plus de mal à recruter des hommes dont les épouses sont prêtes à se sacrifier sur l'autel des ambitions de leurs maris. Pour ces derniers rien ne change, à Jakarta ou au Japon ils s'occupent aux mêmes tâches dans des bureaux similaires. Mais nous leurs compagnes, livrées à notre solitude, nous cherchons frénétiquement un rôle à tenir qui ne se résume pas aux parties de golf ou de bridge, astreintes que nous sommes à puiser dans nos ressources intérieures – ce qui me coûte de plus en plus d'efforts car je les sens tarir peu à peu.

D'après les observations que j'ai faites au cours de mes pérégrinations, ce sont les enseignantes et les infirmières qui s'intègrent le plus aisément à l'étranger ; elles sont à peu près certaines de dénicher dans tous les pays un poste correspondant à leurs qualifications. J'ai découvert au Kazakhstan une autre belle profession « portative » : l'épouse de notre directeur administratif, coiffeuse de son métier, a ouvert un petit salon chez elle, grâce auquel elle se fait de nombreuses amies et subvient à ses besoins. Elle devrait pouvoir en faire autant partout où son mari sera nommé. Quant à la charmante femme du directeur de l'Institut Goethe local, elle est photographe. Certes, cette activité peut de loin se comparer à l'écriture – solitaire et totalement dépendante de l'énergie comme de la volonté de celui ou celle qui l'exerce –, mais au moins a-t-on l'occasion de sortir de chez soi, ce qui n'est pas le cas de qui s'escrime sur une machine à écrire ou un ordinateur.

Dans l'ensemble des pays où AW et moi avons vécu, je me suis accrochée à tout ce que je trouvais à faire : coudre des robes de chambre, écrire des livres, tenter de sauver des monuments historiques ou collecter des fonds (ce à quoi nous nous adonnons toutes quand le reste a échoué). Avec le recul, je me rends compte que je me suis passionnément engagée dans chacun de ces projets, quelque hasardeux, quelque saugrenu ait-il pu être, et que j'ai éprouvé une profonde déception chaque fois qu'il m'a fallu y renoncer pour suivre mon mari dans sa nouvelle affectation.

Notre maison au Kazakhstan – la neuvième au cours de ces vingt-sept années passées à l'étranger, sans compter les chambres d'hôtel et les appartements de fonction – se situe dans la banlieue d'Almaty, là où les montagnes couvertes de neige rejoignent l'interminable steppe mêmement enneigée. La demeure se dresse sur une colline basse, dans un lotissement huppé qui, bien que ponctué de quelques parcelles vides, déborde de vastes maisons neuves bâties beaucoup trop près les unes des autres. Au pied du coteau s'étend un village traditionnel tout en petits pavillons de bois d'où s'échappent le chant des coqs, les braiements des ânes et l'incessant jappement des chiens. (Je n'arrive pas à comprendre, et cela vaut partout dans le monde, pourquoi un chien qui aboie importune visiblement moins son propriétaire que les voisins de ce dernier.)

Lorsque je lui ai demandé ce qu'il y avait sur la colline avant que l'on y construise des maisons, notre propriétaire kazakh m'a répondu : « Oh ! rien que de vieux vergers de pommiers et des jardins. » Ce devait être charmant. Le toit de notre logis est hérissé de nombreux petits triangles pointus qui, de loin, lui confèrent des allures d'immense maquette en papier plié. Quant à notre gigantesque salon, il a beau dominer la ville, il est extrêmement déprimant : le propriétaire nourrit une vive passion pour le pin verni (plafonds, sols, rampes d'escalier, portes) ; notre bonne vieille Communauté européenne a fourni le mobilier, type Ikea (la même nous avait gratifiés, dans la chaleur humide de la Gambie, de canapés en bois noueux tendus de tweed gris). Le marron est également à l'honneur : faux parquet de plastique marron, carreaux de salle de bains marron, tapis synthétiques à motifs marron… Même les robinets sont marron. On touche le fond avec les chaises de la salle à manger, en bois d'un orange criard garni de tissu noir. Le règlement de la CE impose que l'on ne change les meubles que tous les huit ans minimum ; hélas ! rien ici n'est aussi vétuste.

AW, qui n'a pas son pareil pour jouir de l'instant présent, a demandé à Youri d'accrocher avant mon arrivée tous les tableaux que nous avons apportés afin que nous puissions au moins poser les yeux sur des objets familiers. Seulement, Youri est un géant, de sorte que les toiles se sont retrouvées à deux doigts du plafond. Mais je ne suis pas si mécontente que ça. Nous disposons d'un vrai toit, sans devoir nous contenter, trois mois durant, d'une chambre d'hôtel en attendant que l'on nous attribue un logement, comme cela s'est jadis présenté, et puis force m'est d'admettre que notre situation s'est nettement améliorée depuis l'époque où AW et moi vivions dans un genre de cabane à poules au beau milieu de la jungle népalaise. Nous avons aussi de la chance d'habiter Almaty, l'ancienne capitale du Kazakhstan fondée au XIXe siècle, plutôt que l'affreuse Astana, la nouvelle capitale, située à plusieurs centaines de kilomètres au nord-ouest d'ici, sur la steppe battue par les vents : l'hiver, la température peut y atteindre les moins trente-cinq degrés. En réaction à l'ordre qu'ils ont reçu d'y transférer au plus vite leurs ambassades, tous les diplomates s'ingénient d'ailleurs à trouver d'excellentes raisons de demeurer à tout prix à Almaty.

Je viens juste d'apprendre que, cette dernière se trouvant en zone sismique, elle a été rasée par deux fois, en 1887 puis 1911, mais AW me rassure en m'affirmant que des experts sont venus vérifier que notre demeure répondait aux normes antisismiques. (Lorsque je me suis avisée, sur un ton plein de suffisance, de rapporter cette information à une femme qui sait où nous habitons, je me suis entendu répondre : « Oh ! dans ce cas, votre maison se contentera de glisser le long de la pente. » Apparemment, on prévoit sous peu un nouveau tremblement de terre d'envergure, au point que l'ambassade des États-Unis conseille à chacun de garder chez soi une valise contenant ses possessions les plus précieuses, le passeport entre autres, à emporter en cas de séisme, et de stocker à l'extérieur des provisions d'eau et des boîtes de conserve. AW m'a cependant l'air d'être resté sourd à ces recommandations ; je ferais probablement mieux de prendre les choses en main.

14 février.

Belle journée. Les sommets enneigés, derrière notre maison, nous offrent un fameux spectacle, on croirait une carte postale. C'est depuis la fenêtre de la salle de bains qu'on les contemple le mieux, et j'ai remarqué ce matin, en me lavant les dents, qu'ils ressemblaient beaucoup à ceux qui illustrent mon tube de dentifrice. Moi qui aurais tendance à positionner toutes les montagnes plein nord, je me sens curieusement déconcertée de voir celles-ci se dresser au sud, le nord du pays étant, lui, occupé par la steppe courant sur des milliers de kilomètres jusqu'au cercle polaire arctique.

Le Kazakhstan est une immense contrée, l'équivalent des deux tiers de l'Inde bien que l'on n'y compte que quatorze millions d'habitants ; il s'étend sur trois fuseaux horaires. Mais je sais depuis aujourd'hui qu'il n'y reste qu'une poignée de monuments historiques. Le plus remarquable d'entre eux est un splendide mausolée érigé par Tamerlan sur le tombeau de Khoja Ahmad Yasawi, soufi du XIIe siècle, dans la ville de Turkestan (anciennement Yasi), à dix heures de route d'Almaty. Bref, pas de vieux quartier tel que j'en ai connu à Damas non plus que de sites archéologiques à explorer le week-end. Au cours des presque six années que nous avons passées en Syrie, nous n'avons eu le loisir de visiter que la moitié environ des lieux décrits dans *Monuments de Syrie*. À l'inverse, le guide que j'ai acheté avant de venir, *Monuments d'Asie Centrale*, ayant consacré moins d'une page au

Kazakhstan, nous devrions avoir admiré toutes ses curiosités en moins de temps qu'il n'en faut pour le dire.

Me voici donc plantée au beau milieu d'un énorme bloc de continent quasi désert, à plusieurs milliers de kilomètres de la mer. Je nage en pleine étrangeté.

Refusant de me morfondre davantage, j'ai demandé à Youri de nous emmener, Nina et moi, faire des emplettes au marché Vert (Zeliony Bazar). Moi qui raffole des marchés, j'aime beaucoup celui-ci : sur de grandes tables à tréteaux alignées dans une gigantesque halle s'entassent toutes sortes de produits. Debout derrière ces étals, des babouchkas, fichu sur la tête comme des poupées russes, vendent du lait de jument fermenté ou non (le premier est meilleur – disons moins mauvais – que l'autre), du lait de chamelle (pas désagréable), de la crème, des fromages, du poulet et du poisson fumés, du caviar dans de grands bacs en plastique, diverses variétés de miel, des légumes, des volailles... « Coin-coin ? » ai-je lancé à Nina, qui aussitôt m'a conduite au vendeur de canards à qui nous en avons acheté un pour le dîner.

Sur quelques éventaires foisonnent mille et une espèces de champignons qui, en Angleterre, valent une fortune, et j'ai repéré de curieuses baies séchées que je n'avais encore vues nulle part ailleurs. À l'étal des bouchers sont exposées des photos de bœufs, de cochons, de moutons et de chevaux, de sorte qu'on sait au moins ce qu'on achète. Je regrette de devoir souligner que la viande de cheval est la plus vendue ; le saucisson de cheval fait partie des spécialités gastronomiques du pays et on l'apprécie d'autant plus qu'il est très gras. Non loin de l'entrée du marché, de joyeux Tadjiks affublés de dents en or proposent des fruits secs (y compris ces pommes dont Barrie Juniper m'a parlé) et des amandes en provenance d'Ouzbékistan, de Turquie et d'Iran. Ce sont les rois du geste commercial : je suis repartie avec, en plus de mes achats, de pleines poignées d'abricots secs et de cacahuètes enrobées de sucre et de graines de sésame. Les Tadjiks se montrent en outre beaucoup plus avenants que les Kazakhs, qui sourient à peine. Un livre consacré au charme de ces derniers compterait sans doute parmi les plus minces au monde – talonné, cela dit, par celui que l'on pourrait écrire sur leur prudence au volant (on en vient parfois à se demander ici de quel côté de la route on est au juste censé circuler).

Quel n'a pas été mon étonnement de découvrir qu'un secteur du marché Vert est réservé aux plats préparés coréens. C'est que les Coréens comptèrent autrefois parmi les groupes ethniques que Staline exila dans les contrées vierges d'Asie centrale, au même titre que la communauté germano-russe, les Tchétchènes (chassés de leur patrie jusqu'au dernier), les Kurdes, les Grecs, les Arméniens et tant d'autres. Il semble que plus d'une centaine de minorités se côtoient ici, dont la présence témoigne d'une époque où « Kazakhstan » n'était pas synonyme de pétrole et de gaz, mais bien plutôt de goulag, de déportation et de souffrance. (Dostoïevski, Trotski et Soljenitsyne en firent les frais, chacun en son temps.) Ces personnes déplacées ainsi que les Ouïgours du Xinjiang (dans l'ouest de la Chine), les Mongols, les Ouzbeks, les Tadjiks et les Kirghiz venus des nations frontalières, tous ces émigrés se mêlant peu à peu aux Kazakhs de souche et aux millions de Russes demeurés là après l'indépendance, imposaient que l'on crée un mot nouveau pour désigner la population de la jeune république : on parle désormais de Kazakhstanais.

Les gens d'ici manifestent peu de compassion les uns envers les autres. Youri, me voyant au marché sur le point de donner une pièce à un mendiant cul-de-jatte, m'a arrêtée dans mon élan.

« Mais Youri, ai-je imploré, il n'a pas de jambes !

– Ses jambes OK », a-t-il mystérieusement répondu de sa voix lugubre de Vlad l'Empaleur.

L'incident était clos.

Sur le chemin du retour, nous sommes passés en voiture devant un énorme blockhaus muni de coupoles orientales dont j'ai appris qu'il s'agissait de l'établissement de bains publics. Comptant parmi les bâtiments de style soviétique les plus intéressants de la ville, il a été construit par Kounaev, jadis premier secrétaire du parti communiste kazakh et personnage extrêmement populaire. On y trouve, semble-t-il, des bains turcs, des bains russes et des bains finlandais. Qu'est-ce qui peut bien les distinguer les uns des autres ? J'aimerais aussi savoir si l'on peut s'y faire épiler les jambes. Il faut que je me renseigne, mais je ne sais pas à qui demander.

Plus tard. Je me suis cassé une dent sur une cacahuète enrobée. La coïncidence est curieuse car je venais de relire le passage de *The Lost Heart of Asia* dans lequel Colin Thubron raconte qu'il s'est cassé une dent en mangeant un kebab au Turkménistan. Du coup, rien à faire, l'incident me remplit de fierté comme si je venais de passer une manière de test qui me métamorphoserait en authentique voyageuse. Le trou béant que je sonde du bout de ma langue me rappelle avec force que tout le monde ici arbore au moins une dent en or ou en argent ; certains en ont même plein la bouche, tel le personnage de Requin dans les films de James Bond.

En dépit de ma mésaventure, cette journée se révèle bien plus favorable que les précédentes. Pourquoi ? Je l'ignore. Peut-être parce que je sais à présent que Youri peut me conduire en ville chaque fois que l'envie me prend de fuir le grenier. À moins que cela ne tienne tout bonnement à mon goût pour les marchés. Toujours est-il qu'il est presque dix-huit heures et que je n'ai pas pleuré une seule fois.

Encore plus tard. L'embellie aura été de courte durée. Lorsque AW est rentré du bureau, nous sommes allés nous promener dans la neige, aux abords de la maison, mais le sol est gelé et l'on glisse facilement – mon mari s'est déjà étalé de tout son long dans le parc Panfilov. Me voici de nouveau déprimée.

Comment puis-je croupir dans cet endroit abominable, au milieu de nulle part, où se dégourdir les jambes tient de l'improbable gageure ? AW n'a fait qu'aggraver la situation en m'interrogeant sur la cause de mes pleurs, alors que les raisons de mon désarroi ne me semblaient que trop flagrantes. Il n'écoute jamais ce que je dis. J'ai noté cependant que certains mots clés savaient retenir son attention – « sexe », « cuisse » et autres du même acabit ; dans ces cas-là il me lance : « Qu'est-ce que tu disais ? » C'est ainsi que j'ai pris l'habitude de tout répéter. Même mes prières du soir, je les formule deux fois au cas où Dieu n'écouterait pas lui non plus.

Pourtant, malgré ses manières exaspérantes et nos continuelles prises de bec, AW est mon héros. Je l'admire plus que quiconque. C'est un homme méthodique et dévoué, un travailleur acharné, il est intelligent, économe, stoïque, ponctuel et plein d'humour – tout le contraire de moi. Si un ordinateur avait été chargé de la besogne, jamais il ne nous aurait appariés. Il aime les pâtes ; je préfère les pommes de terre. Il aime le thé ; je préfère le café, et si d'aventure je bois un thé, j'opte pour un sachet de Tetley tandis qu'AW bouche l'évier avec son Darjeeling en vrac. Il se couche et se lève tôt ; j'aime me coucher et me lever tard. Depuis le temps que nous sommes mariés, il ne m'a jamais permis de lire au lit. J'ai beau tourner les pages en silence, rien n'y fait, il prétend qu'il ne peut s'endormir tant que j'ai un ouvrage entre les mains. Il lui arrive même de garder l'œil ouvert quand je me contente de penser ! Comment diable avons-nous tenu le coup aussi longtemps ? Le Kazakhstan sera-t-il la goutte d'eau qui fera déborder le vase ?

Ce soir, je mourais d'envie d'appeler Claudia à

Londres, mais j'y ai finalement renoncé, songeant que mes pleurnicheries ne feraient guère que l'affliger.

15 février.

J'ai téléphoné ce matin à Claudia pour apprendre que la princesse Margaret s'était éteinte il y a quelques jours. Nous n'avons certes pas encore réussi à faire fonctionner notre radio World Receiver, mais je me demande tout de même comment une telle nouvelle a pu nous échapper. Peut-être ceux qui étaient au courant ont-ils cru que nous l'étions également ? Cela fait partie des inconvénients de la vie des expatriés : quand nous rentrons en Angleterre, nous ignorons tout des décès survenus durant notre absence, des scandales et des nouveaux engouements pour tel ou tel. Les grands événements parviennent bien jusqu'à nous par le biais de CNN ou de la BBC, mais nous ne savons rien des menus faits qui tissent pourtant la culture populaire d'une nation. Lorsque nous rentrons chez nous pour nos vacances annuelles et que nous feuilletons un numéro de *Hello !* ou de *OK !* dans la salle d'attente du dentiste, nous restons abasourdis de ne connaître aucune des personnalités dont il est question dans les magazines. Nous ignorons tout de *Big Brother** ou des vicissitudes du couple Beckham ; et si nous avons entendu parler de Halle Berry, nous serions bien en peine de prononcer correctement son nom. Un jour que nous étions pour quelques semaines à Londres, j'ai découvert que le papier hygiénique Andrex s'était autoproclamé « le légendaire papier toilette ». L'affaire m'a turlupinée. De quelle légende s'agissait-il ? Avions-nous manqué quelque chose ? Quatre cents personnes s'étaient-elles échappées, pendant notre absence, d'un

---

* Émission de télé-réalité adaptée en France sous le titre de *Loft Story*. *(N.d.T.)*

bâtiment en flammes en s'agrippant à des bandes de papier Andrex ?

Les expatriés se révèlent beaucoup plus sensibles aux changements qui se sont produits dans leur pays natal que ceux qui y résident en permanence. Tout nous semble se dérouler en accéléré, comme dans ces documentaires où une fleur en bouton s'épanouit sous les yeux du téléspectateur. Ainsi, au moment de notre départ pour l'Inde, personne n'osait seulement murmurer le mot « préservatif » dans un lieu public, alors qu'un an plus tard, au cours de nos vacances en Angleterre, nous vîmes à la télé une émission dont les participants, non contents de parler ouvertement de préservatifs, en exhibaient à travers tout le studio. AW et moi avons depuis longtemps pris la décision de nous rendre une fois au moins dans une salle de cinéma durant nos congés afin que notre capacité d'indignation reste à peu près en adéquation avec celle du reste de l'Occident. Il est presque aussi important de passer de temps à autre chez son marchand de journaux pour se tenir au fait du genre de grivoiseries que l'on imprime sur les cartes d'anniversaire. Cela dit, ces précautions ne m'empêchent nullement, en général dès la réception des bagages à l'aéroport d'Heathrow, de bondir en entendant les gens parler autour de moi. Sans doute lâche-t-on autant de grossièretés dans les pays en voie de développement, mais notre méconnaissance de la langue sait nous en préserver.

J'ai l'impression que nos employés nous aiment bien. Ira m'a offert aujourd'hui une bouteille de vin maison et Nina s'est mise au rouge à lèvres. J'ai expédié un mail à Hester au Caire : « Notre chef porte désormais du rouge à lèvres », mais ayant omis de préciser le sexe dudit chef, j'ai eu droit en retour à un message quelque peu tourmenté.

Hier, pendant la pause déjeuner, AW et moi sommes allés en ville acheter une télé ainsi qu'un magnétoscope, et ce matin j'ai fait l'acquisition avec Youri d'une table sur laquelle les installer. Ces expéditions avec notre géant se déroulent dans un silence complet, moins pesant au fond qu'il n'y paraît dans la mesure où nous savons l'un comme l'autre que toute conversation est *a priori* impossible. Il tient à ce que je prenne place à l'arrière de la Land Rover et, même si semblable requête peut paraître loufoque, je ne m'y oppose pas. En Inde, notre chauffeur m'avait suppliée un jour de cesser de m'asseoir à côté de lui car, m'avait-il expliqué, ses collègues l'avaient taquiné à ce propos : il ne devait pas travailler pour quelqu'un de bien important, avaient-ils raillé, puisque la memsahib ne trônait pas sur la banquette arrière.

Ne m'étant jusqu'ici jamais spécialement préoccupée de meubles télé (en Angleterre, nous avons posé notre poste sur un coffre en bois), je n'imaginais pas à quel point on pouvait en dénicher d'infects. C'est aussi qu'en la matière les Kazakhs ne s'imposent visiblement aucune limite : dorures en tous genres, laque, sculptures sur bois, verre gravé, contorsions diverses, ils ne reculent devant rien. Après avoir écumé une dizaine de boutiques en quête d'une table toute simple, c'est finalement au marché que nous avons opté pour un meuble chinois tout juste orné de colonnes sculptées de part et d'autre des portes vitrées de la niche où se logent le magnétoscope et les cassettes.

J'ai profité de mes recherches pour découvrir Almaty, où l'on trouve en grand nombre d'adorables maisonnettes en bois, aux châssis de fenêtre sculptés et aux volets peints de diverses couleurs ; on les doit, m'a-t-on dit, aux pionniers russes qui, au XIXe siècle, s'installèrent sur ces terres vierges dans l'espoir d'y entamer une vie nouvelle. Ces demeures me rappellent celle de *La Petite Maison dans la prairie*, à condition de la rebaptiser *La Petite Maison sur la steppe*. Je suppose qu'elles sont vouées à disparaître à mesure que l'agglomération continuera de se développer. Je vais demander à Youri de me ramener bientôt en ville pour que je photographie quelques-unes de ces isbas.

Il y a aussi les vieux bâtiments municipaux russes, bas et longs, avec des façades à colonnes peintes en jaune ou en bleu. Notre chauffeur m'a désigné du doigt la maison occupée par Brejnev à l'époque où il était premier secrétaire du parti dans la région ; un logis ravissant, bleu, rehaussé de décorations en stuc. J'en ai profité pour demander à Youri, en langage des signes, de me montrer l'endroit où vécurent Trotski et sa femme après leur bannissement par Staline, mais il ignore où il se trouve.

Entre ces jolies choses se dressent de grands immeubles que l'on croirait à demi abandonnés ; le nouveau palais présidentiel, tout de marbre blanc, posé là pareil à un colossal morceau de sucre (très similaire à celui du président syrien, à croire qu'on les leur livre en kit géant), ainsi que d'imposants édifices de style soviétique, parmi lesquels le palais de la Jeunesse, dont la tour a quelque chose de si ouvertement phallique qu'on la verrait plus volontiers dominer un institut d'anatomie humaine. Certaines de ces constructions – bains publics, Opéra à l'architecture néoclassique, monumental Musée national, dont le dôme bleu lui confère des allures de mosquée – sont tout bonnement extraordinaires. Si j'avais été maire d'Almaty dans les années 1970 et 1980, j'aurais encouragé le développement du style traditionnel – je songe à cette merveilleuse alliance des esthétiques russe et orientale dont on trouve ici plusieurs exemples (une base classique agrémentée de petites touches orientales, telles les fenêtres en ogive, d'inspiration mauresque). La cité aurait pu devenir l'une des plus belles au monde.

AW et moi avons déjeuné d'une *solyanka*, apparemment la soupe russe la plus populaire après le bortsch. On la prépare avec du poulet fumé et des concombres au vinaigre, autant d'ingrédients dont j'ai d'abord cru, en en lisant la liste que me présentait Nina, qu'ils allaient donner un mélange détestable, mais en fin de compte nous nous sommes régalés. Nina est une excellente cuisinière : AW m'a dit que depuis plusieurs mois qu'il vit ici elle ne lui a pratiquement jamais proposé deux fois le même plat. Le service, en revanche, a quelque chose d'un brin saugrenu. Les mugs apparaissent sur des soucoupes, les essuie-mains font office de serviettes de table... Et après ? Nina, Ira et même Youri, à sa façon austère, se montrent avec nous si gentils, si amènes et si serviables que je commence à les aimer pour de bon.

Pour ce qui est du « service », c'est en Gambie, voilà quelques années, que se produisit l'épisode le plus hilarant. AW donnait ce soir-là un grand dîner officiel en l'honneur du président de la banque nationale, lorsqu'au beau milieu du repas Ceesay, notre majordome, se volatilisa soudain. Il aurait fallu débarrasser les entrées, mais l'homme demeurait introuvable.

« Ceesay ? » lâcha AW à voix basse, son volume augmentant à mesure que se faisait plus vif son désespoir.

Tout à coup, le majordome réapparut à côté d'AW.

« Où étiez-vous ? lui chuchota ce dernier.

– Désolé, patron, répondit Ceesay haut et fort, je suis allé pisser. »

L'horreur se peignit sur le visage des invités.

« J'espère au moins que vous vous êtes lavé les mains, lança AW, estimant que seule une plaisanterie était à même de sauver la situation.

– Ça non, patron ! » s'insurgea Ceesay, outré que mon mari ait pu croire qu'il avait perdu du temps.

AW m'a raconté qu'il avait vu tressaillir les convives lorsque ce brave Ceesay s'était ensuite présenté avec le plat de résistance.

Pour tout vous dire, je m'étonne sans cesse que les gens qui un peu partout dans le monde travaillent pour nous, les expatriés, parviennent toujours à se débrouiller avec le service de la table, alors qu'ils sont issus de cultures radicalement différentes de la nôtre et vivent souvent dans la misère. Lors d'un déjeuner de dames auquel je participai un jour à Delhi, quelle ne fut pas notre surprise de découvrir au fond de nos assiettes de consommé de bœuf une poignée de cerises : notre hôtesse avait demandé à sa cuisinière d'ajouter du sherry dans la soupe ; la malheureuse avait confondu *sherry* et *cherry**. Les usages de leurs employeurs étrangers doivent paraître à ces gens totalement abracadabrants.

On dit souvent que les expatriés évoquent leurs domestiques à tout bout de champ ; je le crois volontiers car ces derniers mènent en général une existence autrement plus exaltante que la nôtre. Marcelle, qui fut notre cuisinière en Syrie, avait été garde du corps à Manille avant d'entrer à notre service ! Sa meilleure amie, qui travaillait à Damas pour des patrons cruels, leur avait échappé en descendant quatre étages d'un immeuble grâce à des draps qu'elle avait noués bout à bout. Quant au premier majordome que nous ayons embauché en Syrie – un authentique gentleman, semblait-il, capitaine de l'équipe sri-lankaise de cricket à Damas –, il se présenta à nous avec des références qui soulignaient sa droiture et son dévouement, mais nous apprîmes après sa démission qu'il avait fait de la prison en Syrie (coups et blessures), en Italie (trafic de drogue) et en Turquie (où il se trouvait en situation irrégulière). Son départ même avait de quoi nous intriguer : il nous annonça qu'il devait se rendre d'urgence au Sri Lanka au chevet de son père malade, mais le jardinier, qui le vit décamper, nous raconta qu'il s'était engouffré dans un

* *Cherry*, en anglais, signifie « cerise », et la prononciation des mots (*cherry* et *sherry*) est proche. *(N.d.T.)*

autocar pour Moscou. Nous n'entendîmes plus jamais parler de lui.

Après le déjeuner, Youri m'a fait comprendre par gestes que nous devions retourner faire les magasins. D'abord, je n'ai pas très bien saisi pourquoi, mais il s'est avéré que nous repartions bel et bien en quête d'une table pour la télé. J'avais espéré que le meuble chinois ferait l'affaire, mais il semblait que non. Ici, je me promène sans un sou en poche comme la reine d'Angleterre. Puisque Nina avait jusqu'à présent puisé d'office dans l'argent du ménage chaque fois que nous avions eu besoin de quelque chose, je m'étais imaginé que notre chauffeur en avait fait autant et qu'il avait payé la table dans l'intention de revenir la chercher plus tard... Il n'en était rien, aussi avons-nous passé plusieurs heures cet après-midi à examiner des meubles hideux et chers, jusqu'à ce que je fasse savoir à Youri que nous allions nous contenter de l'objet repéré le matin.

Ayant appris voilà quelques jours comment on disait « tapis » en russe *(köver)*, j'ai eu, sur le chemin du retour, une idée propre à chasser la fatigue et le vague à l'âme du moment.

« Youri, *köver* kazakh ? Vieux *köver* kazakh ? »

Il a aussitôt capté le message et, tournant dans une ruelle, m'a emmenée dans une boutique miteuse installée en sous-sol. Nous avons tambouriné contre la porte jusqu'à ce qu'un petit bonhomme jovial, pareil à ces bouddhas adipeux en porcelaine que l'on trouve parfois dans les brocantes, nous fasse entrer dans une échoppe débordant de tapis et de ces tapisseries brodées typiques, dites *tushkiiz*, dont les nomades décorent l'intérieur des yourtes. Je suis repartie avec deux tapis, échangeables s'ils ne se mariaient pas avec le reste de notre salon, et que j'ai finalement gardés puisqu'une fois chez nous ils se sont révélés du meilleur effet. Ainsi que je ne cesse de le répéter à AW, nous pourrons toujours les revendre avant notre retour en Angleterre. En attendant, cette « tapis thérapie » m'a ouvert les portes d'un monde neuf et plein d'entrain…

Plus tard. J'ai trouvé comment arranger un peu notre épouvantable salon : je vais couvrir le sol de tout un tas de tapis kazakhs rouge vif, suspendre des rideaux blancs et remplacer les tissus d'ameublement. Il se pourrait même que le bureau d'AW mette la main à la poche car, même s'ils n'affichent pas les huit ans réglementaires, ceux que nous avons trouvés en arrivant sont réellement dans un état déplorable.

La télévision trônant désormais sur son meuble, nous avons décidé de la regarder ce soir. Hélas ! mon époux n'est pas parvenu à la faire fonctionner. Nous n'avons strictement rien compris au mode d'emploi dans aucune des six langues dans lesquelles il a été rédigé. Nous avons donc passé la soirée à croupetons devant le poste, tripotant des touches et pressant des boutons, en vain. Nous n'étions pas loin de le jeter par la fenêtre. Dire qu'en Inde notre télé ne possédait qu'un seul bouton, MARCHE/ARRÊT ! Au fond, notre déconvenue importe peu : nous peinons chaque jour davantage à visionner les informations – le comportement de George Bush comme la situation au Moyen-Orient nous consternent au plus haut point.

16 février.

Nous sommes samedi ! Je croyais récupérer AW pour moi seule, mais il a invité Gainee, une très jolie collègue kazakhe, à nous accompagner au grand bazar d'Almaty pour y jouer les interprètes puis à faire avec nous une promenade à cheval. En chemin vers le marché, elle m'a remerciée pour le prêt que lui a consenti mon mari afin qu'elle puisse s'acheter une voiture. Je n'étais au courant de rien et j'en ai conçu aussitôt de terribles soupçons. Que se passe-t-il donc ? Je me suis soudain souvenue que AW m'avait récemment appelée « ma puce » pendant le déjeuner. En vingt-neuf ans et huit mois de mariage, il ne l'avait encore jamais fait. Je m'interroge. Les femmes de ce pays sont exquises, elles possèdent une silhouette incomparable, avec des jambes de deux mètres de long, en particulier celles – les trente, sans exception – qui travaillent avec mon mari. J'ai l'impression qu'il va me falloir éviter de lui laisser trop souvent la bride sur le cou. Les Occidentaux dont j'ai eu l'occasion d'apprendre qu'ils avaient occupé un poste dans l'une des ex-républiques soviétiques y ont tous rencontré leur nouvelle épouse. J'ai dès lors épié les moindres gestes d'AW et Gainee durant notre visite du grand bazar, où l'on vend surtout des appareils ménagers en provenance de Chine et des vêtements bon marché, en tâchant de me convaincre que tout allait pour le mieux dans le meilleur des mondes.

J'espérais débusquer, tout couvert de poussière, un rouleau de belle étoffe oublié là depuis l'époque de la route de la Soie, mais l'on ne trouve plus guère que des tissus synthétiques. À Almaty, les fibres artificielles sont au textile ce que le béton est à l'architecture.

La balade à cheval, en revanche, n'a pas été du même tonneau. AW se débrouille vraiment très bien. Il a consacré avant mon arrivée une partie de ses week-ends à l'équitation. Il a donc grimpé sur une bête immense puis s'en est allé caracoler dans le manège. Lorsque l'on m'a menée à l'écurie pour m'y montrer le cheval qui m'avait été attribué, prénommé Eton, j'ai constaté avec soulagement qu'il était beaucoup plus petit que celui d'AW, mais j'ai hélas découvert très vite que c'était uniquement parce que l'écurie se situait à une soixantaine de centimètres en contrebas du reste des bâtiments. J'ai donc vu sortir de son box un animal gigantesque, sur le dos duquel je ne suis parvenue à me hisser que grâce à la détermination de Natacha, la monitrice, ainsi qu'à celle de chacun de mes muscles. Là-haut, j'ai vécu le martyre : je m'étais démis le pied, le genou et la hanche gauches dans la manœuvre, sans pour autant oser formuler la moindre plainte.

D'abord, Eton et moi avons tourné au bout d'une longe tandis que je tâchais de maîtriser ma douleur, ma terreur et mon vertige, mais alors que je pensais en avoir bientôt terminé, Natacha a ordonné au cheval de passer au trot. Tout ce que je puis en conclure, c'est que je ne comprends pas pourquoi, chaque semaine, des cavaliers ne se tuent pas par centaines. Je ne tenais en place qu'en me cramponnant de toutes mes forces au pommeau de la selle, de sorte que j'étais incapable de m'occuper des rênes. Natacha écumait de rage : « L'humain d'abord, le cheval ensuite ! » m'ordonnait-elle, me signifiant par là que c'était à moi de contrôler la bête. Eton, lui, riait sous cape. Au terme de cette séance de torture, j'ai tenté de me laisser glisser à peu près élégamment au bas de ma monture, mais mon pied s'est pris sous la selle et j'ai fini la leçon en sautillant de droite et de gauche sur une jambe en grand écart vertical. Faites taire dorénavant tous ceux qui vous affirmeront qu'une fois qu'on sait monter à cheval, c'est pour la vie.

Tandis que j'observais AW en train d'effectuer au galop plusieurs tours de manège, ramassé sur son animal comme un jockey du Grand National, j'ai failli fondre en larmes en prenant conscience qu'il s'agissait là d'une activité supplémentaire que nous ne pourrions jamais pratiquer ensemble. À quoi allons-nous bien pouvoir occuper tout le temps qui nous reste à passer dans ce pays ? Soudain, AW est tombé de son cheval lancé à pleine vitesse... Mon cœur a bondi dans ma poitrine. *Trou de sang !* Colonne vertébrale brisée : toute sa vie dans un fauteuil roulant. Cou rompu : la mort. Crâne fendu : un légume à jamais... Il s'est relevé indemne.

Ce soir-là, douloureusement contusionnés, nous

avons entrepris de tester le sauna que notre propriétaire a insisté pour faire installer dans notre sous-sol ; nous n'en avions nul besoin, mais ici il semble s'agir d'une tradition russe solidement ancrée. Je ne m'étais, jusqu'alors, rendue qu'une seule fois au sauna, dans un centre de remise en forme, AW n'y ayant encore jamais mis les pieds. Nous ne savions pas ce que l'on est censé y faire au juste. Dans les yeux de ceux qui les fréquentent s'allume dès qu'ils en parlent un drôle d'éclat, comme s'il se cachait là-dedans quelque sombre mystère sexuel… Faut-il y inviter des amis ? Peut-on s'y risquer seul ? Le port du maillot de bain est-il recommandé ? Nous ignorions tout de l'étiquette en vigueur dans ce genre de lieu. Par pudeur, nous nous sommes enroulés dans une serviette pour passer de la salle de bains au sous-sol, de peur que les gardes en faction à l'entrée de la maison ne nous surprennent par la fenêtre dans notre plus simple appareil, mais nous n'avons pas tardé à comprendre que pudeur et sauna ne font pas bon ménage. D'une part, vu l'extrême dureté des planches sur lesquelles on s'allonge, la serviette s'avère plus utile sous le dos. D'autre part, on a bientôt si chaud qu'on laisse définitivement la décence au vestiaire, d'autant qu'on ne cesse de grimper et descendre à quatre pattes l'escabeau qui mène à un énorme tonneau empli d'eau froide. Au terme de l'expérience, on a découvert chez son partenaire des détails anatomiques dont on ne soupçonnait pas même l'existence, fût-ce après de longues années de mariage.

17 février.

Dimanche. AW s'est converti au bouddhisme voilà quelques années, mais il a toujours la délicatesse de trouver pour moi l'église catholique la plus proche – j'ignore comment il s'y est pris, cette fois, pour dénicher la seule église d'Almaty, située à l'autre bout de la ville, à plusieurs kilomètres de chez nous. Elle a été construite il y a seulement cinq ans. C'est le samedi à dix-sept heures qu'on y célèbre une messe en anglais, ce qui, à peu de chose près, nous gâche à la fois l'après-midi et la soirée. Je vais peut-être me rabattre sur l'une des deux ravissantes cathédrales russes à bulbes, certaine que Dieu n'établit pas de distinction entre les catholiques et les orthodoxes.

18 février.

Une semaine s'est écoulée depuis mon premier lundi au Kazakhstan. Je ne distinguais alors pas la moindre lueur au bout du tunnel, et les choses ne se sont guère améliorées depuis, à ceci près que je pleure moins souvent et que j'ai reçu un appel téléphonique de la femme de l'ambassadeur des Pays-Bas : elle m'invitait à déjeuner pour me présenter une anthropologue kazakhe.

Vendredi, Youri a découvert que notre télévision ne fonctionnait pas parce que nous avions omis d'allumer le boîtier numérique. Voilà un problème résolu. Ce matin, pourtant, rien n'apparaît sur l'écran : cette journée est réservée à la maintenance et à la révision de l'ensemble du système. Ne me demandez pas comment je suis au courant ; l'information aura dû s'insinuer par les pores de ma peau car la langue russe me reste décidément impénétrable. AW, en revanche, y travaille d'arrache-pied, mais je sais d'avance que des cours particuliers ne me seraient d'aucune utilité, même si je me défendais plutôt bien en arabe lorsque nous vivions à Damas. D'ailleurs, dès qu'ici j'ouvre la bouche, c'est pour m'exprimer dans un arabe impeccable – quel gâchis ! Mais comment venir à bout d'une langue dans laquelle un simple « Arrêtez-vous ! » se dit *ostanavities* ? Le temps d'articuler par exemple : « *Ostanavities*, espèce de voleur ! » le coupable sera déjà rentré chez lui avec son butin. Ainsi qu'on l'a avoué à mon époux, le russe n'est pas une langue, c'est une conspiration.

J'ai néanmoins appris deux mots cette semaine. Ma méthode consiste à associer le diabolique terme étranger à un élément familier et phonétiquement proche. En Syrie, par exemple, la formule de politesse la plus couramment employée se prononce *kaifarlek*. Pour la retenir, je l'avais combinée avec les noms de « *Kaffe* Fasset » (l'artiste textile) et de « Pamela *Harlech* » (notre voisine dans le Somerset) afin d'obtenir ce *Kaffe Harlech* qui fit merveille et qu'il m'est impossible d'oublier. Ici, j'ai retenu *spassiba* (« merci ») en le liant à « pas si bas ». Pour le reste, je me contente de marmonner *Dostoïevski* dans ma barbe à quiconque s'avise de m'adresser la parole au marché. Et puis, sans le savoir, nous connaissons déjà quelques mots de russe : *bolchoï* veut dire « grand », *bistro* se traduit par « vite », *pétrouchka* (comme le pantin triste du ballet éponyme de Stravinski) signifie « persil ». L'anglais s'est aussi, à l'oreille, invité dans la langue russe : *biznizmien* désigne un businessman, *narcobiznizmien* un narcotrafiquant, tandis que *trolleybus* se réfère à un... trolleybus.

Le gros problème avec le russe, c'est que certaines lettres de l'alphabet cyrillique sont identiques aux nôtres sans pour autant se prononcer de la même manière. Sur la devanture du nouveau grand supermarché, dans l'enceinte duquel on a installé une patinoire, est inscrit PAMCTOP, qui signale en réalité un magasin de la chaîne Ramstore dont, pour finir de vous embrouiller, les sacs en plastique s'ornent d'un kangourou*. Découvrant un peu partout des enseignes marquées AMTEK la première fois qu'AW et moi avons traversé Almaty, je me suis réjouie à la

* *Ram* signifie en anglais « bélier ». *(N.d.T.)*

pensée que la ville regorgeait de boutiques d'antiquités. J'avais enfin trouvé, me disais-je, de quoi m'occuper au Kazakhstan, lorsque mon mari, lisant dans mes pensées, m'a conseillé de calmer mon ardeur car il s'agissait de pharmacies. Je m'amuse aussi de ce que les Russes transforment tous les *h* en *g* ; ainsi obtient-on « Gollande », « Gong Kong », « Gamlet », « Gonolulu » et, plus drôle encore, « Garry Potter ».

Nina, Ira, Youri et moi avons posé un bloc-notes dans la cuisine, car des mots tels que *biznizmien* ou *tramvoy* ne nous sont d'aucune utilité. Moi j'ai besoin de demander : « Nina, savez-vous faire les gâteaux ? » tandis qu'elle souhaite me poser la question : « Voulez-vous que je vous prépare un ragoût de bœuf pour le dîner ? » Alors nous nous sommes mis au dessin : c'est à chaque fois comme si nous entamions une partie de Pictionary.

Hier, j'ai esquissé un gâteau, une superbe fève dans sa cosse et un palmier en pot (je rêve de plantes d'intérieur) ; Nina et Youri ont parfaitement compris. Cela dit, nous ne nous rabattons en général sur les croquis que lorsque tout le reste a échoué. Dans la plupart des cas, il suffit d'un peu de théâtre assorti d'un soupçon de mime : si je veux dire « poitrine de poulet » ou « foies de volaille », je glousse en agrippant mes seins ou ce que je crois être l'emplacement de mon foie. (J'aurais dû suivre plus attentivement les cours de biologie car dans ce type de situation mieux vaut connaître son anatomie, sous peine de se voir servir à table des mets atroces.) De son côté, Nina meugle pour nous faire comprendre que nous mangerons du bœuf au déjeuner, si c'est de l'agneau elle bêle – et tout le monde éclate de rire. Je sais bien qu'en secret nos employés n'attendent qu'une chose : qu'une envie de porc me prenne et que je me ridiculise en grognonnant. Quand malgré tout nous nous retrouvons dans l'impasse, nous appelons Gainee, la collègue d'AW, qui se charge de traduire.

Bon an mal an, nous nous débrouillons donc, mais je me demande où en sera mon usage de la parole lorsque j'aurai passé plusieurs mois à baragouiner de la sorte. Je m'imagine aisément, une fois rentrée à Londres, annoncer à Claudia : « Aller maintenant Marks & Spencer pour acheter gilet. Toi comprendre ? Gilet, frissons, glagla », puis attraper un carnet pour lui dessiner le vêtement en question. Durant notre dernière conversation téléphonique, j'ai fait part de mes craintes à Hester, qui les a trouvées pleinement justifiées : au Caire, il lui est arrivé de croiser des gens qui avaient passé tellement de temps auprès de réfugiés qu'ils s'exprimaient désormais très… très… len… te… ment.

19 février.

J'ai demandé à Youri de m'emmener acheter des plantes d'intérieur. Nous sommes tombés sur de ravissants palmiers de plus de deux mètres de haut que l'on vendait dans le foyer d'un théâtre (je crois qu'ici tous les théâtres comprennent plusieurs boutiques) – hélas ! ils coûtaient quatre cents dollars pièce. Notre chauffeur m'a ensuite promenée, sur des centaines de kilomètres m'a-t-il semblé, à travers les faubourgs d'Almaty pour me faire visiter d'affligeantes pépinières bien mal approvisionnées. Pour être honnête, le mois de février ne me paraît pas la période la plus propice à qui souhaite agrémenter son logis d'un brin de verdure. Quant à la banlieue, que l'on appelle Orbita, elle m'a laissée sans voix : rien qu'un chapelet de grands immeubles sinistres fichés dans un paysage uniforme.

Puisque j'avais emporté mon appareil photo, j'ai entrepris aujourd'hui d'immortaliser quelques jolies maisonnettes. Sur le chemin du retour, nous en avons repéré une particulièrement charmante dans une rue transversale – peinte en bleu, avec des volets vert pâle et de longues stalactites de glace pendant du bord de son toit en tôle ondulée. Youri a fait halte et je suis sortie du véhicule en patinant un peu.

Tandis que je tâchais de prendre la photo en évitant d'y inclure les affreux tuyaux de gaz et d'eau chaude qui couraient devant la demeure, j'ai appris ce qu'il convient d'apprendre en tout premier lieu à propos de la neige : impossible d'en deviner l'épaisseur tant que l'on ne s'y est pas enfoncé jusqu'à la taille pour ensuite battre lamentablement des bras dans le but de s'en extirper.

Ce n'était décidément pas un jour faste pour les expéditions. Après le déjeuner, je me suis de nouveau emmitouflée dans mon manteau en peau de mouton, j'ai mis mon chapeau, mon écharpe, mes gants et mes bottes, puis j'ai descendu la colline pour m'en aller photographier une adorable maison devant laquelle nous étions passés en voiture le matin. En revenant, j'admirais le ciel bleu et la blancheur de la neige, songeant qu'au fond cet endroit n'était pas si exécrable, quand une espèce de chien galeux au pelage blanc a bondi sur moi. J'ai dû le repousser en balançant vers lui mon appareil photo au bout de sa courroie. Il faut à tout prix que je demande à Youri de me fournir un bâton bien solide et je suis sans doute bonne pour un nouvel appareil photo.

Ce soir, AW et moi nous sentions extrêmement patraques. S'agissait-il, me suis-je confusément demandé, des premiers symptômes de la peste bubonique ?

20 février.

Manifestement non, puisque ce matin nous voici tous deux en pleine forme.

Aujourd'hui, je déjeune avec l'épouse de l'ambassadeur des Pays-Bas. Je vais donc entrer en contact avec des humains parlant la même langue que moi. Vais-je parvenir à formuler des phrases cohérentes ?

Plus tard. Point ne m'a été besoin d'essayer, l'anthropologue kazakhe nous ayant dispensé sans jamais s'interrompre un cours sur la culture des nomades de la région. J'ai été très émue d'apprendre qu'autrefois un Kazakh était capable de deviner, au seul tintement de ses bijoux, l'identité de la femme qui s'approchait de sa yourte. Malheureusement, la culture nomade a presque totalement disparu par ici ; n'en demeurent que les histoires racontées par la scientifique.

L'introduction de l'agriculture collectiviste par les communistes dans les années 1930 a constitué un désastre complet pour le Kazakhstan : les nomades préférèrent massacrer leurs troupeaux plutôt que de se plier à ce nouveau mode de vie si éloigné du leur, à la suite de quoi la famine se déclara, qui tua quelque deux millions de personnes, soit la moitié de la population. Certains survivants furent exécutés pour refus d'obéissance aux ordres, d'autres fuirent en masse vers la Mongolie, où des milliers de nomades kazakhs continuent de vivre dans des yourtes. Ceux qui restèrent au Kazakhstan se virent rassemblés dans des kolkhozes, et c'est ainsi qu'ils rompirent avec le nomadisme et que s'éteignirent leurs traditions. Néanmoins, tous les Kazakhs savent parfaitement, encore aujourd'hui, à quelle tribu et à quelle horde – Petite, Moyenne ou Grande – appartient chacune de leurs familles : le président, par exemple, est un membre de la Grande Horde, son premier ministre étant issu de la Petite. (Il m'est venu à l'idée que la Petite Horde pourrait sous peu devenir la Grande, dans la mesure où son territoire s'étend dans l'ouest du pays, près de la mer Caspienne, là où ont été découverts les gisements de pétrole et de gaz.)

Depuis la proclamation de l'indépendance en 1992, les kolkhozes se sont mués en villages ordinaires, et les habitants de certains d'entre eux, qui ont renoué avec la transhumance, emmènent à nouveau paître leurs troupeaux dans les alpages durant l'été. Dans les montagnes environnantes, il peut encore arriver aux promeneurs de tomber sur des yourtes « sauvages », par opposition à celles dressées en ville à l'intention des touristes, qui sont en fait des restaurants ou des cafés.

Des renseignements que j'ai pu glaner auprès de Nina, de Youri, d'Ira et des collègues russes et kazakhs d'AW il ressort que les relations entre les Kazakhs et les Russes demeurés dans le pays sont tendues. Ce sont les nouveaux riches kazakhs qui font désormais la pluie et le beau temps dans la région, sillonnant Almaty à vive allure dans de luxueuses voitures aux vitres fumées, cependant que les Russes, qui jadis régnaient sur les lieux, en sont réduits à se contenter des emplois disponibles – ainsi Ira et Youri, comme de nombreux employés de maison russes, possèdent-ils des diplômes universitaires.

Persuadés d'avoir assuré l'essor du pays qui, estiment-ils, sans eux ne serait rien, les Russes ont tendance à mépriser les Kazakhs. À l'inverse, ces derniers en viennent parfois à considérer que les Russes n'ont rien fait pour eux, même s'ils reconnaissent dans leur majorité que la Russie a bel et bien développé le Kazakhstan (à moins qu'ils ne préfèrent dire « exploité »), quoique au prix d'innombrables vies humaines et de leur identité culturelle : ils sont passés en quelques années de la yourte au centre commercial.

21 février.

Hier, il a été convenu avec la femme de l'ambassadeur des Pays-Bas que je l'accompagnerais aujourd'hui à la réunion de l'International Women's Club. Comme si le supplice de devoir me présenter à tout un tas d'inconnues ne suffisait pas, il a fallu qu'en plus la cabine de l'ascenseur qui nous emportait vers le dixième étage de l'hôtel soit vitrée, de sorte que j'ai dû fermer les yeux en tenant la main de ma compagne durant tout le trajet, l'altitude et les accidents d'ascenseur faisant partie de mes multiples sources de terreur.

J'avais redouté la rencontre, mais ces femmes-là sont charmantes – peut-être devrais-je écrire ces « filles », puisque c'est ainsi que se désignent au sein du club ces épouses de représentants de compagnies pétrolières américaines. Je ne me suis senti d'atomes crochus avec personne en particulier – Kit, la femme du directeur du British Council, qui me plaisait le plus, est partie tôt –, mais cela valait infiniment mieux que d'être restée à sangloter chez moi. Toutes sortes d'activités sont proposées par l'intermédiaire du club : je pourrais intégrer l'atelier d'étude de la Bible, participer aux déjeuners réservés aux membres, rejoindre le club cuisine ou celui des randonneuses ; je pourrais me mettre à l'espagnol ou au yoga, pratiquer l'aérobic. Cela dit, je ne suis pas une fanatique des loisirs organisés. Je vais y réfléchir.

22 février.

J'ai craint cette journée autant que j'avais craint la précédente – je devais prendre le thé avec des membres du Diplomats' Club. Je nourrissais même davantage d'appréhensions que la veille, n'ayant pas encore vraiment fait la connaissance des épouses des divers ambassadeurs. J'ai pourtant engagé la conversation avec une sympathique Canadienne qui, avant de venir ici, séjournait en Mongolie. Elle m'a raconté qu'elle y avait entrepris un jour de se rendre avec deux de ses amies dans un ancien sanctuaire chamanique dédié à la fertilité. Il s'agissait autrefois d'un gigantesque pénis assorti d'une paire de testicules en pierre ; les bouddhistes, à leur arrivée, avaient réduit le phallus à l'état de moignon, mais laissé intactes les deux gonades. Toujours est-il que les trois camarades, elles, s'amusaient beaucoup et plaisantaient en faisant mine d'accomplir le rite prévu (qui consistait à s'asseoir sur la verge tronquée), sans plus se préoccuper de ce qui pourrait se produire... jusqu'à ce que, quelques mois plus tard, elles découvrent toutes les trois qu'elles allaient avoir un enfant.

J'ai ensuite bavardé avec une femme très avenante qui, hélas, s'apprête à quitter le Kazakhstan (c'est toujours la même rengaine). Elle m'a rapporté une anecdote terrifiante : une nuit qu'ils dormaient à poings fermés dans leur appartement situé au troisième étage d'un immeuble d'Almaty, son mari et elle furent agressés par des voleurs, qui les asphyxièrent à l'aide d'un gaz avant de les dévaliser. Les deux malheureux étaient si mal en point qu'ils n'entendirent même pas les cambrioleurs s'attaquer au coffre-fort dissimulé derrière l'armoire de leur chambre. Jamais je n'avais songé que l'on pourrait ainsi me droguer pendant mon sommeil. Me voilà avec un souci supplémentaire en tête.

26 février.

Aujourd'hui, nouveau raout féminin – les Françaises, cette fois. La petite fête s'est tenue à la résidence de Grande-Bretagne (la femme de l'ambassadeur est française), ce qui m'a valu un moment d'affolement car j'avais décrété, sans les avoir d'ailleurs jamais croisés, que je détestais l'ambassadeur et son épouse sous prétexte qu'ils n'avaient jamais invité AW, ne serait-ce qu'à prendre un verre, au cours des quatre longs mois qu'il avait passés ici sans moi au début de son affectation. (Mon mari m'assure que cela ne lui fait ni chaud ni froid, mais la femme, elle, est comme une marmite : tout ce qu'on y met peut bouillir. Je bouillonnais donc.) Je me suis toutefois rendue à la résidence de Grande-Bretagne, voiturée par Youri (je suis incapable de conduire avec toute cette neige), très anxieuse à l'idée d'affronter mon ennemie, mais cette dernière s'est montrée finalement aussi aimable que chaleureuse et m'a de surcroît dévoilé le nom d'un magasin où l'on vend des rideaux et des tissus d'ameublement. L'après-midi, j'ai demandé à notre chauffeur de m'y emmener. J'y ai choisi de jolies étoffes blanches venues de Turquie, et il a été convenu avec les vendeurs qu'ils viendraient chez nous prendre toutes les mesures. AW et moi réglons l'intégralité de la facture – le bureau finira peut-être par nous rembourser.

Ce soir, nous étions invités à dîner – c'était la cinquième fois en cinq mois que des collègues de mon mari daignaient penser à nous –, mais tout a été annulé dans l'après-midi. Le milieu diplomatique, au Kazakhstan, semble souffrir de certains dysfonctionnements. L'ambassadeur de France vit en reclus ; ce que je viens de vous dire de celui de Grande-Bretagne me paraît assez éloquent ; l'émissaire japonais a été rappelé dans son pays du jour au lendemain pour cause de scandale ; l'ambassadeur des États-Unis a déclaré à AW qu'il consacrait la majeure partie de son temps à la guerre contre le terrorisme (de quoi diable s'occupait-il avant le 11 septembre ?) ; quant au représentant italien, il est si corpulent que, comme il le dit pour se moquer de lui-même, il faut dans les dîners lui attribuer deux chaises. Pour le moment, je n'ai assisté qu'à une seule réception diplomatique, à l'occasion de la fête nationale lettone. Bien en peine de trouver quoi que ce soit à dire à l'ambassadeur une fois présentées les félicitations d'usage, je me suis contentée de lui affirmer que nous étions impatients de découvrir son beau pays. Il en a déduit que notre visite était imminente, prévue pour la semaine suivante, qui sait, aussi ne se tenait-il plus de joie. Il ne me restait qu'à balbutier très vite que nous n'avions pas encore arrêté de date mais qu'assurément nous n'allions pas manquer de nous en occuper un jour ou l'autre.

Considérant autour de moi tous ces corps diplomatiques assemblés dans la pièce, je me suis avisée que s'ils avaient auditionné pour la publicité Ferrero Rocher et ses célèbres soirées de l'ambassadeur, pas un seul d'entre eux n'aurait été retenu. Ou alors l'ambassadeur de France, peut-être, que l'on voit rarement mais qui est certes bel homme, et je reconnais que le représentant espagnol n'est pas dénué de charme non plus, mais il était absent ce jour-là. Il faut aussi avouer que le Roumain possède un petit quelque chose d'Alain Delon…

Des diplomates farfelus on en trouve dans le monde entier. Le plus déroutant qu'il nous ait été donné de croiser était un émissaire allemand équipé d'un bras artificiel (le droit). La plupart du temps, il le tenait immobile, le faux pouce passé dans la ceinture de son pantalon, mais si vous vous avanciez pour le saluer, il dégageait, afin de la lancer dans votre direction, la main factice que vous n'aviez plus qu'à tenter de saisir au vol pour la serrer. C'était un cauchemar : il y fallait toute la concentration d'un joueur de tennis prêt à recevoir le service adverse sur un court de Wimbledon car, si vous manquiez votre cible, son bras retombait, ballant de la manière la plus embarrassante qui soit.

Plus tard. Il m'est brusquement apparu que le milieu diplomatique au Kazakhstan ne souffrait peut-être d'aucun dysfonctionnement ; il se peut que le problème vienne de nous. Tous ces gens fonctionnent au contraire très bien, mais sans nous. Nous sommes des parias.

La confiance en soi n'a jamais constitué un point fort dans ma famille. Lorsque dans les années 1920 l'on fit entrer ma mère, qui vivait en Inde où son père était ingénieur, dans un couvent de l'East Anglia, elle surprit par mégarde l'adolescente la plus populaire de l'école en train de se plaindre à ses amies de ce que trop de collégiennes souhaitaient intégrer leur groupe. « Puisqu'il faut bien fixer des limites, poursuivit-elle, nous les fixerons au niveau de Maisie Moss [ma mère]. » Je crois que la pauvre femme ne s'en est jamais remise. Par définition, un expatrié est toujours un étranger, ce qui nous rend d'autant plus sujets à la paranoïa ou à la peur du rejet. Que quelqu'un s'avise seulement de me lancer : « Vous verrai-je ce soir au dîner chez les Smith ? » et me voilà tourmentée par les raisons qui ont bien pu pousser lesdits Smith à ne pas nous convier à leur réception.

Cela me fait penser que je ferais mieux d'organiser moi-même quelques soirées au lieu de rester assise là à me demander amèrement pourquoi diable il nous faudrait inviter les Canadiens, les Grecs, les Américains, les Britanniques, les Espagnols et autres Français, alors qu'aucun d'entre eux ne s'est jamais donné la peine de *nous* inviter. C'est sans doute à cause de moi que tous ces gens ne nous reçoivent pas, car dès le premier verre de vin je deviens intarissable ; cela dit, comme nous n'avons pratiquement côtoyé personne depuis notre arrivée, nul ne peut être déjà au courant.

2 mars.

Nous sommes samedi, youpi ! Je me sens tout de même un peu bizarre. La nuit dernière, en effet, j'ai rêvé que j'allais dans un nouveau restaurant de Londres très à la mode. Au moment de payer, je m'apercevais que le serveur qui s'était occupé de ma table m'avait décrite en quelques mots sur la note : BLANCHE, BALÈZE ET POMPETTE.

AW et moi avons conclu un arrangement. Il a le droit de faire du cheval le samedi matin à condition de m'emmener le soir à l'église. Aujourd'hui, l'accord est entré en vigueur avec succès, et nous avons profité de l'après-midi pour nous rendre au musée. Une vaste section que nous avons traversée au pas de course y est consacrée aux événements qui se sont déroulés à l'époque soviétique. Nous avons de loin préféré les vitrines dans lesquelles sont exposés costumes et ustensiles ménagers des diverses minorités ethniques, assortis de textes en russe expliquant les causes de leur exil au Kazakhstan – nous n'avons pu les lire. Mais rien ne vaut la boutique de tapis installée dans le hall du musée.

Une curieuse coïncidence s'est produite au manège : nous y avons rencontré un Français dont nous avions fait la connaissance voilà trente ans à Trinité-et-Tobago, l'un des premiers postes occupés par AW à l'étranger. Son épouse, Marie-Pierre, était même devenue ma meilleure amie là-bas, mais nous avons perdu le contact il y a longtemps. Elle ne se trouve malheureusement pas au Kazakhstan, ayant préféré poursuivre sa carrière à Paris. Je n'oublierai jamais Marie-Pierre. Nous déjeunions un jour sur la véranda de notre maison à Port of Spain, médisant d'une femme que nous n'aimions ni l'une ni l'autre, quand toute la galerie se mit à trembler. Moi qui n'avais jamais fait l'expérience d'un séisme, j'avais si peur et me sentais si désorientée que j'imaginai que la femme dont nous étions en train de dire du mal quelques instants plus tôt s'était cachée sous la maison pour la secouer. Lorsque je tentai d'exposer ma théorie à Marie-Pierre, elle me rétorqua : « Ne sois pas ridicule, c'est un tremblement de terre. » Nous nous levâmes pour nous enfuir mais déjà tout était terminé.

Maigre assistance pour la messe – vingt-cinq fidèles environ, américains pour la plupart, additionnés de quelques Philippins et Sri-Lankais. Le vieux prêtre américain nous a servi un sermon passablement étrange dans lequel il condamnait les lesbiennes du

Kirghizstan – du moins je crois, car le micro déformait tant les sons que je n'ai peut-être rien compris... Cela dit, l'homme est un héros à sa façon : tous les samedis, il vient de Djarkent, situé à la frontière chinoise, à trois cent cinquante kilomètres d'Almaty, pour s'adresser à une poignée de paroissiens anglophones puis repartir. Il tente en effet de fonder là-bas une nouvelle communauté de catholiques, les derniers à y avoir vécu étant un groupe de franciscains assassinés en 1339.

3 mars.

Délicieuse journée. Nous avons pris la voiture pour explorer les étendues enneigées de la steppe. Plein soleil, les montagnes luisent au loin, décor splendide pour qui apprécie les paysages déserts.

À contempler les branches des arbres couvertes de neige qui se découpent contre le bleu du ciel, on croirait observer un amandier ou un pommier en fleurs. Je ne suis d'ailleurs pas la seule à le penser et il existe un conte sur ce thème. Un roi portugais épousa jadis une belle princesse norvégienne, mais quand celle-ci vint s'installer au Portugal auprès de son époux, elle fut si malheureuse durant tout l'hiver de ne pas voir tomber la neige tant aimée qu'elle finit par prendre le lit. Par bonheur, le printemps approchait et le roi, ayant deviné la cause de son chagrin, la mena jusqu'à la fenêtre de leur château pour qu'elle pût admirer les immenses vergers dont le sol, jonché de pétales, semblait recouvert d'un manteau de neige, de sorte que la princesse recouvra la santé et vécut heureuse à jamais.

4 mars.

Depuis que j'ai eu vent de ce couple asphyxié par des voleurs dans sa chambre, je n'ai plus cessé de harceler AW pour qu'il fasse poser un système d'alarme dans notre maison. Il a été installé aujourd'hui car mon mari, qui doit se rendre demain à Astana, s'apprête à me laisser passer la nuit seule ici pour la première fois.

6 mars.

Je n'ai pas fermé l'œil de la nuit, occupée que j'étais à me demander quoi faire au cas où l'alarme se déclencherait. J'aurais eu moins de mal à dormir si je m'étais contentée de guetter d'éventuels cambrioleurs. Mon dilemme est le suivant : si la sirène retentit, dois-je en conclure qu'il s'agit d'une fausse alerte et descendre pour l'arrêter, au risque de me retrouver nez à nez avec les intrus, ou bien dois-je avertir les gardes depuis le balcon, sachant que je ne puis lancer en russe que « Bonjour ! » et « Merci ! » qui ni l'un ni l'autre ne conviennent aux circonstances du moment ? En entendant l'alarme, le garde peut aussi bien choisir de tirer sur cette noire silhouette en train de débiter des mots mystérieux sur la terrasse. Lorsqu'il rentrera cet après-midi, j'interrogerai AW sur le sujet.

Avant de venir au Kazakhstan, je me suis abonnée au *Guardian Weekly* afin de me tenir au courant des événements qui se déroulent en Angleterre, mais il semblerait qu'ici l'hebdomadaire se soit métamorphosé en mensuel. Hier soir, AW étant absent, je me suis rabattue sur *The Times of Central Asia*, que j'ai lu de la première à la dernière ligne. J'y ai découvert une histoire propre à vous dissuader de remettre jamais les pieds dans cette région pour le restant de vos jours : les femmes qui circulent à bord des trains tadjiks se voient fréquemment soumises par des agents des stupéfiants à des fouilles « jusque dans les parties les plus intimes de leur corps »... Cette pratique s'avère si courante que, toujours selon le journal, les voyageuses aguerries emportent avec elles des gants de caoutchouc qu'elles remettent aux autorités avant toute investigation. Il arrive cependant, poursuit le reporter, que les policiers se contentent de les ranger, n'en utilisant qu'une seule paire pour fouiller toutes les femmes du convoi... Pouah !

7 mars.

À force de me demander pourquoi Meriel, ma meilleure amie, ne m'appelait pas, j'ai fini par en prendre l'initiative pour découvrir qu'au lieu de composer mon numéro de téléphone à Almaty elle s'obstinait depuis des jours à taper le code postal de la ville.

Aujourd'hui, je suis partie en reconnaissance du côté des bains publics, avant de me risquer à y ôter mes vêtements pour faire mes ablutions. Après quelques malentendus et force gestes destinés à faire comprendre ce que je désirais, une femme charmante possédant quelques notions d'anglais m'a fait visiter les lieux. Elle m'a montré le bain turc. C'est une immense pièce à coupole dont les murs sont percés de niches où chacun se lave à l'eau froide et à l'eau chaude avant d'aller se faire masser ou de se détendre sur une estrade en marbre – tout cela ressemble fort aux authentiques hammams arabes. L'endroit était désert mais de l'autre côté du hall le sauna russe/finlandais, lui, débordait de femmes nues de toutes tailles, de tous âges, de toutes constitutions et de toutes couleurs. On m'a arrêtée à l'entrée du sauna en m'expliquant que je ne pouvais y pénétrer tout habillée, mais ma guide ayant convaincu la surveillante que j'effectuais je ne sais quelles recherches des plus sérieuses, celle-ci m'a fait enfiler un vêtement blanc et des mules en plastique, puis m'a laissée entrer. Étais-je déguisée en médecin ou en femme de ménage ? Toujours est-il qu'aucune des clientes en tenue d'Ève n'a paru s'offusquer de ma présence. Le « sauna » russe est un sauna à vapeur, tandis que le sauna finlandais est « sec » – mais dans les deux cas, la séance s'achève dans une gigantesque piscine ronde, en marbre, sous un dôme aux proportions impressionnantes. J'ai songé, en observant le bassin, à ces tableaux orientalistes représentant des femmes de harem. J'ai oublié de demander à mon hôtesse ce que l'on est censé faire avec les brassées de feuilles de chêne séchées que des vendeurs proposent sur le trottoir, devant l'établissement. Je suppose qu'elles servent à se fouetter le corps pour activer la circulation sanguine.

Et oui, on peut se faire épiler les jambes – dans un salon de beauté plutôt miteux situé au rez-de-chaussée. Deux esthéticiennes, une Russe et une Kazakhe, y œuvrent à tour de rôle, aucune des deux ne se chargeant de fixer de rendez-vous pour sa collègue. C'est la Russe, une femme très efficace, qui s'est occupée de moi, mais comme toutes les serviettes ici sont beiges, je n'ai pu m'empêcher de me demander si elles avaient jadis été blanches.

8 mars.

Aujourd'hui, c'est la journée de la Femme. Elle tient à la fois de la Saint-Valentin et de la fête des Mères ; ici elle est fériée et l'on prend l'événement très au sérieux. Encouragé par Gainee, AW a apporté sa pierre à l'édifice ; une fête a été organisée ce soir au bureau et toutes les femmes présentes (y compris moi !) se sont vu offrir une rose rouge. La journée de l'Homme, elle, est célébrée en février – il s'agissait naguère de la journée de l'Armée rouge, dépouillée depuis de toute référence militaire.

Inutile de tergiverser plus longtemps : je dois affronter mes démons et me décider enfin à prévoir un dîner. Seulement, et c'est là l'un de mes soucis en la matière, je n'ai jamais la moindre idée concernant les menus. Me voici soudain dans l'incapacité d'envisager des mets ordinaires tels qu'un risotto ou un quelconque ragoût ; je n'ai plus en tête que du magret d'ibis rouge accompagné d'une sauce aux mûres des marais. (Cette recette, bien sûr, est une fantaisie, mais elle vous permet d'entrevoir l'état de démence dans lequel je sombre à la seule perspective de recevoir des invités.)

C'est en Syrie que j'ai vécu mes heures les plus terribles de maîtresse de maison. Mon époux avait organisé un buffet pour cinquante personnes dans un hôtel de Damas, mais le fils du président ayant trouvé la mort dans un accident de voiture, toutes les réceptions furent annulées dans les établissements de ce type durant les quarante jours de deuil officiel. AW ne renonça pas pour autant : le dîner se tiendrait chez nous. Théoriquement j'avais une cuisinière, mais Marcelle venait en fait d'entrer à notre service et j'étais en train de la former. Je vécus un enfer. Ce soir-là, une panne d'électricité eut lieu, de sorte que nous avions à peine de quoi nous éclairer et qu'il fallut nous passer de mixer, sans compter qu'au lieu d'un banal curry j'avais choisi de très complexes préparations thaïes que je n'avais jamais tentées auparavant. L'une d'elles comportait du lemon-grass, ingrédient pour moi inédit dont je me contentai de hacher toutes les tiges avant de les incorporer au plat. Le curry était certes goûteux, mais c'était comme s'il avait fallu dans le même temps ingurgiter des chardons, à tel point que nous dûmes repêcher les morceaux de poulet pour les rincer, puis filtrer la sauce. Quant au bœuf, nous le passâmes également sous l'eau pour le débarrasser de son jus, dont l'un des composants lui donnait une saveur affreusement amère.

Des heures durant, Marcelle et moi transpirâmes sur nos recettes, jusqu'à ce qu'un vieux rat d'égout surgi de nulle part se matérialise soudain au beau milieu de la cuisine. Je poussai un hurlement avant de courir chercher le jardinier, Marcelle, de son côté, s'emparant d'un balai avec lequel elle battit à mort le rongeur parmi les aliments, sans cesser de s'excuser auprès de lui afin qu'il ne nous envoie pas le reste de sa famille pour le venger. La réception, au final, fut un succès – nos invités ignorant, cela va de soi, que dans la bataille tous nos plats s'étaient trouvés aspergés de sang de rat –, mais personnellement, je ne m'en suis jamais tout à fait remise.

Plus tard. La secrétaire d'AW a lancé des invitations auprès de douze personnes pour le 14 mars prochain. Nous avons sélectionné les futurs convives avec soin (assortiment de diplomates, de dirigeants de compagnies pétrolières et d'hommes d'affaires). Dieu merci, Nina s'est chargée du menu. Nous dégusterons, a-t-elle annoncé, du saumon fumé, du coq au vin puis de la tarte aux pommes, et le tour sera joué.

12 mars.

Aujourd'hui s'est produit un si fâcheux incident que j'en ai oublié d'un coup le mal du pays aussi bien que les dîners. AW m'avait demandé d'acheter des billets pour *Le Prince Igor* de Borodine que l'on donne ce soir à l'Opéra (aussi accessible ici et aussi bon marché que le cinéma à Londres). À Youri, qui m'y avait emmenée, j'ai lancé une fois sur place : « Vous venez avec moi ? » car je souhaitais qu'il m'aide à prendre nos places au bureau de location. Affolé, soudain tout rouge, il m'a répondu : *« Niet, Niet ! »* J'ai alors compris avec horreur qu'il croyait que je l'invitais à se joindre à moi pour assister au spectacle. Il ne me restait plus qu'à tenter à grand-peine de lui expliquer que non, je ne désirais pas qu'il m'accompagne à l'Opéra, uniquement au guichet. Dieu du ciel ! Sans doute reste-t-il persuadé que je l'ai convié à la représentation. Que faire ? Si ça se trouve, il s'imagine à présent que je me suis secrètement amourachée de lui.

13 mars.

Je ne donnerai plus jamais de réception. Pour avoir seulement tenté d'obtenir une réponse claire de la part de nos hôtes éventuels, je me retrouve au bord de la crise de nerfs. L'un des couples a accepté notre invitation, puis m'a demandé qui d'autre serait présent. Je l'ai dit, à la suite de quoi l'homme et la femme m'ont annoncé que tout compte fait ils ne viendraient pas. Deux autres couples ont confirmé leur participation puis se sont désistés – l'un d'eux aujourd'hui même, la veille du dîner. Un quatrième couple m'a dit : « Oui, sans doute, nous vous rappellerons. » J'attends toujours...

Personnellement, je me sens très soulagée à l'idée de dévorer en tête à tête avec AW un repas pour douze, mais quelle humiliation ce serait si Nina, Ira et Youri devaient s'apercevoir que personne n'éprouve la moindre envie de souper en notre compagnie !

Plus tard. La représentation du *Prince Igor* était formidable, avec des milliers de figurants dans une débauche de costumes exotiques qu'on aurait crus sortis d'une gigantesque malle à déguisements. L'Opéra a été construit en 1939, mais on vient de le rénover en le surchargeant de fastueux ornements dans l'esprit de l'Homme d'or, trésor national du Kazakhstan – il s'agit de la dépouille d'un roi ou d'un grand prêtre vêtu d'une armure constituée d'innombrables éléments en or et découverte dans les années 1960, à l'occasion de la mise au jour par des archéologues russes d'une sépulture scythe aux environs d'Almaty. Quelques-uns des meilleurs danseurs et musiciens russes se sont produits sur cette scène car pendant la guerre on les avait installés dans la capitale kazakhe pour leur sécurité, dans la perspective d'une éventuelle invasion de Moscou par les troupes allemandes. Eisenstein, le légendaire réalisateur russe, fut envoyé ici en 1941 avec toute l'équipe des studios moscovites. À Almaty, il a tourné *Ivan le Terrible*, et l'on raconte d'ailleurs que c'est uniquement parce qu'il se trouvait à des milliers de kilomètres du Kremlin qu'il a osé une telle ressemblance entre son héros et Staline.

Le comportement de Youri demeure inchangé en dépit de l'anicroche d'hier. Pour ma part, je compte faire comme si rien ne s'était passé.

15 mars.

Alors que je frôlais l'apoplexie au sujet de notre dîner, notre ciel s'est éclairci à la dernière minute. Treize personnes ont fini par se joindre à nous – dont deux seulement figuraient sur notre liste initiale –, et tout s'est merveilleusement déroulé malgré ce nombre funeste. Pourquoi faut-il toujours que je me mette dans des états pareils ? Comme me l'a froidement lâché Hester un jour que je m'escrimais à organiser une réunion de famille pour le quarantième anniversaire de mariage de mes parents : « Pourquoi en fais-tu tout un plat ? Ce ne sont que des gens. »

17 mars.

Étrange coïncidence : la semaine dernière, j'évoquais dans ce journal le rat qui, en Syrie, s'était invité dans notre cuisine, et voilà que c'est aujourd'hui le rat kazakh qui vient de frapper.

Hier soir, AW et moi regardions une vidéo sur le téléviseur installé dans le grenier, lorsque nous avons entendu un léger grattement. C'est alors que nous avons découvert, horrifiés, un gros rat trottant sur le revêtement de sol en plastique. Comme il était tard et que dehors la nuit était tombée, AW l'a chassé dans une autre pièce dont il a refermé la porte. Sa religion lui interdisant de tuer un être vivant, il a demandé ce matin à Youri, avant de partir pour le bureau, d'attirer la bestiole dans un carton puis de la déposer au jardin.

Notre chauffeur n'en a pas moins passé d'interminables heures à balayer la neige dans l'allée… jusqu'à ce que je vienne lui proposer que nous nous occupions du rat.

« J'ai du poison, a-t-il lâché de sa voix lugubre.

– Non, non, il ne faut pas le tuer ! »

Youri a haussé les épaules pour retourner aussitôt à son balayage.

Dans la cuisine, Ira, tremblante d'émotion, avait déjà préparé sa pelle et sa brosse.

« C'est rat rouge », m'a-t-elle déclaré sur le ton de qui connaît bien son sujet.

J'ai fini par saisir que personne n'allait entreprendre quoi que ce soit avant que mon mari ne revienne pour le déjeuner. Dès son retour, nous avons donc grimpé en procession jusqu'au grenier, AW ouvrant la marche, une boîte en carton à la main, Ira en queue de cortège, fermement décidée à ne rien manquer du spectacle et serrant avec ardeur sa pelle et sa brosse. Le rat avait beau se dissimuler sous un coussin, AW a fini par le fourrer dans la boîte, qu'un Youri triomphant – comme s'il avait effectué toute la besogne – a portée dans le jardin pour y relâcher l'animal.

L'opération terminée, je me suis tournée vers Ira :

« C'est donc ce que vous appelez un rat rouge au Kazakhstan ?

– Non, a-t-elle répliqué en me regardant comme si j'étais complètement folle. C'était rat gris. »

J'en suis restée bouche bée.

Si je me penche sur la question, je songe que notre famille a connu son lot de face-à-face avec des rongeurs. Il y eut ce jour, à Damas, où je m'apprêtais à quitter les toilettes : juste avant de tirer la chasse, je baissai les yeux vers la cuvette pour surprendre, effarée, un rat dont la longue queue noire sortait de l'eau. Mon amie Meriel, qui séjournait alors chez nous, se précipita en m'entendant glapir, mais je pense que jamais elle ne crut à mon histoire car la créature s'était volatilisée entre-temps grâce à la bonne cinquantaine de tractions exercées sur la chasse d'eau par mes soins hystériques.

Nous vécûmes également l'épouvante dans le Somerset. Nous venions d'arriver chez nous pour les vacances, nous étions morts de faim. Nous avions acheté du pain et du fromage sur la route, dans un garage des environs, puis l'un d'entre nous, se rappelant « les petits oignons au vinaigre de papa », courut les récupérer dans le cellier. AW en prépare chaque année dans des pots en grès à large col. Cela fait belle lurette que nous avons égaré leurs bouchons de liège, aussi nous contentons-nous de les couvrir d'un carré de papier aluminium. Ce jour-là, Hester, Claudia et leur père piochèrent chacun une portion d'oignons pour aller les manger devant la télévision, me laissant seule dans la cuisine.

J'ai beau n'être pas très friande de ces petits oignons au vinaigre, ils finirent par me tenter mais, tandis que je m'apprêtais à en pêcher un, je remarquai à l'intérieur du pot une grosse masse sombre et lisse. Je ne me rappelais pas qu'il avait ajouté des aubergines, me disais-je, lorsque ladite aubergine se retourna sur elle-même : c'était le cadavre d'une énorme souris. Quelle horreur ! Mon mari et mes enfants venaient d'engloutir des oignons qui avaient macéré une année entière en compagnie d'une souris morte. Au bord de la crise de nerfs, nous appelâmes le médecin. Il nous déclara que le vinaigre constituant l'un des meilleurs antiseptiques au monde, les trois victimes s'en tireraient sans doute à bon compte. Il avait raison : personne n'eut à déplorer le moindre effet secondaire – sinon moi, au plan psychologique s'entend, qui avais découvert l'animal. D'ailleurs, coucher par écrit l'anecdote suffit à me donner la nausée.

18 mars.

Bonté divine... Les chaises recouvertes du tissu blanc que j'avais choisi viennent d'arriver et, si elles s'accordent merveilleusement avec les tapis kazakhs rouges, le tapissier a hélas cru bon de border les sièges et le canapé d'une affreuse passementerie à pompons. « Style de maintenant », a-t-il hasardé nerveusement en me voyant faire la grimace. Comment des choses pareilles peuvent-elles se produire ? Nous avons discuté et rediscuté tous les deux, sans que jamais il me vienne à l'idée de lui dire : « Au fait, pas de passementerie à pompons. » (De même, il ne m'était pas venu à l'idée de dire à Hari, notre cuisinier en Inde, la première fois qu'il nous avait préparé une salade verte, d'éviter de la faire cuire à l'eau bouillante avant d'ajouter la vinaigrette.) C'est stupéfiant : on pense avoir paré à toutes les éventualités qu'une imagination aussi malade que la mienne est capable d'envisager, mais il demeure invariablement ce petit détail auquel il était impossible de songer. Nous n'avons eu, en fin de compte, aucun mal à nous débarrasser de la passementerie, si bien que nous trônons désormais dans un salon magnifique qui, enfin, ressemble davantage à celui d'une femme apaisée et sûre d'elle qu'à celui d'une dépressive chronique.

« Garmonie ! » a déclaré Nina sur un ton approbateur, lorsqu'elle est entrée dans la pièce pour rendre son verdict.

19 mars.

Je retourne à Londres dans quelques jours ! AW et moi sommes en train de rénover une demeure en France, et il semble que l'entrepreneur ait à son sujet d'importantes décisions à prendre. C'est curieux, mais même la perspective d'un tel voyage ne suffit pas à me faire admettre ces quatre années que je vais devoir passer ici. Tantôt je me sens à peu près bien, tantôt je replonge dans l'affliction. C'est une amie qu'il me faut, une âme sœur ; si j'avais une amie, tout s'arrangerait. Ainsi que P.G. Wodehouse en fit jadis la remarque, on n'a guère besoin d'autre chose, pour jouir de l'existence, que de « quelques vieilles branches avec lesquelles bourlinguer ». J'ai cru en avoir déniché une la semaine dernière, mais quand je l'ai invitée à prendre le thé, elle m'a répondu qu'elle devait partir tôt pour se rendre avec son mari à son cours de danse de salon. Or je ne suis pas certaine de pouvoir jamais me lier intimement avec une femme qui pratique la danse de salon.

Mon unique amitié du moment est une amitié littéraire, nouée avec Lady Macartney, épouse du consul britannique en poste à Kachgar en 1898, à laquelle on doit un livre de mémoires intitulé *An English Lady in Chinese Turkestan (Une Anglaise au Turkestan chinois).* À dix-huit ans, tout juste mariée, et alors qu'elle n'avait encore jamais mis les pieds à l'étranger, elle partit entamer une nouvelle vie au fin fond de l'Asie centrale. Contrairement à moi, elle ne se plaint qu'à une seule reprise dans son ouvrage, mais ce bref moment d'émotion correspond mot pour mot à ce que j'éprouve : « Combien ma terre natale me manquait ! Mon sort me sembla particulièrement cruel lorsque, à notre arrivée en Russie, je constatai que je ne pouvais parler à personne. Je n'étais pas en mesure de déchiffrer le moindre mot dans un journal ni même le nom d'une gare ou l'enseigne d'une boutique. Et j'allais attendre durant quatre longues années de voir arriver le terme de mon séjour en cette contrée étrangère. »

Je lis également *Below the Peacock Fan (Sous un éventail en plumes de paon)**, qui évoque le destin de plusieurs citoyennes britanniques ayant vécu en Inde aux XVIIIe et XIXe siècles. Dire que j'ose me lamenter

---

* De Marian Fowler, Viking, 1987. *(N.d.T.)*

sur le coût élevé du téléphone et la lenteur des mails, moi, une privilégiée, alors que ces malheureuses devaient patienter de longs mois avant de recevoir une simple lettre. Un Anglais de passage à l'époque sur le sous-continent, compatissant à leurs difficultés, écrivit que là-bas seuls les caractères bien trempés ne risquaient pas de perdre courage. « La dégradation commence de se manifester dès lors qu'une femme néglige de porter son corset pour paresser en robe d'intérieur flétrie et débraillée. » J'ai fait aujourd'hui une sieste après le déjeuner, et je me demande à présent si je vais ainsi « paresser » durant les quatre années à venir – quoique pour être tout à fait honnête, ce soit plutôt en Angleterre qu'on risquerait de me surprendre à déambuler, tard dans la matinée, « en robe d'intérieur flétrie », nulle Nina ne s'avisant là-bas de désapprouver ma conduite.

20 mars.

Comme AW me présentait hier soir, au cours de la soirée d'adieu organisée en l'honneur du nonce apostolique, la jeune et séduisante épouse de l'ambassadeur de Roumanie, il nous a lancé :

« Je crois que vous avez un point commun, toutes les deux. »

Cecilia, qui est médecin, a abandonné son cabinet de Bucarest pour suivre son mari au Kazakhstan (il s'agit de son premier poste à l'étranger) et son moral est en berne.

« J'ai l'impression que nous sommes les deux seules dans ce cas, lui ai-je fait remarquer. Toutes les autres ont l'air d'aller bien.

– Bien sûr que non ! Elles se contentent de faire bonne figure. »

Elle hésite sur la conduite à tenir : regagner Bucarest pour y exercer de nouveau la médecine, au risque de perdre son époux, ou bien tenir le coup ici et vivre malheureuse.

« C'est la première fois que je me retrouve à l'étranger en tant que femme de diplomate mais vous, vous avez déjà vécu souvent ce genre de situation... Comment me conseillez-vous d'agir ? »

Cecilia n'a que vingt-neuf ans, son mari est un homme intelligent, promis de toute évidence à une longue carrière aux quatre coins du monde. Elle risque de voir se multiplier les obstacles si elle entend exercer son métier ; la médecine ne compte pas parmi les professions « portatives », en raison des divers diplômes requis selon les pays et, surtout, des langues à maîtriser. Ici, par exemple, elle ne peut pas travailler car elle ne parle pas le russe. Je me suis trouvée voilà maintenant de nombreuses années dans une position similaire, balançant entre un avenir incertain auprès d'AW et un emploi qui me comblait au sein d'un magazine. J'ai opté pour l'avenir incertain, mais ai-je alors pris la bonne décision ? Aurais-je vécu une existence plus belle si j'avais privilégié ma carrière ? Que pourrais-je bien répondre à Cecilia ?

Peut-être le moment est-il venu de m'expliquer sur nos relations avec la France. Cette histoire a commencé il y a fort longtemps, avant mon mariage, alors que j'étais responsable des pages mode et beauté au magazine *Nova*. On me proposa un jour de tourner un spot publicitaire vantant les mérites de la lessive Radiant. (Le produit disparut des rayons peu après ma prestation ; j'ai toujours gardé l'espoir qu'aucun lien n'existait entre les deux événements.) Cette publicité qui devait être tournée en direct se divisait en trois parties. Dans la première, je brandissais une petite robe de nylon blanc en commentant : « Beurk ! Cette robe est couverte d'œuf, de sang, de sauce et de sueur. » (C'était l'exacte vérité : deux personnes surnommées Les Tacheurs et venues tout exprès de Port Sunlight en avaient pulvérisé sur la surface entière du tissu.) Puis je mettais la robe à tremper dans la lessive en décrétant d'une voix enjouée : « Retrouvez-moi à la prochaine pause. » Dans la deuxième partie du spot, j'extirpais le vêtement de l'eau savonneuse et constatais, aussi stupéfaite que ravie : « Regardez ! Les taches ont complètement disparu. » La dernière partie s'ouvrait sur un plan de moi en train de repasser la robe ; après quoi, je levais les yeux de la table à repasser pour me tourner vers la caméra en disant : « J'en suis vraiment convaincue : Radiant lave plus blanc que blanc. » (Le rouge me monte encore aux joues trente-cinq ans plus tard.)

Tout se déroula sans accroc jusqu'à l'ultime répétition, quelques minutes avant le direct. Je relevai la tête, souris à la caméra et déclarai : « J'en suis vraiment convaincue : Ariel lave plus blanc que blanc. » Ignorante de ma bévue, je ne compris pas le silence déconcerté qui s'abattit sur le plateau. Puis une voix désespérée gémit : « Nom de Dieu… » Juste avant que l'on nous donne l'antenne, tous les membres de l'équipe inscrivirent RADIANT sur des feuilles de papier qu'ils brandirent devant moi.

Ce dernier acte fut diffusé en boucle. Dès que j'allumais la télé, ou peu s'en faut, je me voyais apparaître, la mine affolée et la voix éteinte à force de terreur, répétant : « Radiant lave plus blanc que blanc. » Pis, AW, dont je venais de faire la connaissance, avait lui aussi tout loisir de m'observer à l'écran. J'étais morte de honte. Mais grâce aux mille livres que me valut ma prestation (« Ton âme ne coûte pas cher », persifla Meriel), j'acquis une toute petite maison de trois pièces dans le Languedoc. AW m'a toujours soupçonnée de ne l'avoir épousé que pour avoir de quoi rétribuer ensuite l'entrepreneur qui sut en faire un lieu habitable. J'avoue ignorer comment j'aurais payé ce dernier si je ne m'étais pas mariée avec AW, mais ce n'est pas tout à fait la même chose…

Depuis, nous avons passé là-bas toutes nos vacances d'été. Nos enfants y ont grandi – dans leur porte-bébé, d'abord, puis en tombant amoureuses d'Algériens qui résidaient dans le bourg voisin. Je me souviens de cet été au cours duquel Hester se taillada la main en tombant sur une bouteille en verre, de cet autre durant lequel Claudia se fit mordre au visage par un chien. Ce furent plus tard les fêtes de village que j'avais rebaptisées « mortelles randonnées », car il me fallait conduire les filles dans telle ou telle commune reculée, les attendre des heures durant sans boire une goutte, puis les arracher aux garçons qu'elles venaient de rencontrer pour les ramener chez nous. Je ne me rappelle pas qu'AW ait été souvent présent au long de toutes ces années ; je passais auprès des villageois en liesse pour une mère célibataire.

Il y eut aussi cet été où j'oubliai que j'avais loué la maison à d'autres vacanciers. Tandis que nous grimpions vers le village dans notre voiture de location, AW me dit : « C'est curieux. Pourquoi la lumière est-elle allumée à l'étage ? » C'est alors, alors seulement, que je me rappelai que des pensionnaires logeaient chez nous. Il ne me restait plus qu'à aller frapper à la porte pour leur exposer la situation : j'étais en fait la propriétaire des lieux, nous venions d'arriver pour les vacances. Seraient-ils assez aimables pour nous indiquer combien de temps ils comptaient rester ? Par bonheur, ils repartaient le surlendemain et nous autorisèrent à passer la nuit par terre.

Il y eut aussi ce matin d'été où nous nous réveillâmes pour découvrir que l'on avait lacéré les pneus de toutes les automobiles dont l'immatriculation ne correspondait pas à celle du département. Et puis cet été au cours duquel Claudia et ses amies, Laura et Jasmine, mirent le feu aux vignes en allumant des pétards au bord de la route. Six camions de pompiers intervinrent, et c'est uniquement parce que le père de Jasmine connaissait quelqu'un qui connaissait le maire qui connaissait le chef de la caserne que nous échappâmes à une condamnation aux dépens, qui nous aurait coûté les yeux de la tête.

Enfin, je me rappelle ce matin où mon époux, dans un élan de tendresse, vint s'asseoir à côté de moi sur le lit : deux des pieds cédèrent sous son poids et mon corps endormi se trouva catapulté jusque dans la salle de bains. Se sentir désorienté au réveil : voilà une sensation que, ce jour-là, j'éprouvai pleinement.

AW me répète souvent que, si nous vendions la maison, nous aurions de quoi nous rendre tous les ans dans un endroit différent et plus exaltant que celui-ci, mais d'une part il aime la France autant que moi – c'est juste qu'il déteste devoir affronter chaque été les travaux de jardinage et les réparations diverses –, d'autre part nous passons déjà tout notre temps dans « un endroit différent et plus exaltant que celui-ci ». Et puis c'est justement parce que nous menons cette vie précaire de bohémiens que j'ai tant de plaisir à retrouver les mêmes visages d'une année sur l'autre.

Je gagnerai donc le Languedoc dans quelques jours.

Londres, 28 mars.

J'ignore ce qui m'arrive lorsque je rentre en Angleterre. On dirait que si mon corps a certes effectué le voyage, mon esprit, lui, est demeuré quelque part en transit, si bien que je ne cesse de perdre ou d'oublier toutes sortes de choses. Il en a toujours été ainsi. J'ai semé derrière moi des manteaux, des gilets, des machines à écrire et des valises aux quatre coins du monde, dans des avions, des trains ou des autobus, et je ne compte plus les brosses à cheveux, les lunettes de soleil, les livres de poche et les paires de gants qui ont malencontreusement glissé entre les deux sièges d'un avion ou que j'ai laissés sur la banquette arrière d'un taxi.

Mais en rentrant du Kazakhstan je me suis

surpassée. Une véritable catastrophe ! Je me suis d'abord fait voler sur mon chariot à bagages le porte-documents dans lequel je range les choses importantes – y compris et surtout mon carnet d'adresses – , au beau milieu du Terminal 2 (« terminal », un mot absolument sinistre qui, en ce qui me concerne, sait se montrer presque toujours à la hauteur de sa réputation). Bien sûr, je ne m'en suis avisée qu'une fois rentrée à la maison. Après avoir constaté avec un pincement au cœur la disparition de la serviette, j'ai récité quelques ferventes prières, et en effet une sorte de miracle s'est produit. Quelqu'un a retrouvé mon carnet d'adresses, mon passeport ainsi que mes billets dans une poubelle de l'aéroport et les a remis aux employés. Cela dit, les bijoux, l'argent, le maquillage et le porte-documents lui-même s'étaient volatilisés.

Je n'en avais pas fini avec les pépins. Quand je suis montée dans ma voiture, que j'avais laissée au fond d'un parking de Londres, j'ai découvert que la batterie était à plat. Le dépanneur que j'ai appelé à la rescousse ayant décrété qu'il m'en fallait une neuve, je suis allée en acheter une, après quoi je suis retournée à l'aéroport pour récupérer mes affaires, puis j'ai pris la route du Somerset où se trouve notre maison. Là, j'ai croqué à belles dents dans une pomme achetée pour le déjeuner – et je me suis décroché la mâchoire. Je ne peux plus écarter les lèvres que d'un centimètre environ ; on dirait un ventriloque. Avec bien des difficultés, à cause de cette satanée bouche qui ne s'ouvre plus qu'à peine, j'ai téléphoné à mon entrepreneur français pour l'informer de l'imminence de ma visite. J'en ai profité pour apprendre qu'il partait en vacances le jour même de mon arrivée. (Il ne m'était pas venu à l'idée de m'enquérir de son emploi du temps avant d'acheter mes billets d'Eurostar.) Il m'a fort gentiment proposé de reporter son départ d'une journée afin que nous puissions prendre ensemble les mesures qui s'imposent. Ouf !

Sur notre répondeur, un inconnu a enregistré un message dans lequel il menace de nous couper les jambes et de nous extirper les entrailles par le fondement. Par bonheur, je m'y attendais car c'est Willie Dalrymple et sa famille, venus récemment passer le week-end chez nous, qui les premiers ont frémi d'horreur à l'écoute de ces avertissements. J'ai remercié le ciel de n'avoir pas eu droit à la primeur de pareilles abominations en arrivant ici, seule, dans la nuit noire. J'ai passé avec Claudia, qui m'avait rejointe (Hester est toujours en Égypte), un délicieux week-end au cours duquel nous ne nous sommes pas disputées une seule fois, quoique au bout d'un an elle n'ait toujours pas décroché d'emploi à temps partiel, ni même une poignée d'heures de baby-sitting.

De retour à Londres un ou deux jours plus tard, j'ai perdu mes clés de voiture ; il m'a fallu de nouveau faire appel au dépanneur. Ayant peu après rencontré au cours d'une soirée la correspondante de la BBC Lyse Doucet, j'en ai profité pour lui narrer l'incident. Elle m'a rapporté en retour que personnellement c'était la vie qu'elle avait failli perdre quelques semaines plus tôt en Afghanistan, où l'on avait tenté d'assassiner Hamid Karzaï alors qu'elle se trouvait auprès de lui. Au bout de quelques secondes de réflexion, elle a conclu : « En fait, je crois que c'est pire de perdre ses clés de voiture... » J'avais enfin trouvé une âme sœur.

Même si j'exclus les désastres en chaîne que je semble entraîner dans mon sillage dès lors que je décide de voyager, j'ai, quoi qu'il en soit, bien du mal à me réacclimater à la vie londonienne. Je me sens étrangement nerveuse, presque contrite, lorsque je téléphone à mes amis pour leur annoncer mon retour. Une conversation banale se mue parfois en véritable séance de torture.

Chaque fois que je regagne Londres, je perds toute mon assurance, je deviens une véritable inadaptée sociale. Il y a bien longtemps de cela, Felicity Lawrence, alors rédactrice en chef du *Telegraph Magazine*, me proposa de déjeuner avec elle chez Orso, à Covent Garden. Je ne l'avais pas vue depuis des années, mais je savais qu'entre-temps elle s'était mariée et qu'elle avait eu des enfants, aussi ne fus-je pas autrement surprise, en pénétrant dans le restaurant, de ne pas reconnaître cette femme qui s'avançait vers moi, la mine accueillante. Je me précipitai pour l'embrasser, et c'est alors qu'elle me demanda : « C'est vous qui avez réservé la table pour deux, madame ? » Proprement horrifiée, je compris que je venais de me pendre au cou de la directrice de salle. Il ne me restait guère qu'à prier pour que Felicity n'ait pas assisté à la scène, sinon j'allais devoir passer le reste du déjeuner à prétendre que notre hôtesse était ma meilleure amie. Felicity ne souffla mot de l'incident, moi non plus, me contentant, au moment de quitter les lieux, de décocher à l'employée un sourire entendu propre à la convaincre que j'avais de bout en bout maîtrisé la situation.

Si l'on tient à ne pas manquer son retour, il convient aussi de réapprendre à se colleter avec le chaos de la vie londonienne. Une fois que ses enfants ont rejoint l'école ou l'université dans leur pays d'origine, l'épouse d'expatrié jouit d'une existence placée tout entière sous le signe du silence et de la tranquillité. Elle se retrouve seule avec son mari. Plus de désordre dans la maison hormis celui dont on est personnellement responsable, plus de téléphone sonnant en continu, plus de jeunes gens allant et venant aux heures les plus incongrues du jour ou de la nuit, plus d'adolescents descendant prendre leur petit déjeuner à midi, plus de miettes sur les tapis. On apprend à vivre dans cette oasis de paix, de sérénité, et puis voilà que l'on pose le pied en Angleterre avec l'impression de pénétrer dans un asile de fous.

De retour dans notre appartement de Londres il y a

quelques années, je m'aperçus que nos filles y avaient convié plusieurs amis. La première soirée se déroula sans encombre pour la simple et bonne raison qu'ils la passèrent tous à l'extérieur, mais le lendemain matin la pagaille était complète : les invités dormaient un peu partout, et bientôt nous étions cinq à tenter simultanément de nous laver puis de nous habiller dans un logis minuscule. Au terme de la quatrième tentative, je parvins à m'introduire dans la salle de bains où, à bout de nerfs, je bus d'un trait l'eau que je venais de verser dans un verre posé près du lavabo. Deux secondes plus tard, on tambourinait à la porte : « Maman ! Maman ! insistait Hester. James a besoin de ses lentilles de contact, elles sont dans le verre à côté du lavabo… » Trop tard. Je venais de les avaler. Ainsi que l'a écrit Constance Gordon Cumming, qui voyageait au XIXe siècle, le retour chez soi « vous use le corps et l'esprit plus sûrement que ne saurait le faire n'importe quel périple dans des contrées lointaines ».

Il va sans dire que, lorsque vous renouez avec votre terre natale, vos amis ne se montrent que très vaguement intéressés par vos aventures à l'étranger. Un jour que je racontais à l'une de mes connaissances combien, en Syrie, nous étions inquiets de voir capoter les pourparlers de paix avec Israël, elle m'interrompit brusquement : « Tu sais, je n'ai vraiment pas le temps de m'investir dans tout ça. J'ai un livre à terminer avant Noël. » Une autre fois, au cours d'un déjeuner, je fis part à des amies de mon désarroi face à la démission imminente de notre majordome à l'ambassade… J'ignore encore comment j'ai survécu à cette bourde. « Oh ! non, piaillèrent-elles en chœur. C'est une ca-tas-trophe ! Comment diable vas-tu te débrouiller sans majordome ? Que vas-tu bien pouvoir faire ? Ah ! Ah ! Ah ! »

15 avril.

J'aurai passé une bonne partie de mon séjour londonien à écumer les cabinets médicaux, dentaires et de chiropractie pour tenter d'ouvrir à nouveau la bouche. J'ai tout de même réussi à voir quelques amis et à régler les problèmes concernant la réfection de notre maison en France.

Pendant tout ce temps, au milieu des calamités successives, je n'ai cessé de penser à cette pauvre Cecilia, coincée au Kazakhstan. Que faudrait-il que je lui réponde à mon retour ? Bien sûr, en cet instant précis où je m'apprête, après six malheureuses semaines à Almaty suivies d'un stage éprouvant en Angleterre, à me séparer une fois de plus des gens que j'aime, j'ai envie de lui dire de faire une croix sur son charmant époux comme sur la vie des diplomates en poste à l'étranger, de filer vers la Roumanie sans délai, d'y reprendre ses activités de médecin et de ne plus jamais regarder en arrière. Mais je mesure bien à quel point de tels avis seraient irresponsables.

Dois-je regretter ma décision d'avoir un jour « plié bagage et suivi », comme l'a écrit Isobel Burton, qui vivait au XIXe siècle et avait pour époux le grand explorateur et orientaliste Richard Francis Burton* ? Si j'avais su, à l'époque, ce que je sais aujourd'hui, aurais-je fait le même choix ? Le plus honnête, me semble-t-il, est encore de me remémorer ces trente dernières années passées à courir le monde avant de livrer mes conseils à Cecilia.

Alors je rembobine…

* Richard Francis Burton (1821-1890) est notamment célèbre pour avoir visité clandestinement La Mecque, découvert le lac Tanganyika et traduit *Les Mille et Une Nuits*. *(N.d.T.)*

II

L'amour dans un poulailler

J'entendis parler d'AW bien avant de le rencontrer car mon amie Sandy avait épousé Adrian, son meilleur camarade ; ils étaient ensemble à l'école puis à l'université. AW, lui, séjournait toujours à l'étranger – nous étions en 1970, il occupait alors un poste en Libye –, de sorte que, même si j'avais ici et là recueilli quelques échos sur l'existence qu'il menait dans une oasis du Sahara, je ne l'avais encore jamais vu en chair et en os. Nous ne fîmes même pas connaissance au mariage de Sandy et Adrian, dont il était le témoin ; c'est ma sœur qu'il y croisa et qui lui plut beaucoup, ainsi qu'il me l'avoua plus tard.

Puis un enfant vit le jour, dont on demanda à AW et moi d'être le parrain et la marraine. Nous nous rencontrâmes par hasard à la maternité où nous étions venus tous deux rendre visite à Sandy et à son bébé. Nous échangeâmes une poignée de main par-dessus le lit de la jeune maman. En quittant la clinique, AW me dit : « Et si nous offrions un cadeau commun au petit ? Nous pourrions acheter quelque chose de mieux que si nous faisions cela chacun de notre côté ? » Nous décidâmes donc de nous retrouver aux Silver Vaults de Chancery Lane, où M. Nathan, orfèvre de son état, scella notre sort commun : lorsque AW lui tendit sa carte de crédit pour payer les deux sous-verres que nous avions choisis, le commerçant lui demanda : « Je débite le montant total sur cette carte ou votre femme règle séparément ? » AW et moi virâmes au rouge en faisant mine de n'avoir rien entendu, mais le plus étrange est qu'à cet instant précis (nous devions le découvrir par la suite) nous eûmes tous deux la certitude qu'un jour je deviendrais bel et bien son épouse. Et pourtant, me disais-je, comment diable une femme aussi raffinée et bientôt responsable des pages féminines de l'*Observer* pourrait-elle jamais prendre pour mari ce timide aventurier venu de Libye avec ses croquenots ? Une fois qu'il m'eut invitée à sortir et que nous apprîmes à mieux nous connaître, nos chances parurent s'amenuiser encore : il était plus jeune que moi, possédait une Morris Minor bleu clair (peut-être du dernier chic aujourd'hui mais certainement pas à l'époque) et en savait si peu sur Londres que, le jour où il m'emmena dîner dans un restaurant persan de Kensington, il nous fit passer par Aldwych en venant de Battersea. Je remarquai aussi que pas une fois ses yeux ne brillèrent quand ensemble nous vîmes notre premier film, *The Railway Children (Les Enfants du chemin de fer)**, qui me fit sangloter du début à la fin. (Depuis que nous nous fréquentons, je n'ai vu pleurer AW qu'en une occasion : au moment où Hudson, le majordome du feuilleton *Maîtres et valets*, propose gratuitement ses services aux maîtres. C'est la loyauté dont l'homme avait fait preuve, m'a-t-il dit, qui l'avait ému.)

Néanmoins, contre toute attente, nous tombâmes éperdument amoureux l'un de l'autre. Hélas ! la situation était sans espoir : trois semaines plus tard, il quittait le pays pour s'en aller travailler au Népal. Nous étions effondrés, mais il n'y avait rien que nous puissions faire, sinon nous promettre de nous écrire souvent.

Je pris mes nouvelles fonctions à l'*Observer* après

---

* De l'Anglais Lionel Jeffries (1970). *(N.d.T.)*

son départ. Le premier matin, l'ascenseur étant tombé en panne entre deux étages, je dus me livrer à un petit exercice d'escalade, si bien que je fis mon entrée à quatre pattes, position que, peu ou prou, j'allais conserver durant les quinze mois que je devais passer au journal, essentiellement parce que, j'en reste persuadée, le rédacteur en chef n'avait pas embauché la bonne Keenan. Ma sœur aînée, Moira, dirigeait à l'époque les pages féminines du *Times* ; elle était mariée, elle avait des enfants, elle était supérieurement intelligente, bref elle était la candidate idéale au poste que l'on venait de m'attribuer. J'étais encore célibataire, je m'occupais, au sein du très branché *Nova*, de frivolités bien peu dans le ton de l'*Observer* : relooker la reine, interviewer la femme la mieux habillée de la planète… Je persiste donc à penser que l'*Observer*, cette année-là, s'était trompé de sœur, même si cet emploi me procura tout de même quelques avantages. J'héritai par exemple du bureau de Shirley Conran (future ex-femme de Sir Terence), sur lequel elle avait scotché une précieuse liste de recommandations à l'intention de qui s'avise de rédiger des articles. Je ne me souviens que d'une chose : « Ne jamais utiliser le mot *"nonobstant"*. » J'eus également la joie de devenir l'amie du dessinateur humoristique Haro et d'Eric Newby, l'écrivain voyageur. Eric rangeait sa bicyclette parmi nos accessoires de mode. Toujours plein d'entrain, il apportait avec lui une bouffée d'aventure et le souffle de contrées fort éloignées de nos bureaux de Printing House Square ; cela me mettait du baume au cœur. Haro, pour sa part, œuvrait dans la pièce dévolue aux employés des pages féminines, sa table à dessin se trouvait en face de mon bureau, et c'est à lui que je dois de n'avoir pas dépéri tout à fait durant cette période au cours de laquelle aucun rédacteur ne semblait apprécier mon travail. Un beau jour, Haro se fit licencier, mais il prit le parti de continuer à venir au bureau tous les matins dans l'espoir que personne ne s'apercevrait de quoi que ce soit. Voilà comment les choses se déroulaient à l'*Observer*. Quelque temps plus tard, on lui versa de nouveau son salaire, comme si de rien n'était.

Quand je fus renvoyée à mon tour, je demandai au rédacteur en chef, bien décidée à lui faire admettre qu'il y avait eu erreur sur la personne, pour quelle raison il m'avait embauchée. Au moins sa réponse ne risquait-elle pas de regonfler mon ego : le jour où il m'avait engagée, m'expliqua-t-il, il n'était pas dans son assiette. Mais il ajouta : « Nous n'avons pas envie de nous priver du son de votre petit piccolo au sein de notre grand orchestre. » Sur quoi il me proposa un emploi subalterne au sein du *Colour Magazine*. Je refusai tout net et m'en allai pleurer sur l'épaule de mes anciens collègues de *Nova* qui, le lendemain, me firent livrer un énorme bouquet accompagné d'un message : NOUS, ON SAIT TOUS QUE TU ES LE GROS TROMBONE. Lorsque par la suite je touchai ma prime de départ, il me sembla avoir décroché la timbale (« verre à liqueur » serait plus juste), et je résolus d'aller voir AW à Katmandou un peu plus tard dans l'année.

J'écrivis à Harry Evans, rédacteur en chef du *Sunday Times* (où j'avais travaillé plusieurs années avant de rejoindre *Nova*), pour savoir si l'équipe des pages féminines avait besoin de renfort. À quelque temps de là, je passai prendre AW à Heathrow : il rentrait en Angleterre pour son congé annuel, nous ne nous étions pas vus depuis sept mois. Debout au milieu d'une foule de gens surexcités et heureux, j'attendais à la porte des arrivées, mais AW ne se montrait pas. Parents, amis et chauffeurs de taxi s'éclipsèrent les uns après les autres, à l'exception d'un chauffeur de chez Hertz qui brandissait une pancarte portant le nom d'un voyageur. Tout à coup, il s'approcha de moi pour me demander si je voulais bien me charger de son écriteau pendant qu'il se rendrait aux toilettes. « J'espère que ça ne vous dérange pas, me dit-il, parce que je n'en peux plus. Si mon client arrive, proposez-lui de m'attendre une minute ou deux. » J'avais encore la pancarte dans les mains quand avec effarement je vis paraître Harry Evans. Je ne sus jamais s'il m'avait vue, mais au bout de quelques jours je reçus une lettre du *Sunday Times* : on me proposait les pages beauté. J'imaginai Harry Evans se disant : « Pauvre Brigid. À force de ne rien trouver dans le journalisme, la voilà réduite à travailler pour Hertz. Ce doit être dur. » J'acceptai de commencer à mon retour du Népal.

En ce matin de mai, AW ne se présenta pas aux arrivées d'Heathrow. Ayant raté son avion (qui avait décollé très tôt de Katmandou, se justifia-t-il), il débarqua avec deux jours de retard. Nageant en plein bonheur, nous passâmes les vacances en France et organisâmes ma visite au Népal, prévue un mois plus tard. AW me prodigua des conseils quant au contenu de mes valises : « Des bottes en caoutchouc pourraient t'être utiles. » Grotesque, me dis-je. Quelle idée ! Des bottes en caoutchouc à Katmandou ! Je n'en fis qu'à ma tête, glissant plutôt dans mes bagages une robe de cocktail et une robe du soir, en prévision des dîners auxquels nous n'allions pas manquer d'assister dans les ambassades. Oh… et ma perruque (elles étaient volumineuses, à l'époque). Au dernier moment, car je m'en serais voulu de faire de la peine à AW, je courus néanmoins chez Russell and Bromley pour y acheter une paire de bottes en caoutchouc rouges que je fourrai dans ma valise.

En transit à Delhi, je m'avisai que deux vols à destination du Népal étaient programmés. Eu égard à ma sainte horreur de l'avion, j'acquis la certitude que l'un des deux appareils allait s'écraser… mais lequel ? Je tentai de me décharger de la décision à prendre sur l'énorme Sikh qui trônait au comptoir d'enregistrement.

« Non, non, madame. C'est à vous de choisir.

– Je vous en prie, l'implorai-je. Dites-moi lequel prendre.

– Non, vous seule pouvez décider. »

Les pourparlers se poursuivirent sur le même ton jusqu'à ce que je me retrouve à deux doigts de manquer les deux vols.

J'atteignis saine et sauve l'aéroport de Katmandou au terme d'un formidable périple au cours duquel j'admirai les sommets himalayens (Everest compris) se succédant à perte de vue, pareils aux vagues pétrifiées d'une mer sans fin. Ce fut en fait la seule fois où j'eus l'occasion de contempler les montagnes du Népal, car en été des nuages de poussière les masquent totalement. AW m'attendait sur le tarmac. C'était follement romantique. Je me dirigeai vers lui, rayonnante, avec en tête cette scène d'*Un homme et une femme* où les deux amants accourent l'un vers l'autre au ralenti, mais AW passa raide et fier à côté de moi pour aller serrer la main de l'homme qui était descendu de l'avion à ma suite. J'appris plus tard qu'il s'agissait de son supérieur hiérarchique, alors en visite officielle, venu tout exprès de Londres pour voir le projet sur lequel il travaillait – je ne savais strictement rien de lui, et j'ignorais que nous avions embarqué à bord du même appareil. AW m'avoua ensuite combien il s'était senti écartelé de devoir décider lequel de ses deux hôtes il allait saluer en premier.

Le soir, nous nous rendîmes tous trois dans un restaurant de Katmandou, Yak et Yéti. Tandis que nous étions à table, un rat pointa son museau et galopa çà et là dans la salle. Personne ne réagit.

« Bonté divine ! lançai-je d'une voix enjouée pour prouver à mes deux compagnons que rien de ce que le tiers-monde avait à m'offrir n'était à même de me décontenancer. À Londres, si un rat se mettait à courir dans un restaurant, tous les clients seraient épouvantés, mais ici... (Je partis d'un rire euphorique.) Ici, ça fait partie du décor.

– Tant qu'on ne nous le sert pas dans la soupe », grommela un hippie américain installé à la table voisine.

AW occupait un appartement dans une ravissante demeure de style colonial, vieille bâtisse située dans la banlieue verdoyante de Katmandou. Malheureusement, nous ne devions y passer que deux nuits car le chantier du gouvernement britannique que le grand patron était venu visiter – celui-là même dont AW était l'agroéconomiste – se situait dans le Teraï, chaude région toute en plaines qui s'étend entre l'Inde et le Népal. Les Britanniques y construisaient alors une route, mon futur mari et ses collègues se chargeant d'établir un plan de développement agricole pour les terres défrichées lors de son percement.

Le premier matin, AW me réveilla en bondissant du lit comme un fou pour se ruer hors de la chambre. Je n'y comprenais rien. Il éclaira ultérieurement ma lanterne : ayant perçu dans son sommeil cette odeur caractéristique en provenance de la cuisine, il avait immédiatement su qu'une catastrophe venait de se produire. Sushila, sa jeune cuisinière népalaise, après les avoir hachés, était en train de préparer un curry avec le bacon et les saucisses que j'avais apportés parce qu'il m'avait confié que les petits déjeuners anglais lui manquaient énormément. Ce fut pour AW un rude coup car il allait devoir patienter de nombreux mois avant d'avoir à nouveau l'heur de déguster de la charcuterie britannique.

Ce jour-là, nous partîmes à la découverte de Katmandou – qui s'avéra aussi exotique que je me l'étais imaginé, riche de merveilleux temples sculptés, de splendides habitations en bois bordant d'étroites ruelles. Nous nous rendîmes dans une boutique dont l'enseigne proclamait : DÉTAILLANT EN HASCHISCH ET GANJA DE SA MAJESTÉ. Nous y étions envoyés par le supérieur d'AW : ses enfants, nous avait-il exposé, étaient adolescents, aussi souhaitait-il goûter à la marijuana pour discuter avec eux en connaissance de cause lors de leurs conflits futurs. Le commerce du haschisch était alors légal au Népal, mais l'on finit par l'interdire face aux problèmes posés par l'afflux de hippies. Nous en achetâmes quelques grammes, avec l'intention de les fumer au campement en compagnie du grand patron. L'échoppe, installée à l'étage d'une antique maison, ressemblait à ces petites épiceries désuètes où l'on vend du thé ou du café, à ceci près que lézardaient sur les marches quantité d'Occidentaux souffreteux arborant à la narine des piercings infectés.

Le lendemain, nous nous engageâmes, pour gagner le campement, sur la Raj Path – la route la plus terrifiante qu'il m'ait été donné de parcourir, flanquée d'un côté de précipices profonds de plusieurs centaines de mètres, d'abruptes falaises de l'autre, dotée de virages si serrés qu'il fallait les négocier en trois fois, à quoi s'ajoutaient les camions que nous croisions, venus d'Inde et dont les chauffeurs s'endormaient au volant ou roulaient ivres de *bhang**. Nous nous trouvions la plupart du temps au-delà de la limite des arbres. Cette observation me vint moins des bonnes notes que j'avais jadis obtenues en géographie que d'un constat aveuglant : si nous passions pardessus bord, rien ne viendrait arrêter notre chute. Nous longeâmes dans une descente quelques rhododendrons – dans l'Himalaya ce sont des arbres, non des arbustes. La fibre romantique d'AW le poussa à stopper notre véhicule pour m'en cueillir un rameau

* Lait additionné de cannabis et parfumé d'épices diverses. *(N.d.T.)*

chargé de fleurs. Il s'inclina au-dessus de l'abîme, prêt à saisir une branche, perdit l'équilibre et demeura quelques instants suspendu dans le vide avant de parvenir tant bien que mal à se rétablir. Il perdit sa chevalière dans la bagarre, elle glissa de son doigt pour dégringoler au fond du gouffre où celui qui la découvrira un jour n'en finira plus de s'interroger quant à son origine.

Après plusieurs heures de route, nous atteignîmes Dumkauli ; j'avais le dos ankylosé à force de me pencher dans la direction opposée aux précipices. Je m'étais figuré le campement comme un lieu hautement viril, planté de tentes blanches entre lesquelles devaient déambuler des hommes en tenue kaki, arborant un hâle à la Stewart Granger, et des sosies d'Ava Gardner en chemise saharienne, leur taille de guêpe soulignée par un jodhpur ajusté. Il ne s'agissait en réalité que de quelques poulaillers en bois à peine plus grands que la moyenne, et le premier individu que je croisai était un garçon malingre et pâle qui avait retroussé les jambes de son short en coton jusqu'au-dessus de ses poches, de sorte que celles-ci, hélas taillées dans un nylon beige rosâtre, se gonflaient de part et d'autre de ses cuisses, pareilles à des parties intimes malencontreusement disposées.

Lorsque AW me présenta sa cage à poules personnelle, mon cœur se serra. Elle se composait d'une véranda en toile ajourée d'environ deux mètres et demi de long et, derrière, d'une pièce meublée d'un lit, de quelques chaises et d'une table où prendre les repas. À l'arrière de la cahute s'adossait un appentis en ciment comprenant la cuisine et la salle de bains. Tout cela semblait très rudimentaire et on ne peut plus artisanal. C'était d'ailleurs le cas : dès son arrivée, AW avait choisi lui-même l'arbre dans lequel on allait débiter sa cabane, dont il avait ensuite supervisé la construction.

Le pire restait à venir. Le camp avait été établi dans

une vaste clairière, au beau milieu d'une forêt dont on disait qu'elle grouillait de serpents, parmi lesquels *Bungarus multicinctus*, autrement surnommé « serpent sept pas » car qui se fait mordre n'a pas le temps de faire plus de sept pas avant de s'écrouler raide mort. AW ouvrit la trousse à pharmacie et m'y montra, pour me rassurer, l'antivenin fourni par le gouvernement britannique mais, en lisant l'étiquette, nous découvrîmes d'une part que le sérum était périmé, de l'autre qu'il n'était efficace que contre les morsures des serpents africains du genre mamba.

On avait installé des toilettes, de même qu'une douche où l'on se lavait à l'eau froide (tirée d'un réservoir situé au centre du campement), mais cette eau s'écoulait à travers un trou pratiqué dans le mur extérieur par où entraient aussi les serpents. (Dès qu'on m'en eut informée, j'enfilai mes bottes en caoutchouc, que je ne devais plus quitter que rarement durant mon séjour.) AW, en vertu du fait qu'il était courageux et possédait un long couteau de guerrier gurkha *(kukri)*, avait été désigné comme tueur de serpents officiel du campement, quoique, selon la règle en vigueur, l'on ne dût s'en prendre à un reptile que s'il constituait une menace immédiate et patente. On l'avait appelé un jour pour exterminer l'un d'eux qui, perché en haut de la porte de la salle de bains, s'était laissé choir sur les épaules nues de Malcolm, son voisin, lorsque celui-ci était entré dans la pièce pour se doucher.

Peu après mon arrivée fut débusqué à proximité de notre cabane un *Bungarus* jugé trop dangereux pour qu'on le laisse filer. La bestiole s'avérant difficile à tuer du fait de son extrême rapidité, il fut décidé que les chauffeurs gurkhas la chasseraient vers le trou d'arrivée d'eau, tandis qu'AW ferait le guet à l'intérieur, prêt à lui trancher la tête à l'aide de son kukri quand elle ressortirait de l'autre côté. Pour ma part, j'avais grimpé sur une chaise, d'où j'observais la scène à bonne distance. L'animal jaillit si vite que mon mari ne parvint qu'à lui couper le bout de la queue. Le reptile plutôt paisible qui flânait tout à l'heure près de chez nous se métamorphosa alors en un redoutable « sept-pas » rageur qui, désormais, fendait l'air de notre maison. Ayant conçu une véritable terreur des serpents depuis que dans mon enfance on m'avait lu la cauchemardesque histoire de la mangouste Rikki-Tikki-Tavi*, dans laquelle un cobra s'en prenait à une famille anglaise installée en Inde toute pareille à la mienne, je restai juchée sur ma chaise, m'égosillant en pure perte jusqu'à ce qu'AW ait réussi, non sans risque, à occire la bête.

Pour joindre le monde extérieur depuis le camp, on ne pouvait guère que communiquer en morse avec Katmandou ou recourir, pour les liaisons de proximité, aux services d'un messager. Quant au réfrigérateur, il faisait des siennes. J'ai oublié ce que nous y entreposions car, bien qu'AW ait engagé un cuisinier (prénommé Penny pour Dieu sait quelle raison), tout ce que nous consommions, hors le *dhal*** et le riz, sortait d'une boîte de conserve. L'univers parallèle des conserves m'était jusque-là demeuré inconnu ; je découvrais maintenant avec stupéfaction que tout pouvait se présenter en boîte : le beurre, le bacon, un repas de Noël complet, absolument tout. J'aimais beaucoup Penny en dépit de ses piètres talents culinaires. AW m'avoua qu'il ne l'avait embauché que parce qu'il savait jouer de la flûte. C'était un Sherpa, et il avait à ce titre participé à de nombreuses expéditions ; sur son short, son tee-shirt et ses chaussettes étaient inscrits EVEREST 1968 et ANNAPURNA 1970. Je trouvais cela palpitant.

C'est peu après mon installation qu'il me fallut

---

* Tirée du *Livre de la jungle* de Rudyard Kipling. *(N.d.T.)*

** Préparation à base de lentilles, pommes de terre, carottes et oignons. *(N.d.T.)*

affronter le pire danger qui soit : les araignées sauteuses géantes. J'étais en train de me quereller avec AW dans la cuisine lorsque l'une d'entre elles se matérialisa sur le mur en ciment, juste derrière sa tête. Je n'en croyais pas mes yeux : elle avait la taille d'une petite soucoupe ! Mes mots moururent dans ma gorge et notre dispute prit fin d'un coup ; nous n'avions d'autre choix que de faire front ensemble contre cette horreur inédite. AW n'en avait encore jamais vu, peut-être ne se montraient-elles qu'à certaines périodes de l'année. Toujours est-il qu'elles avaient à n'en pas douter une dent contre moi : une autre jaillit quelque temps plus tard de ma trousse de toilette et, un jour que nous rendions visite à une famille du village voisin, je jure que j'en sentis une grimper le long de ma jambe, à l'intérieur de mon pantalon ; mobilisant tout le sang-froid dont j'étais capable pour me retenir de me lever d'un bond et sortir de la cabane en hurlant, je me contentai de l'écrabouiller contre mon genou.

Le chef de projet – je l'avais secrètement surnommé le « commandant du camp » – ayant exigé que l'on arrête le générateur à vingt et une heures précises, nos soirées se muèrent en une course effrénée vers le refuge de notre moustiquaire avant que nous nous retrouvions plongés dans les ténèbres, incapables dès lors de voir si une araignée s'était invitée dans notre lit. Armée d'une lampe de poche, je pris l'habitude d'inspecter les lieux une bonne dizaine de fois avant de réussir à me détendre suffisamment pour m'endormir. Dès que j'étais certaine que nous n'étions bien que tous les deux, l'endroit devenait pour moi un havre dans lequel je me sentais parfaitement en sécurité. Pour tout dire, j'aurais aimé pouvoir déambuler toute la journée sous ma moustiquaire. Confortablement étendue sous le rideau protecteur, j'en venais même à juger moins terrifiant que prévu le sinistre tapage mené par les chacals à l'orée de notre clairière. Quel que soit le nom qu'on donne aux sons qu'ils émettent – hurlements, aboiements, ricanements –, on n'imagine pas à quel point ils évoquent un cocktail qui aurait mal tourné. C'était comme si des voisins tapageurs avaient fait la bombe chaque nuit.

On signalait aussi des tigres aux environs de Dumkauli. Ils tuèrent un petit villageois de la région et, un soir qu'AW revenait du campement des ingénieurs routiers, il fut contraint de stopper son véhicule devant un énorme fauve en train de traverser la voie à pas feutrés. Il regrettait amèrement de se trouver à bord d'une Jeep décapotable, mais le tigre, qui n'avait visiblement nulle envie de s'offrir un en-cas à la brune, poursuivit son chemin avec un air plein de dignité.

Le supérieur d'AW tenant absolument à fumer avant son départ la marijuana que nous lui avions rapportée, un soir, après le dîner que nous l'avions invité à partager avec nous dans notre hutte, nous fîmes « tourner un joint », tous trois de plus en plus mal à l'aise à mesure que les minutes s'écoulaient – de plus en plus grotesques, nous semblait-il. Je serais curieuse de savoir ce que contenait cette cigarette. Je ne me souviens que d'une chose : à une plaisanterie plutôt faiblarde lancée par le grand patron, je me mis à rire poliment, pour me rendre compte bientôt que je ne parvenais plus à m'arrêter. Je ris ainsi pendant trois heures, non pas d'un discret gloussement, mais bien plutôt d'un de ces gros rires vulgaires qui vous prennent au ventre, vous font vous balancer d'avant en arrière en vous tenant les côtes jusqu'à tomber de votre chaise. Le supérieur de mon époux ne dissimulait pas sa surprise ; même lui avait conscience que son trait d'humour ne valait pas de pareilles démonstrations. Je fus obligée de quitter la table pour aller m'allonger sur notre lit, d'où ils continuèrent de m'entendre hoqueter dans mon coin. J'étais à la torture, ma tête sonnaillait comme si elle avait été emplie de verre brisé. J'avais l'impression que j'allais devenir folle, mais j'étais incapable de me contrôler. Le lendemain, AW, son patron et moi nous sentions terriblement déprimés. Je me demande souvent ce qu'il a bien pu raconter à ses enfants, tout compte fait.

Le lendemain de mon « emménagement », AW dut retourner à son travail de pesage des grains de riz et d'évaluation des récoltes. Je goûtai pour la première fois à la vie des épouses d'expatriés. Il régnait une chaleur accablante, je transpirais des pieds dans mes bottes en caoutchouc et n'avais strictement rien à faire, sinon errer parmi les broussailles desséchées en quête de mues de serpent à rapporter à mon neveu. J'appris à cette occasion que, quand ils se débarrassent de leur ancienne peau, ces reptiles abandonnent derrière eux jusqu'à la membrane transparente qui recouvre leurs globes oculaires. Une fois le grand patron reparti pour l'Angleterre, je convainquis AW de prendre un peu de temps libre pour jouer avec moi à la bataille navale sur des fiches de paie judicieusement quadrillées, mais à part cela, pour tout dire, il ne se passait rien.

Puis un collègue d'AW nous invita à dîner en dehors du campement. Surexcitée, je revêtis l'une des toilettes que j'avais apportées de Londres et qui, jusqu'à maintenant, s'étaient révélées inutiles. Je faillis même exhiber ma perruque mais m'avisai qu'au beau milieu de la jungle elle tiendrait davantage de la charogne que de l'accessoire de mode.

Les choses ne se déroulèrent pas tout à fait comme je m'y étais attendue. D'abord, notre soirée se tint dans une petite tente plantée au flanc d'un coteau désolé, ensuite le repas se composa exclusivement de nourriture pour bébé. La femme de notre hôte ayant regagné l'Angleterre avec leur enfant en lui laissant plusieurs dizaines de petits pots, il nous servit, en guise de plat de résistance, un mélange de ragoût de bœuf et de poulet, avant de nous offrir au dessert de la compote. AW s'agaça prodigieusement de ce que son collègue, John Makin, et moi consacrâmes presque toute la soirée à décrire notre repas idéal.

« Des rognons de veau à la moutarde dans une brasserie parisienne, suggérai-je.

– Délicieux, répondit John. Mais que diriez-vous d'une truite meunière accompagnée d'un verre de sancerre bien frais quelque part en France, au bord d'une rivière ?

– Taisez-vous un peu tous les deux ! » nous coupa AW.

La visite de l'ambassadeur de Grande-Bretagne fut notre seconde et dernière obligation mondaine dans le Teraï. Un message en morse nous annonça son arrivée pour inspection, et son désir de dîner sur place. Puisque j'étais la seule femme du camp, je fus chargée à l'unanimité de préparer le repas. À l'époque, déjà, les réceptions m'effrayaient, sans compter que tout raffinement culinaire me demeurait inaccessible sans l'aide d'un livre de recettes ; or je n'en avais évidemment pas apporté au Népal – ce n'est certes pas la première chose que l'on pense à fourrer dans sa valise lorsque l'on s'en va rejoindre l'homme qu'on aime. Depuis, cela va de soi, j'ai gagné en sagesse.

Je me rappelai vaguement la blanquette que ma mère préparait souvent, de beaux morceaux de poulet cuits dans une sauce blanche délicatement parfumée, et, songeant que nous serions bien capables d'en mitonner une nous aussi, j'envoyai Penny au village le plus proche acheter des poulets qu'à son retour tous les chauffeurs gurkhas se montrèrent avides de sacrifier. Nous empruntâmes à nos voisins une table et des chaises supplémentaires que nous installâmes sur la véranda, car il faisait une chaleur épouvantable. Je disposai quelques fleurs dans un pot de Nescafé vide dont j'avais ôté l'étiquette et, tandis que Penny faisait chauffer des conserves de légumes verts et de pommes de terre, je préparai une sauce blanche à base de beurre en boîte et de lait en poudre, avant de me glisser dans la robe de soirée que j'avais apportée en prévision de tous les dîners auxquels, m'étais-je imaginé, nous serions conviés dans les ambassades.

Le diplomate fit son entrée, la mine sévère, et après les présentations nous prîmes place, extrêmement nerveux, devant ma préparation. On aurait dit des morceaux de ficelle bouillis dans de la colle à papier peint mais, fort heureusement, personne ne prêta grande attention à la nourriture. C'est qu'un typhon de faible puissance choisit ce moment pour s'abattre sur le campement. Chacun se cramponna à son assiette, à l'exception de l'ambassadeur qui, dissimulant sa calvitie sous de longues mèches rabattues sur son crâne, préféra pour sa part s'agripper à ses cheveux, si bien que le vent balaya son assiette. Le désastre était total, mais au moins le diplomate put-il repartir, nous en convînmes tous, avec une idée plus précise des conditions dans lesquelles nous vivions.

À quelque temps de là, AW m'informa qu'il devait aller s'entretenir de leurs récoltes avec les villageois des collines. Quitter les mornes plaines brûlantes, pensai-je – et le campement –, même pour quelques nuits… Quel bonheur ! Au terme d'un long périple à travers de superbes paysages, nous atteignîmes le village, où l'on nous fit voir une hutte en torchis meublée de deux lits de corde. Après quoi AW demanda que l'on convie les habitants des hameaux voisins à une grande réunion. Depuis le sommet d'un coteau, le chef du village se mit à crier, les mains en porte-voix autour de la bouche, quelque chose qui devait signifier : « Que tout le monde se rassemble ici demain matin à sept heures », ses paroles se répercutant dans les vallées environnantes. Je serais bien étonnée, me dis-je, que tout le monde réponde à l'appel, mais le lendemain matin ils étaient des centaines à avoir honoré le rendez-vous.

Je me retirai dans notre hutte de boue en me demandant vaguement comment j'allais m'y prendre pour aller tout à l'heure aux toilettes – bien entendu, notre logis n'en comportait pas. Quand mon envie se fit plus pressante, je résolus de chercher un buisson derrière lequel me cacher. Mais, émergeant de la cabane, je découvris des villageois accroupis par dizaines ; de toute évidence, la nouvelle de l'arrivée d'une Blanche s'était répandue, j'étais devenue l'attraction du moment. Je leur souris pour tâcher de masquer mon embarras et m'éloignai en quête d'un bosquet, mais la foule m'emboîta le pas. Pareille au joueur de flûte de Hamelin, j'entraînai dans mon sillage, de colline en vallée, une cohorte de paysans babillards. De temps à autre, je me retournais pour leur faire face. J'essayai la courtoisie : « Allez-vous-en, s'il vous plaît, laissez-moi tranquille. » Je tentai la brusquerie : « Tirez-vous, compris ? » Je devenais folle, impossible de m'isoler. Pour finir, je convins que la seule chose à faire était encore de regagner la cagna pour y attendre qu'ils se lassent et rentrent chez eux, après quoi je me glisserais de nouveau à l'extérieur. Je me retirai donc et attendis ; eux aussi attendirent. Je les voyais par les fissures dans les murs de boue. Au comble du désespoir, j'en fus réduite, dans le coin le plus sombre de la hutte, à m'accroupir au-dessus d'un exemplaire du *Times* que nous avions apporté avec nous. Lorsque, le soir venu, je rapportai à AW mon humiliante mésaventure, il se montra extrêmement compatissant, quoiqu'il ne pût s'empêcher de déplorer la perte d'un journal que nous n'avions pas encore lu.

Quelques semaines plus tard, nous abandonnâmes de nouveau notre base pour un autre voyage professionnel. AW devait cette fois se rendre dans un centre de recherche agricole, quelque part sur les hauteurs. Aucune route n'y menait ; il nous faudrait marcher depuis Pokhara, la ville la plus proche. L'idée de parcourir à pied une longue distance non pour le plaisir ni pour faire de l'exercice, mais bien parce que c'était là l'unique moyen d'atteindre notre destination, m'enthousiasmait. Nous interrogeâmes sur la durée de notre trajet les autres résidents du camp qui répondirent avec nonchalance : « Oh ! c'est trois fois rien. Vous devriez y être en deux heures. »

Comme je n'avais pas apporté de chaussures de marche dignes de ce nom, je me contentai d'une paire de tongs en plastique. Après avoir titubé d'une colline l'autre pendant environ six heures, AW et moi touchions au but, éreintés, quand je m'aperçus en baissant les yeux qu'entre mes orteils roses avaient poussé quelques doigts de pied supplémentaires, noirs ceux-là. Des sangsues. J'étais cependant trop fatiguée pour éprouver le moindre dégoût lorsque le porteur qui s'était chargé de notre bagage entreprit de les brûler à l'aide d'un mégot de cigarette embrasé.

Malgré l'épuisement, malgré les coups de soleil, malgré la soif et les sangsues, la voie sur laquelle nous cheminions, la Johnson Trail, nous enchantait. C'était à proprement parler une grand-route du Moyen Âge, pareille à celle des *Contes de Canterbury* de Chaucer, à ceci près que tous les personnages s'y trouvaient rassemblés en même temps, voyageant chacun pour des motifs différents et jouissant au passage de panoramas exceptionnels tout en éminences et vallées en terrasses. Il y avait là des soldats gurkhas en permission qui rentraient chez eux d'un pas léger en portant gaiement leur valise en carton sur l'épaule ; dans la direction opposée, d'autres s'en allaient rejoindre leur régiment. Il y avait des hommes et des femmes partis rendre visite à des parents qu'ils n'avaient pas vus depuis longtemps, des gens qui se rendaient à un mariage ou à un enterrement, des commerçants et des porteurs charriant leurs marchandises sur des ânes ou dans des paniers en paille coniques fixés sur leur dos. Nous croisâmes encore un train de mules parées de clochettes tintinnabulantes et de pompons aux couleurs vives, transportant quant à elles un chargement de sel en provenance du Mustang, province montagneuse située à la frontière tibétaine. À intervalles réguliers, quand justement nous ne rêvions plus que de faire une pause, une échoppe de thé se matérialisait, où nous nous affalions avec soulagement en bavardant, pour autant que nous en fussions capables, avec nos compagnons de voyage.

Nous atteignîmes enfin le centre de recherche de Lumle, perché si haut dans les collines qu'il était enseveli sous les nuages et noyé dans une végétation aussi épaisse que ruisselante. Quand le responsable nous montra nos chambres, nous constatâmes que, si l'on avait installé AW dans le bâtiment principal, je me trouvais reléguée dans un abri de jardin réservé aux invités. Je lisais alors des nouvelles de Somerset Maugham évoquant la profonde affliction dans laquelle se trouvaient plongées certaines memsahibs britanniques au temps des colonies, aussi passai-je, allongée dans ma chambre solitaire, des heures à méditer sur la vraisemblance de ces textes, me demandant avec tristesse comment AW et moi pouvions encore envisager un avenir commun.

À notre retour au camp de Dumkauli, tandis que la chaleur s'intensifiait, je me mis à nourrir deux obsessions chaque jour plus vives. Le futur d'une part, qui depuis Lumle me tourmentait. S'il s'était agi de vacances quelconques, sans incidence d'aucune sorte, peut-être aurais-je pleinement joui de cette aventure aux confins du Népal, mais ces congés justement n'étaient rien moins qu'ordinaires : ils tenaient de la période d'essai, préfigurant le genre d'existence que j'allais désormais mener si j'épousais AW, or je ne me voyais pas passer le reste de ma vie dans un endroit comme Dumkauli. J'aimais sincèrement cet homme, mais les activités qu'il menait dans les pays en voie de développement l'entraîneraient immanquablement vers toutes sortes de Dumkauli. Alors que faire ? Cela dit, il ne m'avait pas encore demandée en mariage, c'est pourquoi je décidai de remiser momentanément ce problème pour me concentrer sur le second : ma carrière.

Un journaliste ne peut s'empêcher de considérer tout ce qui l'entoure en termes d'« histoire » à écrire, puis à publier, et si nul sujet ne se présente ouvertement à lui, il se doit d'en traquer un. Le journaliste qui dédaigne de vivre selon ces préceptes ne vaut pas tripette. Un authentique auteur aurait-il vécu ce que j'étais en train de vivre, me répétais-je, il en aurait déjà tiré cinq papiers, quand je sombrais pour ma part dans le désœuvrement.

Le mois précédent, comme nous visitions succinctement Katmandou, AW m'avait montré le temple habité par une déesse vivante et j'avais songé que c'était là une solide idée de reportage, mais nous avions quitté la ville le lendemain et le temps m'avait manqué pour m'y mettre. Plus tard, au campement, un hôte de passage nous apprit qu'un vieux Gurkha nommé Lachiman Gurung et décoré de la croix de Victoria pendant la guerre vivait dans les collines, non loin. Je tenais quelque chose ! AW envoya un messager chez Gurung pour lui proposer de me rencontrer dans un village situé à mi-chemin, et il me prêta la Land Rover qu'il confia à un chauffeur capable de jouer aussi les interprètes.

Gurung était un héros local si bien que, quand j'arrivai au lieu de notre rendez-vous, il était en train de cuver le rhum qu'il venait d'engloutir à la réception donnée en son honneur. Assise sur sa véranda, j'attendis qu'il se réveille et me raconte son histoire : Lachiman Gurung avait à lui seul repoussé l'assaut d'un groupe de plus de soixante-dix Japonais. Avec trois de ses camarades, il avait été posté dans un gourbi depuis lequel ils avaient reçu l'ordre de surveiller le chemin menant aux quartiers de leur section. Puis les Japonais étaient arrivés. Les compagnons de Gurung avaient été tués et lui-même avait laissé un bras dans l'accrochage, mais il avait continué à charger son fusil et à tirer jusqu'à ce que l'ennemi, ignorant qu'une résistance aussi farouche était le fait d'un seul homme, gravement blessé de surcroît, finisse par battre en retraite. Après m'avoir rapporté ses souvenirs, il fourragea dans son sac dont il extirpa une pochette en plastique qu'il me montra fièrement : à l'intérieur, il avait rangé sa croix de Victoria. Je fus si profondément touchée par ce qu'il avait vécu et par la dignité dont il faisait preuve, si touchée par le bras qu'il avait perdu et le dénuement dans lequel il vivait à présent, si touchée enfin par la splendeur de sa médaille et les circonstances étranges qui avaient présidé à notre rencontre, que je faillis m'allonger sur le sol pour sangloter.

L'article que je lui consacrai parut dans l'*International Herald Tribune*. La chance m'avait souri. Personne, peut-être, n'aurait été intéressé par mon papier sur l'héroïque Gurkha si, peu après mon retour à Londres, ne s'y était tenue une réunion de médaillés de la croix de Victoria. Lachiman Gurung n'y assista certes pas, mais le « prétexte » était suffisant pour que le journal exploite mon récit.

La mousson approchait. Le campement allait être coupé du monde, aussi une équipe réduite garderait-elle les lieux tandis que nous autres allions déguerpir pendant qu'il en était encore temps. Déjà, il était trop tard pour regagner Katmandou par le chemin emprunté à l'aller. Les eaux du fleuve, que nous avions traversé en embarquant la voiture sur un bac manœuvré le long d'un filin tendu entre les deux rives, étaient devenues trop tumultueuses, et si AW avait caressé un moment l'idée de caler la Land Rover sur deux canoës attachés l'un à l'autre, il choisit au final (pour mon soulagement) un autre itinéraire.

Une fois le véhicule chargé, nous partîmes, tout excités à l'idée de reprendre la route. Penny proposa toutes les places demeurées vacantes dans la Land

Rover à de jolies femmes sherpas dont il nous affirma qu'elles étaient ses sœurs, ce dont AW se formalisa, mais le même Penny fit ensuite résonner sa flûte, ses « sœurs » entonnant quant à elles une merveilleuse chanson sur le mont Everest – ou Sagarmatha, comme on l'appelle au Népal – qui eut pour effet d'apaiser AW. Le voyage se déroula sans encombre jusqu'à ce que nous nous retrouvions au bord d'une rivière dont les eaux avaient emporté, le matin même, le pont que nous devions franchir. Nous étions pris au piège entre deux cours d'eau déchaînés, l'affolement me submergea. Comment allais-je bien pouvoir rentrer pour prendre mes nouvelles fonctions au *Sunday Times* ? Le mal du pays m'accablait d'un coup ; il me fallait mes sœurs, il me fallait mes parents. Je voulais rentrer chez moi, et tout de suite.

L'embouteillage qui s'était formé sur la route menant au pont écroulé se révélait de bon augure, puisqu'il signifiait au moins que nous n'étions pas les seuls à vouloir nous engager sur cette voie. Dans un autobus se trouvait une vieille Anglaise désireuse de se rendre en Nouvelle-Zélande. La Nouvelle-Zélande ! J'eus honte de mes craintes. AW descendit du véhicule pour s'entretenir avec les ingénieurs chinois en costume Mao qui s'occupaient du pont. Il les persuada de le remettre en état, de sorte qu'après une longue attente nous passâmes enfin la rivière avec un sentiment de triomphe. Notre enthousiasme fut refroidi par les rochers qui, un peu plus loin, s'éboulaient sur l'une des routes escarpées que nous suivions, mais AW fonça parmi les pierres et, tard dans la soirée, nous atteignîmes Katmandou.

Puisqu'il me restait encore deux semaines avant de reprendre l'avion, AW me loua une bicyclette (lui-même en possédait déjà une) sur laquelle, pour explorer les environs, je descendais chaque matin la voie ombragée qui menait de son appartement à la ville, en passant devant un joli sanctuaire hindou établi sur un réservoir d'eau. Je m'attaquai à l'histoire de la déesse vivante. On ne me permit pas de discuter avec la fillette qui occupait alors cette fonction, les déesses n'accordant pas d'interview, mais je dénichai sa devancière qui avait pris sa retraite à la puberté comme le voulait la coutume. Triste sort que le sien : choyée et traitée comme une reine plusieurs années durant, elle était de retour dans sa famille. La situation s'avérait difficile pour tout le monde, et il y avait fort à parier que l'adolescente demeurerait longtemps à la charge de ses parents car on estime au Népal qu'épouser une ancienne déesse vivante porte malheur.

Juste avant mon départ, AW me parla avec animation d'un poste bientôt vacant qu'il pourrait occuper dès qu'il en aurait terminé avec sa mission du moment. Il se situait à Pakribas, me dit-il, à trois jours de marche de Katmandou. Je me voyais déjà en train d'y inviter mes amis : « Allons, venez ! Vous n'aurez qu'à marcher durant trois jours avec vos valises depuis l'aéroport... » Triste, solitaire et le cœur gros, je grimpai dans l'avion. J'étais incapable d'affronter Pakribas. Et ma famille, alors, sans parler des meubles, des tableaux, des livres, de la nourriture ? Si AW se décidait – ou bien quand il se déciderait – à me demander en mariage, il faudrait que je le repousse.

III

Mariage et bagages

Ayant pris mes fonctions à la rubrique beauté du *Sunday Times*, j'y retrouvai d'anciens collègues et amis. Comparée à celle que je venais d'endurer à l'*Observer*, la situation me ravissait. Peu après mon arrivée, on me proposa de rencontrer Estée Lauder lors de l'une de ses visites à Londres. « Juste ciel ! s'écria-t-elle en me voyant. Visez-moi un peu notre Miss Avant-Hier ! » Elle défit mon maquillage pour le reprendre elle-même, me gratifiant de paupières bleues, de joues et de lèvres roses. Je regagnai mon bureau en catimini dans l'espoir d'atteindre les toilettes avant que quiconque m'aperçoive. Puis ce fut au tour de mon amie Meriel, alors employée au *Sunday Times Colour Magazine*, de subir le même traitement. Elle sortit du Claridge's affublée de son tout nouveau visage en Technicolor, priant pour ne croiser personne de sa connaissance mais, comme de bien entendu, elle se retrouva nez à nez avec un vieil ami gay qui hurla de joie avant de pousser des cris de triomphe à la manière d'un guerrier peau-rouge.

AW rentra trois mois plus tard et emménagea dans mon appartement. La première chose qu'il m'annonça fut qu'il n'avait pas posé sa candidature au poste de Pakribas. En 1972, on considérait encore d'un mauvais œil les hommes et les femmes qui « vivaient ensemble » ; il nous fallut garder le secret vis-à-vis de nos parents. AW ne pouvait répondre au téléphone chez moi de peur qu'il ne s'agisse de mon père ou de ma mère, et chaque fois que des membres un peu âgés de ma famille m'annonçaient leur visite, nous courions en tous sens pour dissimuler ses affaires et replacer entre les lits jumeaux la table de chevet, après quoi il partait s'installer ailleurs. Et puis un jour, en rentrant du bureau, je constatai qu'il avait fait ses bagages alors que personne n'avait prévu de venir me voir. Sa valise trônait dans l'entrée. Je restai plantée là à m'interroger sur ce qui était en train de se tramer ; c'est alors qu'il me demanda en mariage.

« Si tu dis non, poursuivit-il, je m'en vais, et tu ne me reverras jamais. »

J'étais abasourdie. La perspective de me séparer de lui pour toujours m'était insoutenable, aussi acceptai-je sa proposition, songeant à part moi que je pourrais toujours rompre plus tard mes engagements. Il m'annonça ensuite :

« Je ne peux pas te promettre que tu deviendras riche, mais je te promets solennellement que tu ne t'ennuieras jamais. »

Il avait raison. Il m'est arrivé, au cours de notre vie de saltimbanques, de me sentir frustrée, de sombrer dans le désespoir ou d'éprouver le mal du pays, mais jamais je ne me suis ennuyée.

AW alla trouver mes parents pour leur demander ma main. Le sentiment qui prévalut ce jour-là fut un immense soulagement : j'avais trente-deux ans ; mon père et ma mère priaient pour qu'enfin je me fixe, ils en rêvaient depuis des années. La difficulté n'avait d'ailleurs pas tant consisté à obtenir leur accord, m'expliqua AW à son retour, qu'à les convaincre qu'un homme souhaitait bel et bien m'épouser. « Êtes-vous vraiment certain de savoir à quoi vous vous attaquez ? » l'avait interrogé mon père. Le jour de notre mariage, ce fut ma tante qui l'aborda pour le mettre en garde : « Peut-être avez-vous eu les yeux plus gros que le ventre. »

J'effectuai mon premier séjour chez mes futurs beaux-parents, dans le Somerset. Pour leur prouver quel genre de bru zélée j'allais être bientôt, je me ruais toutes les cinq minutes vers l'évier pour faire la vaisselle. Mon regard fut soudain attiré par un flacon de médicaments marron posé sur l'étroite étagère, au-dessus des robinets. Sur l'étiquette était inscrit : « Valium 5 mg. Quatre comprimés en cas d'urgence. » Mon Dieu ! gronda ma cervelle, un membre de cette gentille petite famille sans histoires est donc susceptible de se transformer à tout instant en un monstre qu'il faut assommer à coups de tranquillisants. Mais lequel ? Je tâchai dès lors d'éviter de me retrouver seule dans une pièce avec l'un d'eux, jusqu'à ce que l'occasion me soit donnée d'interroger AW. Il s'avéra que le Valium avait été prescrit au chien de la maison, un énorme rhodesian ridgeback sujet à des crises.

Deux mois plus tard, Moira, ma sœur chérie, mourut d'un cancer. Elle était ma meilleure amie et personne n'était plus proche de moi ; je ne parvenais pas même à envisager le tour qu'allait pouvoir prendre ma vie, non plus que celle de son mari ni de ses enfants, désormais privés de son amour, de sa force, de sa sagesse et de son humour. AW devint le roc auquel je m'agrippai durant cette période atroce, et j'oubliai toute idée de rupture.

Il parvint à convaincre ses employeurs du ministère de la Coopération de le dispenser d'affectations à l'étranger pendant quelques années. Cela me laisserait assez de temps, estimions-nous, pour me faire à l'idée de quitter le journal et de partir m'installer loin de l'Angleterre. Puis nous arrêtâmes la date des noces. Le costume nuptial d'un blanc immaculé convenant mal à la vieille mariée de trente-trois ans que je m'apprêtais à devenir, j'optai pour une longue robe bleu marine semée d'étoiles argentées – quelque chose de très sobre, sans voile ni demoiselles d'honneur.

Il se produisit le jour des épousailles tant de choses étranges qu'il m'arrive encore de douter que nous soyons réellement mariés. Commençons par le début. Nous souhaitions que la cérémonie se déroule le soir, à la lueur des chandelles, mais nous apprîmes qu'en Angleterre une ancienne loi imposait de convoler avant dix-huit heures afin qu'aucun des deux conjoints ne puisse prétendre ensuite que dans l'obscurité il n'avait pu distinguer celui ou celle à qui il s'était uni. Nous convînmes, avec le prêtre de l'église londonienne sur laquelle s'était porté notre choix, que le mariage débuterait donc à dix-sept heures pour respecter l'horaire limite. Mais le curé se rappela soudain que l'on célébrait chaque jour la messe à dix-sept heures trente. « Ne vous en faites pas, finit-il par nous rassurer. Nous préviendrons nos fidèles qu'elle sera exceptionnellement reportée à dix-huit heures trente. »

Mes parents débarquèrent dans la capitale. Le grand jour arriva. J'étais terrifiée. Car si le matin de son mariage on se sent moins sûre que jamais d'avoir pris la juste décision, il est trop tard pour y changer quoi que ce soit. Maman, que dans notre famille nous surnommions Madame Catastrophe car elle s'attendait toujours au pire, partit pour l'église dans un certain émoi qui se métamorphosa en panique absolue lorsque sa voiture dépassa dans Piccadilly un taxi poussé par AW et son témoin, tous deux en jaquette. Quand ensuite je lui demandai pourquoi diable ils ne s'étaient pas contentés de changer de véhicule, AW me répondit que son compère et lui avaient eu pitié du chauffeur.

Papa et moi quittâmes mon appartement à bord d'une Rolls de location quatre heures avant la célébration. Je parvins à le convaincre de demander à notre chauffeur de faire à petite vitesse une vingtaine de fois le tour du pâté de maisons afin de ne pas arriver à l'église avant le futur marié. En dépit de ces précautions, nous étions en avance : la messe débuta avec une telle ponctualité que, tandis que mon père et moi avancions vers l'autel, se pressait derrière nous la foule des retardataires que la circulation à l'heure de pointe avait piégés. Ayant entendu l'un des invités murmurer : « C'est incroyable ! Elle est habillée en noir », je faillis m'arrêter pour lui répondre : « Ce n'est pas noir, c'est bleu marine », mais rien n'aurait pu retenir papa.

Tout se déroula sans anicroches jusqu'à ce moment de la cérémonie où les mariés doivent se rendre à la sacristie pour y signer le registre paroissial. Je vis alors un autre prêtre pénétrer dans l'église, flanqué de deux enfants de chœur. J'en fis part à notre curé auquel il fallut un certain temps pour mesurer les conséquences de ce que je venais de lui dire : « Oh ! mon Dieu ! ils ont dû commencer la messe de dix-sept heures trente. » Nous regagnâmes la nef, affolés, pour y découvrir que le bonhomme et ses deux acolytes avaient déjà pris possession de l'autel, que la chorale s'était tue au beau milieu d'un cantique, qu'enfin tous les sièges que nous avions retenus, y compris les prie-Dieu réservés aux époux, étaient à présent occupés par tout un tas de petites vieilles dames en noir.

AW et moi hésitions sur la conduite à tenir. Notre curé, lui, s'en alla batailler avec son confrère planté derrière l'autel pour le convaincre de déguerpir, le temps pour nous de recevoir la bénédiction finale. Après quoi, il nous fallut jouer des coudes pour rallier la sortie au son d'un orgue tonitruant, croisant au passage un nombre croissant de menues vieillardes qui, les unes après les autres, entraient pour s'asseoir dans l'église. La Rolls, censée nous mener confortablement jusqu'au Hyde Park Hotel où se tenait la réception, s'engagea dans la rue pour se retrouver presque aussitôt bloquée dans un embouteillage, si bien que, peu à peu, tous les invités qui s'étaient joints à nous dans l'église nous devancèrent en se rendant à pied à notre soirée.

Nous vîmes ainsi passer, venue du Somerset, la femme de ménage de ma belle-mère ; elle paraissait anxieuse.

« Nous la faisons monter ? proposa mon époux tout neuf.

– Tu es fou ? » rétorquai-je, courroucée.

Mais comme notre voiture s'immobilisait de nouveau et que de nouveau la pauvre femme nous doublait, la mine encore plus inquiète, je capitulai, et elle prit place à nos côtés. Dès lors, je renonçai à me préoccuper de qui grimpait ou non dans la Rolls. Je sais en tout cas que l'oncle néerlandais d'AW se trouvait dans le lot, car nous ne nous étions encore jamais rencontrés et je me rappelle avoir échangé avec lui une poignée de main à l'arrière du véhicule.

Quand enfin la voiture stoppa devant le tapis rouge et que l'organisateur du banquet, fort élégant dans sa queue-de-pie, en ouvrit la portière, il faillit être piétiné par la horde qui jaillit avant la mariée elle-même, furibonde et fripée. Néanmoins, ce fut sans mentir une fête merveilleuse. Pour tout dire, notre seul souci consista à y mettre un terme. Car AW et moi, qui avions prévu de passer la nuit dans ce même hôtel, ne nous éclipsant pas, tous les convives demeuraient campés là eux aussi et mon pauvre père, qui voyait en pensée s'alourdir la facture, affichait un air de plus en plus crispé. Nous envisageâmes donc de filer quand même, quitte à nous contenter de faire en voiture le tour du quartier. Puis nous vint une brillante idée : nous allions, en compagnie d'Adrian, notre témoin, rendre visite à Sandy, sa femme et mon amie, qui dormait à la maternité où elle avait donné naissance la veille à son deuxième enfant.

Je ne me souviens pas de grand-chose, mais à en croire Sandy elle somnolait paisiblement dans son lit lorsqu'une infirmière, au beau milieu de la nuit, vint lui chuchoter qu'une troupe tapageuse composée d'une jeune épousée et de deux mariés munis d'une bouteille de champagne l'attendait à côté des ascenseurs. Malheureuse Sandy, qui clopina hardiment hors du pavillon pour faire la nouba en notre compagnie...

Le lendemain, totalement déprimés, AW et moi nous engouffrâmes sans conviction dans un taxi pour réintégrer mon appartement, où il nous fallut attendre deux longues semaines avant de nous envoler pour notre lune de miel en Égypte. On a tort de différer un voyage de noces : dans l'intervalle, on ne se sent pas mariés pour de bon. Un soir, l'un de mes ex-petits amis, que je n'avais pas vu depuis un moment, m'appela pour m'inviter au théâtre.

« C'est tentant, répondis-je, mais il faut que je vérifie quelque chose. »

Sans doute pensa-t-il que je devais consulter mon agenda, mais j'allai demander à AW s'il ne s'opposait pas à cette sortie.

« Aurais-tu perdu la tête ? me dit-il. Tu ne peux pas aller au théâtre avec d'autres hommes. Tu es ma femme ! »

Je retournai au téléphone, passablement mal à l'aise :

« Mon mari me dit que je ne peux pas aller au théâtre avec toi.

– Ton mari ? glapit mon ex. J'ignorais que tu allais te marier... Je n'aurais jamais appelé... »

AW avait choisi une croisière sur le Nil – il tenait à m'entraîner en territoire neutre, loin du monde de la mode et de la presse. Mais à peine avions-nous embarqué à bord de notre navire à Louxor, main dans la main, ivres d'amour et impatients de nous détendre en tête à tête à mille lieues de ce qui faisait mon quotidien, qu'une voix stridente nous accueillit : « Chérie ! N'est-ce pas merveilleux ! Ne me dis pas... que tu fais la même croisière ? Sublime ! » C'était l'une de mes amies, directrice d'une prestigieuse compagnie de tourisme. Nous étions effondrés. Non contente d'avoir grimpé dans le même bateau que nous, elle s'y trouvait flanquée d'une clique de gens en vue, dont l'épouse de Giovanni Agnelli. Si je la mentionne ici, c'est que le *Woman's Wear Daily* venait de la proclamer la femme la mieux habillée de la planète et que je mourais secrètement d'envie de découvrir ce qu'elle allait porter.

Nous avions tort de nous alarmer. Nous vécûmes la lune de miel idéale : soleil brûlant, ruines romantiques inscrites au programme de chacune de nos journées, le tout additionné de ces stars à guigner pour pimenter notre voyage. Mais au bout de quatre jours, Mme Agnelli avait toujours sur les fesses et le dos le jean et le tee-shirt rouge qu'elle arborait au départ. J'étais soufflée. Si je comprends bien, me dis-je, une fois élue la femme la mieux habillée du monde on se moque de son look comme de sa première liquette. Je fis part de ma théorie à mon amie : « Tu n'y es pas du tout, me détrompa-t-elle. Mme Agnelli a perdu ses valises au Caire, elle n'a rien d'autre à se mettre. »

Quant aux visites touristiques, nous les effectuions en compagnie d'un homme et d'une femme charmants, entre deux âges, dont nous avions fait la connaissance lors de notre première soirée au Caire. Ils se donnaient un mal de chien pour nous convaincre qu'ils n'étaient pas en couple – ça non, sûrement pas. Elle était l'épouse d'un homme d'affaires prisonnier de ses obligations professionnelles, lui le mari d'une femme demeurée en Angleterre pour attendre la naissance de son premier petit-enfant. Mais dans le couloir du train qui nous emportait vers Louxor, où nous attendait notre navire, nous les avions surpris enlacés. (Une femme fort avisée, un jour que je me demandais ce que l'une de mes filles pouvait bien être en train de manigancer, me déclara : « Les choses sont *toujours* allées plus loin qu'on ne l'imagine. »)

À Louxor, c'est en cabriolet que nous nous

rendîmes de la gare au bateau. En grimpant dans la voiture, je la jugeai si instable, si bringuebalante, que je suggérai à AW, qui avait étudié l'arabe à l'université, de même que le farsi, de demander à notre cocher de modérer son allure. Nous démarrâmes pourtant sur les chapeaux de roue, au point que je lançai : « Je t'en supplie, répète-lui d'aller doucement ! » AW s'adressa à l'homme qui, en retour, fouetta son cheval de plus belle ; nous traversâmes la ville à tombeau ouvert – d'aucuns auront cru voir passer par les rues l'un des concurrents de la course de chars dans *Ben Hur*. Je me mis à pleurnicher à l'arrière du cabriolet tandis qu'AW, debout, hurlait au cocher de ralentir – s'emmêlant les crayons dans son arabe, il ne cessait en fait de lui enjoindre d'accélérer. Sûrement l'homme, de son côté, s'interrogeait-il sur le genre de cinglés de la vitesse qu'il venait de prendre à son bord. Nous échouâmes à résoudre le malentendu linguistique avant d'avoir atteint le quai, où la voiture s'immobilisa après un dérapage.

Lorsque notre bâtiment fit halte auprès du grand temple funéraire d'Abydos, AW et moi nous séparâmes du groupe pour rendre visite à une vieille Anglaise dont on nous avait dit qu'elle vivait non loin de là, dans une hutte. Elle croyait être, affirmait-on, la réincarnation de la mère du pharaon Séti ; on la désignait d'ailleurs dans la région sous le nom de Umm Seti, la mère de Séti. C'est donc sur cette rumeur que nous l'interrogeâmes d'abord et, de toute évidence, celle-ci la contrariait. « C'est grotesque, nous asséna-t-elle avec un accent cockney caractéristique. La mère d'un pharaon ? Je n'ai jamais prétendu une chose pareille. Autrefois, je faisais le ménage dans ce temple, c'est tout. » L'histoire d'Umm Seti, Dorothy de son vrai nom, était extraordinaire. Les événements s'étaient déroulés à peu près de la façon suivante : vers l'âge de quinze ans, elle avait fait une mauvaise chute dans l'appartement de ses parents, qui vivaient dans l'East End, à Londres, et perdu connaissance sous le choc. En revenant à elle, elle s'était sentie toute chose, errant dès lors comme détachée du réel, étrangère à ce qui l'entourait, jusqu'à ce que, passant un jour devant le British Museum, elle décide d'y entrer pour s'abriter de la pluie. Dans le grand hall du musée, nous rapporta Dorothy, le département des antiquités égyptiennes l'avait attirée et là, enfin, elle s'était sentie chez elle. Elle avait compris qu'il lui fallait se rendre en Égypte. Quelque temps plus tard, elle avait fait la connaissance d'un étudiant égyptien qu'elle avait épousé pour le suivre au Caire. Néanmoins, il lui semblait ne toujours pas occuper sa juste place. Sa destination ultime lui avait été révélée bien des années plus tard, devant une carte postale d'Abydos. C'est ainsi qu'elle avait tourné le dos à sa famille cairote pour s'installer définitivement là-bas. Umm Seti savait déchiffrer les hiéroglyphes sans avoir jamais appris à le faire, et les archéologues qui reconstruisaient le temple à l'époque où elle avait emménagé dans les parages, après l'avoir prise pour une illuminée, avaient découvert qu'en outre elle connaissait avec précision le plan de l'édifice – elle leur était devenue une assistante aux talents précieux.

Comme nous l'écoutions nous raconter sa vie assis devant sa maisonnette, un jeune garçon s'approcha pour nous vendre un petit scarabée sculpté. « Voyons un peu ce que tu as là », lui fit Umm Seti. Elle examina l'objet, dont elle lut le nom du propriétaire sur le cartouche gravé. « Vous devriez l'acheter, nous conseilla-t-elle, il est authentique. » AW m'en fit cadeau, mais je devais hélas le perdre deux ans plus tard en Éthiopie – une énigme de plus à résoudre pour les archéologues du futur.

AW et moi parcourûmes l'Égypte en nous chamaillant avec entrain, comme nous allions désormais le faire aux quatre coins du monde. Le plus souvent, nous nous querellions à cause du journal. La direction de l'hôtel du Caire où nous étions descendus après notre croisière nous en offrait chaque matin un exemplaire qu'AW égarait invariablement avant que j'aie eu le temps de le lire – sa négligence me stupéfiait. Mais j'appris, en regagnant Londres, qu'un avion d'Egypt Air s'était écrasé durant notre lune de miel et qu'AW s'était tout bonnement ingénié à me dissimuler la nouvelle – nous devions rentrer à bord d'un appareil justement affrété par la même compagnie.

Le retour nous fut une cruelle déception. Je m'étais sottement imaginé que nos familles et nos amis viendraient nous accueillir à l'aéroport avec des hourras, mais bien sûr il n'y avait personne. Pourquoi diable auraient-ils dû se déplacer ? Un autobus nous ramena dans le centre de Londres par un gris matin de février et nous réintégrâmes notre petit appartement glacé pour renouer avec cet ennui quotidien qu'endurent tous les couples salariés.

Cette situation ne dura néanmoins pas. Trois semaines plus tard, mon époux était affecté à un autre projet de développement britannique, en Éthiopie cette fois. S'il était incapable de masquer son enthousiasme, j'affrontai pour ma part un choix cornélien. Je me voyais contrainte, soit d'abandonner un merveilleux travail – on venait de me confier les pages mode au *Sunday Times* –, soit de vivre loin d'AW, c'est-à-dire de me priver tant de lui que de la grande aventure éthiopienne. Et puis je bénéficiai d'un formidable coup de chance : mon patron m'accorda un congé sabbatique de dix mois. (Au cours des quatre années suivantes, mes départs et mes retours au sein du *Sunday Times* se multiplièrent à une telle cadence que, quand je quittai définitivement le journal, certains de mes collègues refusèrent de participer à mon cadeau d'adieu.)

AW s'envola pour l'Éthiopie ; je devais le rejoindre trois mois plus tard. Je proposai dans l'intervalle à un auteur nommé Ted Simon, qui s'apprêtait à faire le tour du monde à moto et qui, pour l'heure, cherchait à se loger à Londres, de s'installer chez moi. Nous ne nous croisions que rarement : tandis que je planchais au *Sunday Times* sur la mode et la beauté, il apprenait à maîtriser son engin.

Une fois, je rapportai chez moi des boules de caramel expédiées par l'une de mes lectrices au Moyen-Orient et qui, m'écrivait-elle, se révélaient beaucoup plus commodes que la cire chaude pour s'épiler les jambes. Il convenait, selon ses instructions, de réchauffer lesdites boules dans ses mains avant de les malaxer un peu jusqu'à obtenir une matière élastique et collante, d'en enduire les poils indésirables, puis d'arracher le tout. Songeant que, si la méthode était aussi efficace qu'elle le prétendait, je pourrais en tirer un article, je tentai un soir l'expérience, qui s'avéra concluante. Sur quoi, je roulai les bandes de caramel pour en faire à nouveau des boules que je rangeai dans leur pot, en vue d'une prochaine utilisation.

En rentrant chez moi quelques jours plus tard, je trouvai une note que Ted m'avait laissée auprès d'un pot à demi vide : « Désolé, mais je n'ai pas pu résister aux caramels. » J'étais épouvantée : Ted venait d'avaler mes poils. Mieux valait ne plus y songer. Je me contentai de prier pour que, séjournant aux confins du monde, il n'aille pas régurgiter une pelote à la manière des chats.

Mais déjà il était temps de considérer mon propre voyage en Éthiopie. Nous avions prévu que je m'y rendrais par la voie des airs, comme AW l'avait fait avant moi, mais ma peur de l'avion avait alors pris de telles proportions que je doutais de parvenir seulement à grimper à bord. J'allais, pensai-je, me cantonner au plancher des vaches, aussi achetai-je pour une bouchée de pain une vieille Land Rover que je baptisai *Tansy*, et je persuadai mon cousin Simon, qui était militaire, ainsi que Lesley Garner, une collègue journaliste, de faire le trajet avec moi.

Nous n'imaginions certes pas nous rendre aisément en Éthiopie, mais nous n'avions pas mesuré à quel point les difficultés se feraient jour dès avant notre départ. Chaque fois que nous arrêtions un itinéraire, c'était pour découvrir aussi sec que les autorités avaient brutalement fermé l'une des frontières qu'il nous aurait fallu traverser : impossible de passer de l'Égypte au Soudan, impossible de passer de la Syrie au Liban... Nous apprîmes qu'un cargo se rendait d'Aqaba, en Jordanie, au port éthiopien de Massawa en traversant la mer Rouge, mais pas moyen de faire entrer la Land Rover en Jordanie depuis quelque port méditerranéen que ce soit. (J'entends encore l'ambassadeur jordanien nous déclarer : « Mes amis, je crains que vous ne soyez pris dans les sables mouvants de la politique moyen-orientale. ») Et si un autre navire levait l'ancre pour Massawa au départ d'Israël ? Après tout, Eilat se trouve en face d'Aqaba... Mais comment le savoir ?

Nous étions en train d'en discuter dans les locaux du *Sunday Times*, où l'on pouvait encore s'asseoir sur les bureaux à une époque où ils ne croulaient pas sous les ordinateurs, lorsque j'eus une idée lumineuse : dix ans plus tôt, j'avais été chargée par le journal, en tant que jeune journaliste, d'assister au premier salon de la mode organisé en Israël. Par l'intermédiaire de Cyril Kern, propriétaire de la marque de vêtements Reldan à Londres, j'avais fait là-bas la connaissance d'un officier de l'armée israélienne nommé Ariel Sharon. (Cyril Kern est ce « riche homme d'affaires sud-africain » dont le prêt d'un million de dollars consenti au général Sharon intéressa la justice et les médias juste avant les élections de 2003 en Israël.)

Nous étions au début des années 1970 ; je ne savais rien de Sharon ni de sa réputation, et, même s'il m'en coûte de l'avouer aujourd'hui, je dois admettre que je l'aimais plutôt bien et que j'eus de la peine en apprenant, quelque temps plus tard, que son jeune fils s'était tué accidentellement avec l'arme de son père. Quoi qu'il en soit, lorsque nous lui téléphonâmes, il se souvint de moi et accepta de se renseigner sur les bateaux qui se rendaient en Éthiopie au départ d'Eilat. Il ne tarda pas à en débusquer un à bord duquel nous réservâmes immédiatement nos places, avant de prendre celle de la Land Rover sur l'*Enotria*, qui quittait Gênes pour Haïfa à quelques semaines de là. Simon et Lesley emmenèrent *Tansy* en Italie, tandis que je passai, pour leur faire mes adieux, quelques journées mélancoliques auprès de mes parents en France, après quoi mes amis et moi nous retrouvâmes à Gênes où nous observâmes la Land Rover que l'on hissait sur le navire dans un gigantesque filet à provisions en acier.

Ce fut un voyage agréable. Nous nous autorisâmes plusieurs haltes : Naples, Athènes, le canal de Corinthe et Rhodes, où Simon, Lesley et moi, exaltés par le soleil et la mer, bûmes pour le déjeuner, pris dans un café du port, deux bouteilles de vin résiné avant d'aller nager. Comme on pouvait s'y attendre, la première vague me renversa ; tâtonnant désespérément au fond de l'eau pour me remettre debout, je perdis mon alliance. La honte me consumait : c'était pour ainsi dire comme si j'avais trompé AW, je me sentais dévorée de remords. Pis, l'incident me parut un mauvais présage ; je n'étais mariée que depuis quatre mois et déjà j'avais perdu ma bague – une chose épouvantable allait forcément se produire.

En lisant dans leurs moindres détails les consignes de sécurité affichées à bord de l'*Enotria*, je fis une découverte stupéfiante. La version italienne indiquait : « Si vous entendez le signal d'urgence – un long coup de sifflet suivi de sept coups brefs –, ABANDONNEZ LE NAVIRE. » Mais en anglais on pouvait lire ceci : « S'ils entendent le signal d'urgence – un long coup de sifflet suivi de sept coups brefs –, les passagers sont invités à se rassembler dans le salon de première classe. » En d'autres termes, pendant que les sujets de Sa Majesté se réuniraient, les Italiens s'enfuiraient à bord des canots de sauvetage.

Une fois à Haïfa, Lesley expédia un télégramme à ses parents : HAÏFARRIVÉE. Son intelligence, dont ce message révélait combien elle était supérieure à la mienne, m'accabla aussitôt de complexes que je continue de promener aujourd'hui encore.

Je n'ai mesuré que récemment à quel point les souvenirs que Simon et Lesley conservent de notre passage en Israël en 1973 diffèrent des miens. Cela peut sembler étrange mais sans doute pas si surprenant que cela : la mémoire est éminemment subjective, et les épisodes qui auront vivement marqué telle personne seront peut-être passés inaperçus aux yeux de telle autre. Quelqu'un devrait tenter une expérience scientifique sur mes deux amis et moi. En tout cas, que Simon et Lesley veuillent bien me pardonner de livrer ici ma seule version des faits.

Aucun d'entre nous n'avait spécialement envie de se rendre en Israël. Nous n'y entrâmes que parce qu'il n'y avait pas d'autre moyen de gagner l'Éthiopie avec la Land Rover. Mais dès lors que nous étions sur place, nous songeâmes qu'ainsi la chance nous était donnée de visiter, dans le désert du Sinaï (alors en territoire hébreu), le monastère Sainte-Catherine que peu de gens avaient vu à l'époque. On nous demanda néanmoins de nous présenter d'abord au bureau d'Ariel Sharon, à Tel-Aviv.

Sharon ne ressemblait plus du tout à l'homme que j'avais rencontré dix ans plus tôt : il avait grossi, se montra agressif et autoritaire. Puisqu'il en employait dans sa ferme de Beersheba, nous raconta-t-il, il savait parfaitement comment traiter les Arabes, insinuant qu'un bon coup de pied les maintenait au pas, et il se vanta qu'un jour prochain les Israéliens traverseraient le canal de Suez pour atteindre l'Égypte, et qu'alors le monde entier en resterait bouche bée. Évoquant l'attentat à la bombe perpétré en juillet 1946, sous l'occupation britannique de la Palestine, par des extrémistes juifs contre l'hôtel King David de Jérusalem (où nous devions descendre), il nous déclara : « On peut être un terroriste pour les uns et un combattant de la liberté pour les autres. » Sans doute a-t-il changé d'avis depuis. En revanche, comme je m'étais plainte de douleurs au dos résultant sans doute de ma mésaventure balnéaire, il s'occupa de me dénicher un corset médical d'un rose chair inattendu. Je ne le lui rendis jamais – l'objet se dissimule quelque part dans notre grenier du Somerset.

Il ressortit de notre entretien que nous ne pourrions pas circuler à notre guise dans le pays. On nous avait concocté un programme qui ne comprenait nullement la visite du monastère Sainte-Catherine – oh ! non. Nous devions à la place séjourner dans un kibboutz afin d'y observer les capacités des Israéliens à faire fleurir le désert et, surtout, Sharon avait insisté pour que nous allions dans la montagne, sur le site de la forteresse de Massada, où jadis des Juifs avaient préféré se suicider collectivement plutôt que de tomber aux mains de l'envahisseur romain.

C'est à l'hôtel King David que nous fîmes notre première halte (c'était tout ce qui demeurait de notre planning initial) et passâmes ainsi quelques jours à Jérusalem.

J'enfilais mon corset chaque fois que nous jouions les touristes ; il me soulageait, mais j'attrapai ensuite un torticolis, puis l'on me vola mon portefeuille et je revins une fois de la piscine avec de douloureux coups de soleil. Je savais que c'était là ma punition pour avoir perdu mon alliance : je m'engouffrai dans la basilique du Saint-Sépulcre pour y prier éperdument et, au moins, mon cou finit par aller mieux.

Nous nous rendîmes ensuite à Massada. Mes amis

gagnèrent la forteresse en téléphérique ; trop poltronne pour les suivre, je fis le trajet à pied. Lesley se rappelle la puissance qui se dégageait de ce lieu dont Sharon avait paru complètement obsédé ; je me souviens, pour ma part, que mes coups de soleil m'empêchaient d'endurer le port du moindre soutien-gorge et que j'étais devenue à mon corps défendant l'attraction touristique de la journée. Puis ce fut la mer Morte, où nous nous photographiâmes les uns les autres flottant sur les eaux en train de lire le journal. Suivit le séjour imposé dans le kibboutz voisin où, debout dans la cantine, nous dûmes nous présenter aux résidents. Enfin, on nous autorisa à rejoindre Eilat pour y prendre le bateau. Mais tandis que Simon nous conduisait jusqu'à la station balnéaire, force nous fut de constater que nul grand navire ne mouillait dans les eaux du port. Le nôtre accusait en effet quatre semaines de retard, or nous n'avions pas les moyens nous offrir plus de quelques jours à Eilat.

Lesley se rappelle un beau commandant israélien qui, sur place, organisa pour nous toutes sortes d'excursions. Moi je ne me souviens que de mon affolement à la perspective de devoir tout compte fait rejoindre Addis-Abeba en avion. Les événements prenaient à mes yeux l'allure d'un conte moral. En dépit des mille efforts que j'avais déployés pour éviter de mourir dans une catastrophe aérienne, en dépit des centaines de kilomètres que j'avais parcourus, je n'échapperais pas à mon destin. On aurait dit la parabole de l'homme qui rencontre la Mort sur la place du marché de Bagdad. Terrifié, il décide de fuir le plus vite possible et part au triple galop pour Samarra. Là, se croyant en sécurité, il quitte son logis pour se promener dans la rue. La première personne qu'il y croise est la Mort : « Te voilà, lui dit-elle. J'étais surprise de te voir à Bagdad car je savais que nous avions rendez-vous aujourd'hui à Samarra. »

Nous abandonnâmes *Tansy* sur le quai avec un mot

sur le pare-brise indiquant que le véhicule devait être embarqué sur le bateau à destination de l'Éthiopie dès que celui-ci arriverait. (Je suppose que l'un de mes deux compères prévint aussi le commandant israélien et que c'est à ce dernier que je dois d'avoir récupéré, quelques mois plus tard à Addis-Abeba, la Land Rover en parfait état.)

J'écrivis une lettre d'adieu à AW (elle lui parviendrait après ma mort), dans laquelle je lui avouai la perte de mon alliance et le chagrin qu'elle me causait, ce qui me consola un peu, puis nous montâmes dans l'autobus pour Tel-Aviv, où nous attendait notre avion.

IV

Heurs et malheurs en Éthiopie

La maison d'AW, qui allait devenir aussi la mienne, se trouvait à Awassa, bourgade tranquille de la vallée du Rift, à environ cinq heures de route d'Addis-Abeba. Il avait loué un bungalow dans un jardin donnant sur un lac peuplé de cigognes, d'hippopotames et d'anacondas. Il avait aussi embauché Andreas, femme passablement maigre, plutôt farouche, qui désormais s'occupait de la cuisine et du ménage. Elle avait épousé un homme violent – ce qui expliquait son attitude protectrice à mon égard –, et l'avait quitté en emmenant avec elle leur fils Solomon pour s'installer dans la maison située derrière notre bungalow. Andreas portait la modeste robe éthiopienne en mousseline blanche à ganse brodée qu'on aurait crue dessinée par un missionnaire, et tel était peut-être bien le cas, l'Éthiopie ayant été l'une des premières contrées au monde à se convertir au christianisme.

Notre demeure consistait en une pièce incluant un coin salon et une partie salle à manger, assortie de deux chambres. AW en avait fait un endroit douillet : nous avions même, pour y ranger nos livres, des étagères composées de quelques planches tenues en équilibre sur des piles de briques ; mais le toit était en tôle ondulée, si bien que les dizaines de pigeons s'y affairant dès l'aube nous réveillaient tous les jours. (Nous prîmes l'habitude, chaque matin vers quatre heures, d'envisager sereinement ensemble les moyens de les exterminer. La meilleure idée vint d'AW : électrifier le toit.) À part cela, même moi je trouvais peu à redire, si ce n'est peut-être au téléphone, dont il fallait actionner vigoureusement la manivelle pendant l'intégralité de la communication pour assurer son fonctionnement.

Bien sûr, le problème qui s'était posé à Dumkauli resurgit : à quoi m'occuper pendant l'absence d'AW, quand je n'avais sur place ni travail, ni amis, ni télévision, ni radio, ni journaux ? Je décidai d'enseigner l'anglais à Andreas, et à son fils la natation dans le bassin vert sale du « grand » hôtel local – les baignades dans le lac étaient proscrites sous peine d'attraper la bilharziose. En outre, Awassa était autrement plus joli que Dumkauli et accueillait plusieurs marchés. On n'y trouvait certes pas grand-chose, mais les clients qui les fréquentaient me fascinaient : c'étaient des membres de la tribu sidamo, vêtus de peaux décorées de cauris. Mais ce qui me réjouissait le plus était la certitude de ne devoir passer là que quelques mois, de sorte que je pouvais jouir de ma villégiature sans avoir à m'appesantir sur le long terme.

Le projet auquel participait AW consistait à assécher un lac de la vallée du Rift afin d'établir un jardin maraîcher sur les terres fertiles rendues disponibles par le retrait des eaux. Sans doute ne croyait-il guère aux vertus de l'entreprise, mais l'on avait recruté pour l'occasion une équipe entière venue d'Angleterre, qui comptait dans ses rangs deux épouses, Jackie et Sue. L'avantage pour moi n'était pas mince. Néanmoins, je jugeais Jackie un brin apathique – elle me demanda un jour si elle devait s'inquiéter de ce que son mari ait plus de quarante de fièvre. Je me faisais à l'inverse l'effet d'une véritable poule mouillée en regard de Sue, qui choisit durant notre séjour d'accoucher de son premier enfant dans un hôpital des environs.

On avait assigné deux chauffeurs à notre service : Tradda, homme grand et mince à la tenue impeccable et aux manières parfaites – qui, cependant, se laissait aller parfois à de spectaculaires beuveries le menant en prison pour quelques jours –, et puis Mulligator. Pauvre Mulligator, qui devait songer à coup sûr que le soleil nous avait à tous tapé sur la tête ! Nous concluions chacun de nos échanges avec lui d'un « Vous n'avez pas tort, Mulligator », avant de nous plaquer violemment la main sur la bouche à la pensée que nous venions de céder encore une fois à la tentation.

À Awassa vivait aussi une Anglaise un peu plus âgée que nous, Helen Inkpen, qui participait à un autre projet. Je l'appréciais beaucoup. Peu après notre départ, j'appris qu'elle avait épousé un certain pasteur Hogg et qu'ensemble ils s'étaient installés à Piggs Peak, au Swaziland. Suis-je la seule à croiser sans cesse sur ma route des individus aux patronymes étranges* ? Le directeur d'un programme de lutte contre la faim en Gambie s'appelait M. Fatty, « monsieur Gros Bonhomme ». En Syrie on me présenta une Coréenne du nom de Dung Heap (« Tas d'excréments »), si mes oreilles ne m'ont pas trompée, et au cours d'une réception à Trinité-et-Tobago nous croisâmes Bum Suk Lee**, ministre coréen des Affaires étrangères. Il y avait également en Éthiopie un médecin appelé Trots*** et un prêtre qui répondait au nom de père Hilarious (Hilarant).

De l'autre côté de la piste en terre qui partait de notre bungalow se dressait un petit hôtel tenu par une

* *Ink* signifie « encre » et *pen* désigne un stylo ; *hog* peut faire référence à un porc, Piggs Peak – à une lettre près – pouvant se traduire par « Pic du Cochon ». *(N.d.T.)*

** *Bum* signifie « arrière-train » et *to suck* « sucer ». *(N.d.T.)*

*** *To have the trots* : « Avoir la courante. » *(N.d.T.)*

Italienne replète prénommée Angela. Elle nous téléphona un jour très agitée, exigeant qu'AW fasse déguerpir l'hippopotame qui s'était vautré dans son allée. On avait prévenu mon mari que les hippopotames devenaient dangereux dès que l'on s'avisait de se mettre entre eux et le point d'eau où ils avaient élu domicile, aussi expliqua-t-il longuement à Angela – soit pendant une bonne heure – qu'il était en train de déterminer le meilleur angle d'approche quand, finalement, le gros animal regagna de lui-même le lac d'un pas pesant.

Près de chez nous vivait, dans un bungalow semblable au nôtre, un couple d'Écossais travaillant à la réintroduction de la culture du café. À mon arrivée, la femme m'invita à prendre le thé. Quelle scène étrange. En plein bush africain, à des kilomètres de tout, elle avait dressé dans son jardin une table ornée d'une nappe en dentelle blanche pour y disposer des tasses de porcelaine tendre et une théière en argent. Nous nous assîmes et mon hôtesse engagea solennellement la conversation : « Ne trouvez-vous pas que le prince Philippe a présenté la reine de manière admirable ? » Elle était exquise et je l'aimais bien, mais nos relations se tendirent quelque peu après qu'elle m'eut surprise en train de l'imiter devant mes cousins venus passer Noël avec nous. Comme je ne l'avais pas entendue entrer, je poursuivis mon numéro en me demandant confusément pourquoi mes cousins avaient cessé de s'esclaffer à mes plaisanteries désopilantes pour demeurer bonnement assis là, avec une mine consternée. Jamais elle ne put être certaine de ce qu'elle m'avait vue faire, certes, mais je me sentis tellement coupable que je veillai dès lors à me montrer envers elle d'une gentillesse exemplaire.

Connu en Jamaïque, où il s'était rendu dans sa jeunesse sous le nom de ras Tafari, l'empereur d'Éthiopie Hailé Sélassié y faisait l'objet d'un véritable culte – de là viennent les rastafaris, ou rastas. Il avait cédé des terres à quelques-uns d'entre eux dans un village voisin d'Awassa, si bien que de temps à autre nous les croisions au marché, en dreadlocks et bonnets de laine, parfaitement incongrus au beau milieu des membres de la tribu sidamo. Les autochtones, qui ne voyaient en eux qu'un ramassis de tire-au-flanc, les toléraient à grand-peine.

Pour prouver à AW toutes mes compétences d'épouse, je me rendis au marché avec Andreas pour y acheter du blé dont je mondai puis vannai moi-même les grains, avant de les porter au moulin de la ville pour obtenir de la farine qui me servit à confectionner un pain lourd comme une brique. Je n'étais pas peu fière de ma prouesse mais mon mari, après avoir mastiqué des heures durant, laissa échapper avec une indélicatesse patente qu'il rêvait plutôt d'une belle tranche de pain de mie anglais recouverte de pâte à tartiner. Andreas, quant à elle, nous préparait souvent le mets national éthiopien, l'*injera* – pain au goût aigre tout plat, élastique et grumeleux, sur lequel elle nous servait un ragoût de bœuf si pimenté qu'elle l'accompagnait d'œufs durs pour atténuer le feu des épices. Dans un premier temps, je jugeai le tout pratiquement immangeable, mais bientôt j'en raffolai, à tel point que le seul fait de rédiger ces lignes suffit à me mettre l'eau à la bouche.

Un jour, on nous apprit qu'un assassinat avait été perpétré dans la hutte de notre boucher. Nous ne sûmes jamais le fin mot de l'histoire, mais sans doute le boucher était-il innocent puisqu'il poursuivit ses activités. Chaque jour, il tuait un bœuf qu'il suspendait dans sa boutique, les clients passant ensuite leur commande qu'il découpait sur la bête. Andreas et moi repartions toujours avec le filet, qui ne nous coûtait qu'une vingtaine de pence – les Éthiopiens optent plus volontiers pour un bon morceau plein de nerfs et de gras. Si l'on excepte le meurtre, Awassa était une bourgade tranquille où nous aurions pu couler une existence idyllique si mon séjour éthiopien ne s'était décliné en divers drames et traumatismes afférents.

Peu après le départ de Simon et Lesley, comme AW avait besoin de se rendre à Addis-Abeba, je l'y accompagnai et nous descendîmes au Ras Hotel. Un soir que nous nous apprêtions à nous mettre au lit après le dîner, je sentis sur ma fesse un bouton douloureux. Mon unique excuse dans cette affaire tient à ce que, le premier mari de ma mère ayant jadis succombé à une septicémie, on m'a rebattu les oreilles durant toute mon enfance avec les dangers des boutons et furoncles de tous ordres. Je demandai à AW d'y jeter un coup d'œil. Demain matin, me répondit-il, car il était déjà couché, et y aurait-il enfin moyen de dormir ? Nullement découragée, j'allai dans la salle de bains où je grimpai sur le siège des toilettes pour examiner mon postérieur dans le miroir accroché au-dessus du lavabo. Tandis que je me contorsionnais pour mieux voir, mon pied dérapa sur le bord de la cuvette. J'effectuai avec les bras des moulinets frénétiques pour m'éviter la chute et passai la main à travers la petite vitre de la porte ; je venais de me taillader le poignet.

Il est des moments dans l'existence où survient une catastrophe due tout entière à notre sottise, et l'on donnerait alors tout, absolument tout, pour se voir accorder le droit de revivre autrement les dix dernières secondes. Je vivais précisément l'un de ces moments : l'artère était atteinte, mon sang coulait à flots et ce pauvre AW demeurait impuissant tant qu'il n'avait pas mis ses lentilles de contact, ce qui, lorsqu'on a le doigt qui tremble, relève de la gageure.

Il nous fallait un médecin de toute urgence, mais lorsque mon époux appela la réception, il s'entendit répondre que nous n'en trouverions pas ; nous n'avions d'autre choix que de nous rendre à l'hôpital russe. AW me fit un garrot avec sa cravate. (Nous ignorions malheureusement qu'il convient de desserrer un garrot de temps à autre : à mon arrivée chez les Russes, j'aurais la main toute bleue.) Il m'enveloppa dans un peignoir, et nous filâmes. En sortant de la chambre, au cas où, il fourra dans sa poche l'une de mes petites culottes. Quant à moi, je ne pouvais guère que serrer ma plaie en marmonnant : « Anesthésique ? Anesthésique ? » à l'intention de tous les gens qui passaient à ma portée. Le mot s'avérant par chance à peu près le même en russe, on m'en fit une injection avant de me recoudre sans douleur. Le directeur de l'hôtel, Dieu merci, nous avait accompagnés, car c'est lui qui se chargea de régler la facture – le docteur refusait d'intervenir tant que nous n'avions pas avancé d'argent, or AW avait oublié son portefeuille. Puisque l'on avait décidé de me garder pour la nuit, je fus conduite dans une chambre dont la literie, le sol, les murs et jusqu'au plafond étaient maculés de taches de sang. « Hum… fit AW après avoir balayé les lieux du regard. On dit de certains endroits qu'ils ont une âme. Celui-ci m'a plutôt l'air d'avoir un fameux système artériel. »

Ma mésaventure, qui me laissa en travers du poignet la spectaculaire cicatrice blanche que j'arbore encore aujourd'hui, n'eut qu'une conséquence sans gravité : à quelques jours de là, AW assistait à une importante réunion de travail ; au bout d'un moment, comme il faisait terriblement chaud, il sortit son mouchoir de sa poche pour s'éponger le front, extirpant à la surprise générale une culotte en dentelle, celle-là même qu'il avait attrapée avant de m'emmener à l'hôpital.

C'est peu après cet épisode, quand nous retournâmes à Addis-Abeba pour qu'on m'y retire les fils, qu'à l'automne 1973 la famine éthiopienne fit son apparition dans notre vie. Pour tout dire, j'étais encore à Londres qu'AW m'écrivait déjà que des rumeurs circulaient au sujet d'une terrible disette menaçant le nord du pays. Les voyageurs descendus dans le même hôtel que nous évoquaient maintenant plusieurs dizaines de milliers de personnes qui, à court de nourriture, avaient abandonné leurs maisons et leurs villages pour se rassembler, affamées et fourbues, près de la grande route qui traversait la région, dans l'espoir que quelqu'un leur vienne en aide. En outre, des épidémies de typhoïde et de choléra s'étaient déclarées dans leurs rangs. De tout cela nous fûmes informés à mi-voix : il était interdit d'en parler, le négus Hailé Sélassié refusant d'admettre aux yeux du monde que son royaume puisse rencontrer quelque difficulté que ce soit. Vu l'efficacité de la police secrète, chacun obéissait aux ordres, et ni la radio ni la presse écrite ne laissaient supposer que la situation était préoccupante.

Le deuxième soir de notre séjour à l'hôtel, je trouvai un message anonyme dans notre casier. On me proposait d'assister à une réunion qui devait se tenir, quelques heures plus tard, à l'initiative de missionnaires de diverses confessions – mais je vous en prie, pas un mot à quiconque. Une fois sur place, je compris que les religieux avaient souhaité ma présence parce que j'étais la seule journaliste étrangère installée dans le pays ; à ce titre je parviendrais peut-être, du moins l'espéraient-ils, à publier un article propre à empêcher l'empereur de prétendre plus longtemps qu'il ne se passait rien. Je ne cessai de prendre des notes. Un jeune homme affolé appartenant à l'UNICEF s'était rendu dans le Nord où il avait découvert des charniers, mais son supérieur était alors en vacances et personne à l'agence centrale ne daignait le prendre au sérieux. Bien que la situation ait échappé à tout contrôle, rien n'avait été entrepris. En effet, à moins qu'Hailé Sélassié n'en fasse lui-même la demande, les organisations humanitaires ne pouvaient acheminer l'aide d'urgence vers les régions concernées. Or sans elle les missionnaires estimaient que les victimes se compteraient bientôt par milliers.

Un ou deux jours plus tard, l'ambassadeur de Grande-Bretagne nous convoqua, AW et moi. Dans notre infinie sottise, nous nous étions imaginé qu'il nous conviait à prendre un verre en sa compagnie, mais dès notre arrivée à l'ambassade on nous conduisit dans son bureau. Ayant appris que j'avais assisté à la réunion organisée par les missionnaires, il me défendit d'écrire sur la famine. AW fit preuve d'un stupéfiant courage : « Avec tout le respect que je vous dois, Excellence, commença-t-il, vous ne pouvez pas interdire à mon épouse de travailler sur le sujet de son choix, c'est une femme libre. » L'ambassadeur fut obligé d'en convenir, me conseillant toutefois, « avec la plus grande gravité », de renoncer à rédiger cet article sous peine de m'attirer des ennuis. En sortant, AW me lança, d'une voix forte que l'émotion du moment faisait à peine trembler : « Tu ferais bien d'aller dès que possible dans cette région où sévit la famine. »

Inquiète à propos de sa carrière, je songeai que les choses seraient plus faciles si je réussissais à convaincre le *Sunday Times* d'envoyer sur place son correspondant à Nairobi. Je téléphonai donc au service international pour transmettre les informations dont je disposais, mais le rédacteur à qui j'eus affaire me répondit : « Nous venons juste de consacrer un papier à la sécheresse au Sahel, alors merci d'avoir appelé, mais sur le sujet de la famine nous avons notre quota pour l'année. » Je l'entendais quasiment penser : « Et voilà, une rédactrice de mode se rend en Afrique, elle croise un mendiant et s'imagine aussitôt que le continent meurt de faim... » Je me le représentai, plaquant sa main sur le combiné pour rapporter l'anecdote à ses collègues alors même que je continuais de lui débiter mon discours.

Mon incompétence me sautait au visage. Jamais je

n'avais écrit d'article d'actualité depuis l'étranger – j'avais tout au plus consacré quelques lignes aux défilés de mode parisiens. Et c'était à moi qu'incombait la responsabilité de révéler à la planète une catastrophe humanitaire en Éthiopie. Comme à l'accoutumée, une certitude me torturait : n'importe qui, à ma place, s'en serait tiré mieux que moi. À bout de nerfs, je me bornai à une simple exposition des faits assortie d'une citation d'un membre de la Croix-Rouge affirmant que cette disette risquait de s'avérer la plus dramatique du siècle, puis je télexai le tout. Le *Sunday Times* reprit en partie mon papier, au bas d'une page intérieure.

Sur ce, AW et moi convînmes que l'affaire était trop grave pour que nous nous contentions d'informations de seconde main. Si je tenais à œuvrer dans les règles de l'art, il me fallait visiter la région concernée pour mesurer moi-même l'ampleur des dégâts. Helen Inkpen, nutritionniste confirmée, ayant accepté de se joindre à moi, nous partîmes dans sa voiture après l'avoir chargée de nourriture. On nous avait prévenues en effet que nous risquions de trouver ici et là, agenouillés en ligne au milieu de la route, des enfants quémandant de quoi manger. Ces enfants nous les vîmes bel et bien. Nous assistâmes à d'autres spectacles si affreux que notre voyage nous fit l'effet d'une excursion en enfer. Nous traversâmes Dessié, où l'on avait établi un camp pour les affamés qui entraient dans la ville. Les autorités avaient beau se démener, elles ne disposaient que de moyens fort réduits, et les gens tombaient comme des mouches : le premier être humain que nous croisâmes était une mère squelettique portant dans ses bras sa fillette décédée, qui ne pesait plus rien. Les larmes de la femme avaient dessiné deux bandes noires dans la blancheur de son visage – pour ajouter à l'horreur de la scène, les réfugiés étaient couverts d'une poudre antipuces censée prévenir la propagation de la typhoïde.

Nous poursuivîmes notre chemin vers le nord. Nous descendîmes dans un hôtel de Mersa où d'abord la situation nous parut à peu près normale, jusqu'à ce qu'on vienne nous parler discrètement d'un camp dissimulé à la sortie de la ville et dans lequel, nous dit-on, s'entassaient deux mille personnes privées de nourriture. Il fallait, pour rejoindre ce site, suivre une piste de terre, et nous crûmes dans un premier temps avoir fait fausse route car nul son ne nous parvenait. Puis nous les vîmes : certains étaient allongés en rangs à l'intérieur d'un bâtiment qui ressemblait à une grange, d'autres se tenaient dehors. Deux mille infortunés en train d'attendre la mort. Ils n'avaient rien bu ni mangé depuis plusieurs jours. Un médecin missionnaire autrichien, qui avait tenté d'organiser la gestion du camp, arpentait fébrilement les lieux, mais de toute évidence le pauvre homme était désormais dépassé par les événements. Il n'y avait pas de responsable, rien qu'une poignée de vigoureux écoliers venus de Mersa, qu'à un moment ou un autre on avait chargés d'inscrire le nom des morts sur leurs cahiers d'exercices, et qui continuaient à vouloir s'acquitter d'une tâche devenue trop lourde pour eux.

Il restait à quelques enfants du camp tout juste assez de forces pour aller cueillir dans le champ voisin, afin de s'en nourrir, les plantes qui y croissaient encore ; ils en rapportaient parfois quelques pousses à leurs pères et mères agonisants. Ce sont là des scènes pitoyables qu'aujourd'hui encore j'échoue à décrire. Helen et moi visitâmes l'endroit en état de choc. Ce qui se jouait sous nos yeux ne relevait pas de l'expérience humaine commune. Dans une certaine mesure, nous éprouvions des sentiments sans doute assez semblables à ceux des hommes venus délivrer les prisonniers des camps de concentration. À ceci près qu'ici nul libérateur ne se présenterait aux portes :

nous n'avions rien à offrir à ces gens, nous ne parviendrions pas à faire acheminer à temps de quoi les sauver, nous n'étions au fond que des touristes. J'avais apporté un appareil photo mais rien n'aurait pu me convaincre de l'utiliser – l'idée de prendre ici quoi que ce soit, fût-ce de simples clichés, m'apparaissait comme une obscénité.

Une chose continue par-delà les années de déchirer ma conscience et de mettre mon cœur au supplice. Nous aurions pu sauver quelques personnes. Nous aurions pu en emmener une poignée à l'hôpital, ou tenter de les faire boire et manger nous-mêmes. Pourquoi ne l'avons-nous pas fait ? Quel est cet émoi qui nous a submergées au point de nous faire quitter le campement, certes bouleversées jusqu'à l'âme, mais sans le moindre passager à bord de notre voiture ? Je n'en reviens toujours pas… Peut-être étions-nous trop secouées pour garder les idées claires, peut-être tenions-nous à regagner Mersa au plus vite pour alerter ensuite qui de droit à Addis-Abeba.

Nous remuâmes ciel et terre. J'appelai tous les gens que je connaissais, Helen en fit autant. Quitte à nous attirer les foudres de l'ambassadeur, nous prîmes contact avec son épouse, qui se montra beaucoup plus compréhensive. Mais si l'on voulait tirer d'affaire les pensionnaires du camp, il fallait envoyer sur-le-champ de pleins camions de nourriture et d'eau, ainsi que des équipes médicales. À mon retour, je tentai de communiquer à AW l'horreur à laquelle je venais d'assister, mais rien n'y fit. Entre nous demeurerait un fossé, à moins qu'il n'aille se rendre compte par lui-même du drame qui se jouait dans le nord du pays.

Huit jours plus tard, nous nous rendîmes ensemble à Mersa. Le spectacle me parut surréaliste : ne demeuraient dans le campement qu'une douzaine d'enfants jouant sous la surveillance de deux infirmières britanniques (le gouvernement éthiopien s'était finalement résolu à réclamer de l'aide à l'étranger).

« Où sont tous les autres ? demandai-je.

– Quels autres ? » s'étonna l'infirmière.

Je lui racontai toute l'histoire.

« Quand nous sommes arrivées ici voilà deux jours, il n'y avait plus personne. »

AW et moi ne pûmes qu'en conclure que tous avaient péri et qu'on les avait enterrés dans les charniers que j'avais vu creuser lors de ma première visite.

Il n'y eut guère, dans cette tragédie, qu'un point positif : ayant lu un article consacré à la famine (j'aime à croire qu'il s'agissait de mon petit papier paru dans le *Sunday Times*), le journaliste de télévision Jonathan Dimbleby envoya dans le camp de Dessié une équipe de tournage, puis réalisa un film si poignant qu'il déclencha un flot de compassion et que les dons affluèrent. Peu après la diffusion de ce documentaire sur une chaîne britannique, et tandis que mon amie Meriel séjournait chez nous – fidèle, elle nous a rendu visite dans tous les pays où nous avons vécu jusqu'ici –, je reçus un message urgent du *Sunday Times Colour Magazine* me réclamant un long article sur la disette. Meriel et moi l'écrivîmes à quatre mains et le journal titra sur le sujet mais, de notre côté, le cœur n'y était plus : trop de gens – plus d'un million, disait-on – avaient déjà succombé.

Nous conduisîmes Meriel à Addis-Abeba, où elle devait reprendre l'avion. Comme elle voulait acheter quelques souvenirs, nous l'emmenâmes au marché où elle s'enticha de deux tapis en poil de chameau passablement odorants. Pour les payer, il lui fallait changer ses livres anglaises, aussi fîmes-nous un saut à la banque la plus proche dont l'employé, assis derrière le comptoir, après avoir minutieusement examiné chacun des billets qu'elle lui avait remis, annonça à notre amie qu'il ne pouvait effectuer l'opération sans une lettre signée de la reine. (Sans doute sa réaction tenait-elle au fait que le portrait de la souveraine figurait sur les billets.) Nous quittâmes la banque furieux et frustrés : le temps nous pressait et AW ne disposait pas d'assez de liquide pour régler les tapis. Et puis il eut une idée de génie. Sa serviette contenait, nous dit-il, du papier à en-tête du gouvernement britannique : il ne nous restait qu'à rédiger nous-mêmes la lettre d'Élisabeth II. Nous fonçâmes nous attabler au café voisin pour y trousser, en jolie ronde tarabiscotée, une missive adressée « À Qui De Droit » et accordant l'autorisation à « Notre Royal Sujet » de changer des billets d'une livre. Nous ajoutâmes une signature, « Élisabeth R », chargée de fioritures et de boucles, sur quoi nous regagnâmes la banque en gloussant en chœur pour tendre avec le plus grand sérieux notre lettre au caissier. À notre grande surprise, il accepta sans ciller de changer l'argent de Meriel, qui s'envola pour l'Angleterre avec ses tapis. Cette histoire assurément aurait pu inspirer Evelyn Waugh.

Lorsque j'étais revenue à Awassa au terme de ma première visite dans la région où sévissait la famine, AW m'avait annoncé que ma chère tante Joan, si drôle et pleine d'entrain (celle-là même qui lui avait suggéré, le jour de notre mariage, qu'il avait peut-être eu les yeux plus grands que le ventre), venait de mourir de ce maudit cancer auquel ma sœur avait succombé peu avant. C'était comme si toutes les personnalités les plus hautes en couleur de notre famille s'en étaient allées, et le monde désormais me paraissait morne et désert. Pour tenter de combler un peu ce vide, nous invitâmes à Noël mon oncle veuf et mes cousins orphelins, qui étaient alors des adolescents, à venir voir se prélasser les hippopotames de Sodere ainsi qu'à nager dans les eaux exquisément chaudes d'Adama. (Quand les Italiens avaient envahi l'Éthiopie en 1935, l'empereur avait trouvé refuge en

Grande-Bretagne, à Bath, station thermale sur laquelle il prit sans doute modèle pour l'aménagement de Sodere, qui possède elle aussi une source d'eau minérale.)

Peu après le départ des miens, AW dut se rendre pour son travail dans un endroit extraordinaire et sauvage, Arba Minch, où les autochtones vivaient dans d'incroyables maisons en jonc finement tressé pareilles à de gigantesques ruches et se promenaient à peu près nus en portant des lances. Quelques chaleureux missionnaires irlandais s'y étaient installés ; l'un d'eux, le père Mulligan, tint à nous emmener sur la rivière à bord de son petit bateau. Enchantés par la balade, nous glissions sur les flots au son des halètements du moteur lorsque tout à coup nous nous aperçumes que la zone grouillait de crocodiles. Il y en avait sur les rives, mâchoires grandes ouvertes (c'est ainsi, semble-t-il, qu'ils se détendent et luttent contre la chaleur), il y en avait aussi beaucoup dans l'eau. AW et moi étions épouvantés, les crocodiles constituant sa pire terreur et ma deuxième plus grande crainte après les requins. Le dos voûté par la peur, j'allumai une cigarette d'un geste nerveux, allongeant le bras de temps en temps pour laisser tomber la cendre dans la rivière. Soudain retentit le fracas épouvantable d'une gerbe d'eau qui jaillit puis retombe, notre embarcation se mit à tanguer dangereusement et nous comprîmes qu'un crocodile venait d'essayer de refermer sa gueule sur la cendre de ma cigarette, ou sur ma main que je venais de tendre par-dessus bord. Je me suis toujours défendu de m'appesantir sur ce qui serait advenu s'il avait atteint sa cible…

Puisque nous avions décidé de découvrir les sites les plus réputés d'Éthiopie, AW prit quelques jours de vacances afin que nous fassions décrire à *Tansy* une large boucle dans le sud du pays pour découvrir le lac Tana, où naît le Nil Bleu et où les pêcheurs confectionnent leurs barques avec des roseaux. Lors de nos excursions, nous emportions des sardines avec lesquelles nous confectionnions des sandwiches en les arrosant d'un peu de jus de citron avant de les fourrer dans ces petits pains mous, presque sucrés, qui appartiennent à l'héritage italien de l'Éthiopie – tout comme les restaurants qui, dans les endroits les plus reculés et les plus improbables du pays, servent du *fegato alla veneziana*, du foie de veau à la vénitienne. Il me semblait n'avoir jamais rien dégusté de plus exquis.

À Gondar, où nous étions venus admirer les formidables châteaux bâtis par les Portugais au XVIIe siècle, et qui ressemblent à des palais Playmobil – de jolis édifices carrés aux tours et aux murs crénelés –, nous rencontrâmes un groupe de touristes qui avait eu recours pour son équipée à ce voyagiste auquel nous devions notre croisière sur le Nil. L'hôtel ayant mal enregistré les réservations, AW et moi sauvâmes la situation en emmenant tout notre petit monde jusqu'à un nouvel hôtel dont on nous avait parlé, établi dans un splendide isolement, au cœur de la vallée du Rift. Le lendemain, certains de nos compagnons entreprirent d'escalader la falaise à pic qui se dressait face à la vallée, afin d'aller contempler tout là-haut des églises taillées dans le roc. Pour ce faire, il fallait des cordes. AW et moi renonçâmes à la promenade : nous avions sécrété suffisamment d'adrénaline lors de notre rencontre avec les crocodiles. D'autres occasions nous furent données de visiter en Éthiopie de stupéfiantes églises. La plus belle, à Bethléem, consistait en un colossal édifice rond surmonté d'un toit de chaume de la taille d'un champ, et dont le plafond s'ornait de centaines d'angelots peints. Dans une autre, c'étaient des rochers et non des cloches qui appelaient les fidèles à la prière. Pendus au bout d'une série de cordes fixées à une charpente en bois, ils rendaient, lorsqu'on les frappait au moyen d'un bâton, un son étonnamment fort et musical. Je dois avouer en revanche que nous ne vîmes jamais les célèbres églises de pierre de Lalibela, et ce fut entièrement de ma faute. Il convenait, pour s'y rendre, de grimper à bord d'un petit avion, or je ne parvins pas à m'y résoudre.

De retour à Awassa, nous reçûmes un nouveau message de l'ambassade de Grande-Bretagne : on nous annonçait cette fois la visite imminente d'une ministre, Lady Tweedsmuir, et l'on nous demandait d'organiser un pique-nique pour l'occasion. Helen, Sue, Jackie et moi nous réunîmes afin d'en établir le menu. J'ignore ce qui me poussa, de même qu'Helen, à jouer à ce point les tyrans, toujours est-il que, Jackie ayant proposé de confectionner des aspics de légumes, nous lui décrétâmes qu'ils risquaient de fondre au soleil et qu'elle ferait mieux de se rabattre sur des pâtisseries cornouaillaises. Sur quoi je m'empressai d'oublier l'incident car, déjà, je me creusais les méninges en vue d'éblouir Lady Tweedsmuir au moyen d'une pizza propre à lui faire monter les larmes aux yeux. C'est que la fièvre de la compétition, qui par bonheur pour Lady T. eut tôt fait de retomber, venait sans crier gare de s'emparer de moi, au point que l'idée un instant me traversa l'esprit d'orner mon œuvre d'amanites tue-mouches émincées, puisque l'on ne trouvait à Awassa aucun champignon comestible. Plus tard au cours de la même soirée, la sonnerie de notre antique téléphone retentit. C'était Jackie. Je crois qu'elle avait un peu bu : « Non, j'ferai pas de pâtisseries pour… pique-nique, articula-t-elle laborieusement. Y aura des… aspics de légumes, pis c'est tout. »

Le grand jour arriva, et avec lui Lady Tweedsmuir dans un ensemble saharien immaculé, accompagnée du ministre éthiopien de l'Agriculture. Toute la troupe s'engouffra dans des Land Rover pour gagner le lieu du déjeuner – un superbe lac de cratère peuplé de flamants qu'on aurait pu prendre, de loin, pour des perles roses jetées à la surface bleue des eaux. On disposa les plats sur des couvertures où, sous l'effet de la chaleur, les aspics se muèrent lentement en soupe de légumes (j'évitais avec soin de me tourner vers Jackie), mais l'on n'en passa pas moins un excellent moment. À la fin de l'après-midi, Lady T. se leva pour signifier la clôture des festivités. Jetant des regards autour d'elle sans parvenir à reconnaître le ministre de l'Agriculture, elle résolut, en désespoir de cause, de se fier à la qualité des vêtements plutôt qu'aux visages. Et déjà elle serrait la main de Tradda, notre chauffeur, dont la mise, parce qu'il sortait de prison et n'avait pas touché une goutte d'alcool depuis un certain temps, se révélait ce jour-là particulièrement pimpante.

« Merci pour ce délicieux après-midi », lui dit-elle de sa voix sonore aux accents très britanniques.

Nous retînmes notre souffle de crainte qu'au final elle ne se couvre de ridicule.

« Je vous en prie, lui répondit Tradda comme s'il était son hôte, tout le plaisir a été pour moi. »

Nous poussâmes en chœur un soupir de soulagement.

Une curieuse agitation semblait s'emparer peu à peu de l'Éthiopie. Depuis la famine, toutes sortes de rumeurs circulaient au sujet d'une éventuelle révolution ou d'une mutinerie. Assurément, il se tramait quelque chose : d'étranges événements commencèrent de se produire. Andreas arriva un soir, affolée, pour nous demander la permission de dissimuler chez nous quelqu'un dont elle nous assura qu'il était en danger. AW lui donna son accord, à condition qu'elle ne nous révèle pas les dessous de l'affaire dont, en effet, nous ne sûmes jamais rien.

Un jour que Mulligator me conduisait à Addis-Abeba, des motards nous firent signe, ainsi qu'aux véhicules qui roulaient derrière et devant nous, de nous ranger sur le bord de la route pour céder la place à l'empereur, qui se rendait dans sa retraite d'Adama. Quelques membres de tribus locales s'étaient arrêtés pour observer la scène. Lorsque la Range Rover d'Hailé Sélassié passa devant eux, l'une des vitres s'abaissa et l'on vit jaillir des petits pains. « Il jette du pain à ses sujets comme s'ils étaient des chiens ! » fulmina Mulligator.

Une semaine plus tard, AW fut convié à une réunion au ministère de l'Eau. Le rendez-vous ayant été fixé à quinze heures, nous nous levâmes tôt et partîmes en hâte vers la capitale. Durant le trajet, nous nous étonnâmes bien un peu de toutes ces voitures qui nous croisaient à vive allure, mais ce n'est qu'à mi-parcours, dans la ville de Mojo où nous avions pris l'habitude de faire halte dans un sympathique restaurant italien, que les patrons de l'établissement nous annoncèrent que ce 12 décembre 1974 un coup d'État militaire venait de se produire. L'empereur était assigné à résidence, les étrangers fuyaient Addis-Abeba, et personne ne savait ce qui allait se passer. AW leur répondit qu'il devait se rendre en ville pour y assister à une réunion. « Non, non ! hurlèrent en chœur les Italiens. Vous êtes fou ! Faites demi-tour, roulez jusqu'à la frontière kenyane, partez tout de suite. Vous n'aurez peut-être pas de seconde chance. » Mais mon mari se montra inflexible : nous grimpâmes contre tous les avis dans la Land Rover et reprîmes notre route.

Sinistre spectacle. Les rues des banlieues étaient vides, tous les commerces fermés. Parvenus aux abords du Ras Hotel, nous perçûmes dans le lointain des tirs de mitrailleuse. J'attrapai la serviette d'AW pour m'en protéger le visage.

« Qu'est-ce que tu fabriques ? me demanda-t-il.

– C'est juste au cas où on nous tirerait dessus. »

AW m'ayant expliqué que, si tel devait être le cas, les balles traverseraient la serviette de part en part, je cessai de m'en préoccuper.

Le Ras était devenu avec le temps notre deuxième maison, et les membres de son personnel, depuis que j'y avais lutté contre la mort, de véritables frères de sang. Dans une atmosphère de fièvre mêlée de terreur, nous nous ruâmes dans notre chambre pour écouter à la radio les informations internationales de la BBC. Quelques minutes plus tard, on frappa discrètement à la porte : c'était le directeur de l'hôtel qui, talonné par la moitié de ses employés, désirait à son tour se tenir au courant de la situation. Ainsi apprîmes-nous qu'une révolution venait d'avoir lieu. Hailé Sélassié avait perdu son trône ; AW en déduisit que l'on avait du même coup annulé sa réunion au ministère de l'Eau.

En ce qui me concerne, l'obsession refaisait surface : de nouveau, j'étais la seule journaliste étrangère présente et je tenais un scoop, un vrai. Tremblante de peur (à l'idée que pour de bon l'on me réclame un article), j'appelai le *Sunday Times*. Il me fallut plusieurs heures pour obtenir la communication, puis je racontai par le menu mon histoire à la demoiselle qui avait décroché dans la salle de rédaction, mais elle me répondit : « Vous ne savez donc pas qu'il y a une élection en Grande-Bretagne aujourd'hui ? On est tous sur les dents. » Je reposai le combiné, convaincue une fois de plus de mes piètres qualités de journaliste ; peut-être aurais-je mieux fait de me remettre au macramé. (Au fil de mes nombreux séjours à l'étranger, j'ai eu à diverses reprises l'occasion de traiter une information exclusive – invasion de la Grenade, mutinerie en Gambie, etc. –, mais jamais je n'ai réussi à publier une ligne sur ces sujets. À cette seule idée, je sens d'ailleurs monter une bouffée d'angoisse.)

On annonça un couvre-feu, plus personne n'était autorisé à circuler dans les rues après six heures du soir. Nous rencontrâmes à l'hôtel quelques collègues d'AW qui m'agacèrent prodigieusement, d'abord parce qu'ils passèrent le plus clair de l'après-midi à tenter de déterminer s'il convenait d'évoquer plutôt les événements en termes de « révolution » ou de « coup d'État », ensuite parce que deux d'entre eux prirent un malin plaisir à déambuler en ville malgré le couvre-feu, comme s'il ne s'agissait là que d'une vaste plaisanterie. Je me serais presque réjouie de les voir nous revenir éclopés.

Le lendemain, c'était la liesse. Le journal de langue anglaise annonçait qu'il en avait fini avec la censure, des jeunes filles offraient des fleurs aux soldats comme les hippies à San Francisco et l'armée venait de nommer un civil au poste de premier ministre. Nous assistâmes à la première conférence de presse de cet homme cultivé et courtois vêtu d'un costume bleu fort bien coupé. Mais au loin retentissaient toujours les tirs de mitrailleuse. À quelques jours de là, AW ayant décrété qu'une révolution ne constituait pas un motif valable de négligence professionnelle, nous quittâmes avec un brin d'appréhension le refuge du Ras Hotel.

Pour regagner Awassa, nous dûmes nous arrêter à plusieurs postes de contrôle militaires où, sans nous décrocher un sourire, des soldats fouillèrent de fond en comble la Land Rover. L'un d'eux s'acharna sur la boîte à gants.

« Que cherchez-vous ? lui demanda vaillamment AW.

– Des ministres », rétorqua l'autre d'un air sévère.

Des ministres, nous n'en connaissions pas, à l'exception de notre propriétaire, chargé des Pensions. Il nous avait récemment menacés, si nous refusions de lui verser la somme rondelette qu'il exigeait en dédommagement des quatre trous que nous avions pratiqués dans les murs de notre bungalow pour y accrocher des tableaux, de s'opposer à l'obtention de nos visas de sortie. Le malheureux fut abattu peu après notre retour à Awassa. Ses exigences n'étaient plus de saison – pour tout dire, nous nous retrouvions soudain exempts de loyer.

Au bout d'un mois, notre téléphone à manivelle sonna de nouveau. C'était l'ambassade de Grande-Bretagne : « Une révolution a eu lieu dans le pays, nous annonça-t-on sur un ton solennel. Nous vous appelons donc pour savoir si tout va bien de votre côté. » À la révolution allait succéder un régime de terreur infiniment plus répressif que le gouvernement d'Hailé Sélassié sous le joug duquel l'Éthiopie avait longtemps souffert. Mais pour l'heure, nos vies demeuraient à peu près inchangées, puis mon congé sabbatique prit fin. J'allais devoir quitter AW, quitter le lac, quitter le bush africain et la petite église de la mission pour redevenir journaliste de mode à Londres.

Nous achetâmes des souvenirs – des croix éthiopiennes en argent, des peintures coptes sur parchemin et des sièges sculptés chacun dans une seule bille de bois. J'en emportai un autre, moins attrayant : un parasite sanguin qui me vaudrait, des mois durant, de vomir dès que j'aurais la diarrhée, soit environ quatre fois par jour. (Mon parasite n'était cependant rien comparé à celui de mon cousin Simon, qu'on lui découvrit à peu près à la même période. En se rendant au petit coin, il vit pendre à son postérieur quelque chose qui ressemblait à un fil ; épouvanté, il tira, puis tira encore, pour se retrouver au final avec entre les mains quelque deux mètres cinquante de laine à tricoter. C'était un ténia. Cerise sur le gâteau : en confrontant l'âge supposé de la bestiole et les dates auxquelles Simon était parti en voyage, le médecin détermina qu'il en avait hérité en Angleterre, sans doute en mangeant des saucisses.)

Au cours de mes dix mois éthiopiens, j'avais passé une bonne partie de mon temps à me plaindre, mais désormais aucune demeure ne me semblait plus confortable que notre bungalow, rien ne valait la vie que je menais à Awassa et nul époux n'aurait su se révéler plus désirable qu'AW. J'allais devoir faire mes adieux, sans espoir de les revoir jamais, à Andreas, que j'avais appris à aimer et à respecter, ainsi qu'au petit Solomon. Lorsque Meriel nous avait rendu visite, elle avait offert à ce dernier le blazer et la casquette que son fils portait naguère à l'école ; le garçonnet les arborait justement le jour de mon départ, ayant enfilé la veste sur un slip de coton blanc d'où s'échappaient deux jambes maigres et noires terminées par une paire de pieds nus. Je ne cessai de pleurer jusqu'à Addis-Abeba.

Par la suite, nous fîmes parvenir de l'argent à Andreas, mais les choses se compliquèrent avec l'instauration du communisme et nous perdîmes définitivement sa trace. Beaucoup d'Éthiopiens périrent dans la guerre qui opposa ensuite leur pays à l'Érythrée voisine. J'espère de tout mon cœur que Solomon ne fut pas du nombre, bien qu'il eût alors atteint l'âge d'être mobilisé.

V

Seule entre mes quatre murs

Pour mon retour au *Sunday Times*, Ian Jack, chef de la rubrique *Look !* (ainsi désignait-on les pages féminines en 1974), troussa un charmant article, mais de mon côté je visualisai durant des nuits entières les feuillets vierges de ma rubrique mode, incapable, me semblait-il, de les remplir jamais. Je finis tout de même par rassembler quelques idées et, en compagnie de Margaret, mon assistante, je me rendis au studio de Philip Bailey pour qu'il photographie le superbe top model Marie Helvin dans les tenues que j'avais apportées pour elle. En déballant les robes, je constatai avec horreur qu'elles étaient toutes beaucoup trop longues, autant dire complètement démodées.

« Ma pauvre Margaret, il ne nous reste plus qu'à raccourcir tout cela. »

Avec assez d'égards pour m'éviter le ridicule suprême, Marie et Margaret m'expliquèrent que ces robes n'étaient nullement vieux jeu, qu'au contraire elles faisaient parfaitement l'affaire. Au cours des dix mois que je venais de passer dans le bush africain, la tendance avait changé du tout au tout et les jupes, qui se portaient courtes au moment de mon départ, descendaient maintenant à mi-mollet. Les deux jeunes femmes venaient de me sauver la mise : mon premier article se révéla impeccable – nulle lectrice n'aurait pu deviner à quel point son auteur était à côté de la plaque. Je voue à Margaret et Marie une reconnaissance éternelle.

Lorsque AW rentra quelques mois plus tard, nous fîmes l'acquisition d'une maisonnette à Battersea, ce qui l'obligea à de longs et déplaisants trajets quotidiens jusqu'à la tour de Tolworth où se situait son bureau, tandis que j'assistais à des défilés pour me tenir au fait de ce qui était chic et branché. (Pour autant, je ne compris jamais par quel prodige mon collègue Michael Roberts, qui exhibait un vieux manteau de tweed fermé au moyen d'une ficelle et qui lui arrivait aux chevilles, fut élu l'« homme le mieux habillé de Londres ».)

Je tordis le cou à cette confortable routine en allant consulter notre médecin pour un test de grossesse. Je le trouvai fort peu attentif à mon cas, plus désireux de s'enquérir des connaissances d'AW en farsi que d'établir si j'allais, oui ou non, avoir un bébé. Sans me formaliser davantage, je plaçai son attitude sur le compte du rôle qu'il jouait au sein du Save the Children Fund, une association humanitaire. Comme je quittais son cabinet, il me demanda de dire à mon époux de l'appeler, et je m'exécutai. Grossière erreur. Si notre docteur s'intéressait tant au farsi d'AW, c'était bien en raison de ses liens avec le Save the Children Fund : il cherchait quelqu'un pour emmener des médecins et des infirmières dans les montagnes iraniennes afin d'y venir en aide aux réfugiés kurdes ayant fui l'Irak. Avant même de savoir si j'étais bel et bien enceinte (les tests de grossesse prenaient alors un temps considérable), j'appris donc que mon mari allait partir pour l'Iran moins d'une semaine plus tard.

Gonflé à bloc comme une batterie qu'on aurait rechargée, AW sillonna Londres, flanqué de sa nouvelle équipe, pour se fournir en équipements dans d'improbables boutiques spécialisées en vêtements arctiques, sacs de couchage et autres comprimés pour purifier l'eau. Assise dans notre nouvelle maison, où je m'étais attendue à passer une grossesse paisible, choyée par mon époux, je rongeais mon frein. J'aurais trucidé de bon cœur ce maudit gynécologue.

Peu après, AW, les docteurs, les infirmières, leurs duvets à fermeture Éclair, leurs après-skis et leur matériel médical s'envolèrent pour l'Iran. À Battersea, je dénichai une pensionnaire, Sally, pour me tenir compagnie et me soutenir au cas où des cambrioleurs s'introduiraient chez nous, après quoi mon médecin, à qui je n'adressais pratiquement plus la parole, m'annonça qu'en septembre je mettrais au monde un enfant.

Nous étions en février. À dire vrai, Sally prenait soin de moi mieux que n'aurait pu le faire AW et la situation me convenait plutôt bien, mais hélas ! elle ne dura pas. Je rentrai un jour pour découvrir mon amie plantée au bord de la route, en face de la maison, sa valise posée sur le trottoir à côté d'elle. « Ne m'approche pas ! me cria-t-elle. J'ai peut-être attrapé la rubéole. Je ne peux pas rester chez toi. Je suis vraiment navrée. Ton dîner est dans le frigo. »

Dans les moments où, sous l'effet d'un afflux d'hormones, je m'apitoyais sur mon sort – c'est-à-dire la majeure partie du temps –, je songeais que, AW ayant eu à choisir entre sa femme enceinte et une bande de Kurdes qu'il n'avait jamais vus de sa vie, il avait opté pour ces derniers. À sa décharge, il faut dire qu'il ignorait avant son départ que j'attendais un enfant. (Une fois que la nouvelle m'avait été confirmée, je lui avais expédié un télégramme – à l'époque, cela se pratiquait encore. Désireuse de lui faire parvenir quelques mots romantiques, ni trop ordinaires ni triviaux à l'excès, j'avais écrit : « La cigogne passera en septembre. » Fossé culturel aidant, les Kurdes, lorsqu'ils avaient eu vent du message, transmis oralement à AW, avaient aussitôt cru à quelque code secret et tinrent dès lors cet Anglais pour un espion.)

Sa mission avait pris un tour des plus compliqués. En fait, il avait malencontreusement mis les pieds au beau milieu d'une guerre. En arrivant dans les montagnes iraniennes, ses compagnons et lui n'avaient pas trouvé de réfugiés kurdes attendant du secours : le mauvais temps les avait retenus en Irak. AW avait donc pris la décision de faire passer illégalement la frontière irakienne à son équipe pour aller s'occuper de ces malheureux là même où ils vivaient encore. Tout se déroula d'abord au mieux car, les Iraniens soutenant les Kurdes contre leurs ennemis communs (les Irakiens), leur redoutable police secrète, la Savak, avait offert son concours à AW et les siens, notamment en matière de transport. Mais trois mois plus tard, les Iraniens faisaient la paix avec leurs voisins : du jour au lendemain ils évacuaient leurs batteries antiaériennes et tout leur équipement militaire, laissant les Kurdes sans défense face à des adversaires plus résolus que jamais à les exterminer.

De nombreux avions irakiens décollèrent de leur base pour venir bombarder AW et ses protégés. Mon mari me téléphonait de temps à autre. Il y avait de la friture sur la ligne et la communication s'interrompait parfois au moment crucial, à l'instant précis où il me rapportait les dernières horreurs dont il avait été témoin et me pressait de tenter d'obtenir un cessez-le-feu pour que les réfugiés ainsi que tous ceux qui le souhaitaient puissent quitter la région. En attendant, son équipe ne chômait pas : on vaccinait les plus jeunes, on soignait ceux qui souffraient de malnutrition… et l'on évitait les bombes.

J'étais devenue un véritable paquet de nerfs, j'imaginais AW se cachant dans des grottes, trouvant la mort au cours d'un bombardement, je l'imaginais prisonnier, puis torturé parce qu'on le prenait pour un espion. Je promis à Dieu que, s'il revenait sain et sauf, je dirais mes prières à genoux chaque soir jusqu'à la fin de mes jours. (Et Dieu m'exauça, ce qui explique pourquoi, depuis, je ne me couche jamais avant une heure du matin : mes prières n'en finissent pas. Que mon cher époux en soit ulcéré me semble profondément injuste puisque, à bien y regarder, tout est de sa faute.)

AW me mit en contact avec Howar et Jamil, deux charmants garçons qui travaillaient à Londres pour des organisations kurdes et que mes collègues du *Sunday Times* eurent la gentillesse d'interviewer avant de rédiger plusieurs articles appelant au cessez-le-feu. Toute cette histoire finit par m'obséder au point que je pris la décision, encouragée par Howar et Jamil, de rejoindre AW dans la zone de guerre. Les Kurdes se chargèrent d'organiser mon voyage, je prendrais un train de Londres à Rezayeh, en Iran, pour gagner ensuite la vallée à dos de mule. Si j'approuvai ces plans démentiels, c'est, je crois, que j'en pinçais pour Howar et qu'à ce titre je m'efforçais de lui démontrer que, loin d'être aussi mariée, aussi enceinte et aussi terrorisée que les circonstances pouvaient le laisser paraître, je cachais en moi une aventurière des plus intrépides.

J'allai prendre conseil, pour les étapes les plus épineuses de mon périple, auprès d'un vieil ami qui connaissait fort bien la question kurde, Ian Sproat, alors ministre des Sports. Je revois encore son expression quand je lui annonçai mes projets.

« Euh... commença-t-il en considérant mon gros ventre.

– Oui, oui, fis-je avec impatience. Oui, je suis enceinte, mais ça va. Tout ira parfaitement bien. »

D'ailleurs c'était vrai, je me sentais très en forme. Plus en forme et plus dynamique que jamais.

« Tu sais, insista-t-il doucement, c'est ton premier enfant. Je crois que tu ne te rends pas bien compte de tout ce que ça implique. Il faut que tu voies ton médecin. »

Je ne portais certes pas ce dernier dans mon cœur

mais j'acceptai, et c'est lors de cette consultation qu'il me fit comprendre à demi-mot qu'une équipée dans les montagnes, une balade à dos de mule puis un séjour en zone de guerre constituaient tout de même pour une femme dans mon état une entreprise un brin risquée. En revanche, ajouta-t-il, quelle odyssée je pourrais vivre à bord d'un train ! Une fois AW de retour parmi nous, pourquoi ne prendrions-nous pas l'Orient-Express jusqu'à Istanbul ? Cela ne pourrait me faire que du bien. Ma folie cessa sur-le-champ. Je sanglotai sur l'épaule du docteur, ô combien soulagée de renoncer définitivement à me hisser sur la fameuse mule à trois mois de l'accouchement. J'allais enfin pouvoir décorer la chambre de bébé.

Et puis on annonça un cessez-le-feu. Toute l'équipe regagna l'Angleterre et, si l'on néglige le fait qu'il se jetait à plat ventre, bras au-dessus de la tête, dès qu'il entendait une porte claquer, AW ne souffrit d'aucune séquelle sérieuse. Il accepta en outre de monter à bord de l'Orient-Express – à vrai dire, il n'avait pas le choix. Ian Jack, mon collègue du *Sunday Times*, adorait les trains. Il se joignit à nous, si bien qu'un beau jour nous quittâmes tous trois Victoria Station, installés dans deux compartiments à couchettes attenants, pour partir à l'aventure. Dans les années 1970, il ne s'agissait pas d'un vain mot : l'Orient-Express ne tenait en rien de l'attraction touristique, c'était au contraire un train on ne peut plus authentique qui traversait poussivement l'Europe pour atteindre Istanbul en quatre jours et trois nuits.

Ian consacra par la suite à notre périple un article intitulé « En voyage avec une journaliste de mode », dans lequel il affirmait que je n'avais guère ouvert la bouche que pour m'extasier bruyamment : « Regardez ! C'est la plus jolie ferme du monde ! C'est la plus jolie mosquée du monde ! Le plus beau cheval, le plus beau mouton du monde ! » Je n'éprouve donc aucun scrupule à révéler ici que, chaque matin, sans le moindre égard pour mon état, Ian allumait sa pipe. « Oh ! Ian, me lamentais-je, ça me fait mal au cœur. » Alors il se levait pour aller fumer dans le couloir, à l'exception du dernier jour où, comme il tardait à s'éclipser, je lui vomis sur les pieds.

Hormis cet incident, et si je passe sur l'insupportable habitude qu'avait prise AW de disparaître au fin fond de toutes les gares dans lesquelles nous faisions halte pour ne resurgir qu'au coup de sifflet, manquant chaque fois de me faire succomber à un arrêt cardiaque, nous ne connûmes qu'une seule mésaventure, et ce fut à Belgrade. Ayant dévoré en deux jours les provisions de bouche que nous avions emportées, nous mourions de faim. L'Orient-Express ne comportait pas de wagon-restaurant, mais on pouvait y acheter du café noir servi dans des tasses en plastique. Nous rêvions de café au lait, mais nulle part on ne trouvait de lait, jusqu'à ce que dans la gare de Belgrade nous repérions un homme qui en vendait en briques. Après avoir bataillé pour changer une livre contre quelques dinars, nous lui en achetâmes une, que nous rapportâmes dans le train avec autant de précautions que s'il s'était agi du Saint Graal. Nous commandâmes trois cafés noirs dans lesquels nous versâmes solennellement notre lait, qui cailla aussitôt. C'était du yaourt. Cruelle déception.

Après notre voyage à Istanbul, AW et moi commençâmes à organiser l'avenir. Il avait repris le chemin de l'université d'Oxford afin de pouvoir mettre sur pied des projets humanitaires au lieu de se cantonner dans le rôle du pauvre diable chargé de les exécuter ; pour ma part, je cherchais une nourrice car notre bébé devait naître quelques semaines plus tard.

AW, qui avait vendu la Morris Minor bleu clair dans laquelle il roulait lorsque nous nous étions rencontrés, se déplaçait à présent à bord d'une Reliant Robin, voiture à trois roues qu'il avait rachetée à son frère (entré dans un ordre religieux en Espagne). Sur la face intérieure de la lunette arrière était apposé un autocollant : AVORTER, C'EST TUER. Quant à moi, je possédais une jolie Renault. AW me poussa à échanger nos véhicules : les allers et retours entre Oxford et Battersea étaient trop dangereux au volant de la trois-roues, me persuada-t-il, tandis que je trouverais sûrement des avantages à circuler en ville dans une petite voiture facile à manœuvrer. Je comprenais son point de vue mais trouvais fort embarrassant de devoir me rendre tous les jours en Reliant Robin au *Sunday Times*, très enceinte de surcroît, en particulier à cause de l'autocollant (que je ne parvins pas à arracher). Et si mon collègue Michael Roberts me voyait ? Je pris donc l'habitude de garer mon engin à bonne distance du siège du journal pour être certaine de ne croiser personne. Évidemment, je rencontrai Michael un beau matin alors que j'extirpais mon gros ballon de l'habitable – exercice d'autant plus disgracieux que le plancher de la Reliant était plus bas que le trottoir. Il jubila. « Mmm… Vraiment sexy ! » me lança-t-il. Néanmoins, nous allâmes ensemble jusqu'au bureau et devînmes ensuite de bons amis, peut-être parce qu'il avait compris que je ne risquais pas de lui faire de l'ombre en matière d'élégance.

Je continuai de travailler jusqu'à la veille de mettre au monde mon bébé. Je préférais conserver mes jours de congé pour après mais, de fait, je me sentais déjà si exténuée en arrivant à la maternité, le 30 septembre 1975, que j'aurais volontiers remis à plus tard toute l'opération. Pendant les cours d'accouchement, la naissance m'apparaissait comme un moment exaltant – ayant perdu les eaux, on est emmenée d'urgence à l'hôpital au milieu de la nuit, à moins qu'on ne donne le jour à son enfant sur la banquette arrière d'un taxi londonien, assistée par un chauffeur aussi attentionné que compétent à qui le nouveau-né devra finalement son prénom. Mais dans mon cas, le bébé tardant à se montrer, il fallut provoquer l'accouchement, de sorte que je me rendis à la maternité comme à un rendez-vous ordinaire. On me fit une péridurale, ce dont je me serais réjouie de bonne grâce, n'était cette paire de jambes rigides et froides au fond de mon lit. Bien sûr, c'étaient les miennes, mais je ne pouvais m'empêcher, sans cesser de m'interroger sur cette bizarrerie, de songer qu'on avait glissé sous mes draps la moitié inférieure d'un mannequin d'étalage. Même si l'enfant arrivait trois semaines après la date prévue, il fallut recourir au forceps – on ne saurait guère manifester plus de réticences à venir au monde.

Force me fut de constater qu'il y avait quelque chose de gênant, pour une journaliste de mode, à accoucher dans un établissement public. Je croulais sous les fleurs, et de splendides. Je reçus d'énormes bouquets d'Estée Lauder, de Revlon, de Christian Dior ; on hissa jusqu'à ma chambre un ours en peluche d'un mètre cinquante – tout en marguerites – venu de chez Yves Saint Laurent. Les autres jeunes mamans se voyaient offrir des fleurs par leur mari, leur famille, leurs amis ; mon lit, lui, semblait trôner au milieu d'une boutique de fleuriste. J'avais beau expliquer qu'il s'agissait d'une pratique professionnelle, je me sentais mal à l'aise, au point que je finis par faire rediriger mes bouquets vers le service pédiatrique. (Trois ans plus tard, lorsque j'accoucherais de ma seconde fille à Bruxelles, je me rappellerais ces moments avec nostalgie car trois personnes seulement se fendraient d'un bouquet : ma fille aînée, mon mari et ma belle-mère.)

Une semaine après sa naissance, je ramenai triomphalement ma jolie petite Hester à la maison, inaugurant du même coup les six mois les plus pénibles de toute mon existence. J'ignore si aujourd'hui les femmes sont mieux préparées que jadis à devenir mères ; moi, en tout cas, je ne l'étais absolument pas. J'avais toujours travaillé, j'avais passé jusqu'ici chacune de mes journées hors de chez moi, et tous mes amis exerçaient eux aussi un emploi. Soudain, je me retrouvais seule entre mes quatre murs – pis, je me retrouvais entre mes quatre murs en compagnie d'une petite créature tyrannique que je ne savais pas comment apaiser.

La mine sombre, je poussais le landau le long de rues que je n'avais encore jamais fréquentées et dans des coins de Battersea Park dont je ne soupçonnais même pas l'existence. Me serait-il un jour permis de dormir à nouveau ? Moi qui avais prévu d'allaiter ma fille une demi-heure toutes les trois ou quatre heures, j'avais l'impression de la nourrir durant trois ou quatre heures toutes les trente minutes.

Pourtant, Hester ne prenait pas de poids et passait la nuit à tousser. J'étais folle d'inquiétude. Au tout début, quand AW rentrait pour le week-end, il me demandait régulièrement : « Mais tu ne peux pas faire quelque chose ? » À quoi je répliquais en hurlant : « On ne me l'a pas livrée avec le mode d'emploi ! » Je ne décollais plus de chez le médecin, qui pourtant ne trouvait à Hester rien d'anormal. Enfin, un vendredi, on m'annonça qu'elle était atteinte de la coqueluche et qu'il fallait la conduire d'urgence à l'hôpital, où on lui enfila une chemise de nuit en nylon trop grande pour elle d'une bonne dizaine de tailles avant de la placer en salle de quarantaine. On me renvoya chez moi en me proposant de revenir plus tard avec un peu de mon lait. Cet après-midi-là, assise sur le bord du lit, je pressai donc mes seins jusqu'à emplir, goutte à goutte, un demi-verre, après quoi je me levai et en renversai le contenu sur la moquette. Je sanglotai des heures durant.

AW ignorait que notre bébé avait été admis à l'hôpital. Il n'avait pas téléphoné et, passant fort peu de temps dans sa chambre meublée, il s'avérait pratiquement injoignable. Je résolus de me venger. Je lui laissai un mot sur une table, qu'il trouverait en rentrant le soir : « Hester très malade, à l'hôpital. Je m'en vais. » Sur ce, j'allai m'installer chez des amis. Je ne voulais pas qu'il sache où je me terrais mais, quand il finit par appeler, mes amis m'assurèrent qu'il était si bouleversé que je devais renoncer à mes projets et réintégrer le domicile conjugal, ce que je fis, pour découvrir qu'il avait à son tour contracté la coqueluche.

Combien de temps faut-il aux autres femmes pour quitter leur robe de chambre après la naissance de leur enfant ? Pour ma part, j'étais persuadée que plus jamais je ne m'habillerais. Et puis, un matin, je reçus une invitation transmise par le *Sunday Times* : Harold Wilson, le premier ministre, me conviait ainsi que mon mari à célébrer au 10, Downing Street, en compagnie d'autres « personnalités féminines », l'année internationale de la Femme. Évidemment, je ne pouvais que refuser : comment frayer avec des « personnalités féminines » ? Mes conversations ne tournaient plus qu'autour de la coqueluche, des couches, des bébés et de mon épuisement. Sans compter la tenue vestimentaire – qu'aurais-je bien pu me mettre ? Mon ventre demeurait aussi rebondi qu'à un mois de la délivrance. AW ayant cependant décrété que, pour me remonter le moral, nous nous devions d'honorer cette invitation, il m'aida à déterminer laquelle de mes robes de grossesse ressemblait le moins à ce qu'elle était pourtant bel et bien, puis nous nous mîmes en route. Ayant remarqué, quand le premier ministre vint nous saluer, que son col était couvert de pellicules, je me sentis un peu plus à mon aise.

Un brouhaha s'éleva soudain : Mme Thatcher, alors leader de l'opposition, venait d'arriver. Lorsqu'elle m'interrogea brièvement, je parvins tout juste à articuler, les oreilles en feu et la gorge nouée, que je venais d'avoir un bébé. « Alors je vais vous donner un conseil, me lança-t-elle vivement. N'allez pas vous compliquer la vie avec une jeune fille au pair. Trouvez-vous une gentille petite nounou anglaise et reprenez votre travail. »

Mon travail ! manquai-je m'écrier. Je ne me voyais nullement reprendre un jour mon travail. J'avais tombé la robe de chambre. Ne voyait-elle pas ce qu'il y avait déjà là d'exceptionnel ? Je n'en passai pas moins un agréable moment auprès d'AW à qui je sus gré de m'avoir encouragée à venir. Je croisai plusieurs collègues journalistes et quelques connaissances du monde de la mode, bavardai avec Mme Wilson, des lanceuses de javelot sélectionnées pour les jeux Olympiques, des comédiennes et des écrivains, tout ce charmant petit monde me demandant invariablement quand il était prévu que j'accouche. AW, lui, emplit ses poches de cigarettes portant un « 10, Downing Street » imprimé sur leur papier.

La sortie suivante se révéla plus inattendue encore. Avant mon mariage, je m'étais rendue en Inde pour en rapporter un article sur le nizam d'Hyderabad, richissime prince indien. J'avais sympathisé avec son épouse d'alors et la mère de celle-ci, issue de la haute société turque. Cette dernière me téléphona pour m'annoncer qu'elle séjournait à Londres, qu'elle serait ravie de me rencontrer, de faire la connaissance de mon mari et de voir notre bébé. Pourrions-nous en profiter pour lui faire visiter les célèbres jardins de Sissinghurst Castle, dans le Kent ?

Il fallut se mettre en quatre : emprunter une Land Rover, préparer un pique-nique, fourrer dans la voiture des tapis orientaux sur lesquels nous asseoir, revêtir Hester de ses plus beaux atours. Ni AW ni moi n'avions jamais mis les pieds à Sissinghurst, nous ne savions pas comment nous y rendre, encore moins à quoi pouvait bien ressembler le château, et puis notre invitée nous impressionnait beaucoup. Repérant une entrée imposante au-delà de laquelle s'étendait un jardin d'une extraordinaire beauté, nous pénétrâmes donc dans la propriété, déballâmes le déjeuner sur la pelouse la plus proche et commençâmes à manger. La dame était aux anges, mais je remarquai tout à coup des joueurs de tennis un peu plus loin ; la main glacée de l'angoisse se referma sur mon cou... Nous nous trouvions chez des particuliers.

Sans me départir de mon sourire, je glissai à AW, les lèvres serrées à la manière des ventriloques : « C'est une propriété privée. Tu ferais bien d'aller t'expliquer avec ces gens avant qu'ils nous flanquent à la porte. » AW, qui s'était lui aussi rendu compte de notre méprise, se levait déjà. Nous ne sûmes jamais à qui appartenait ce jardin, mais si d'aventure les propriétaires lisent ces quelques lignes, je tiens à les remercier : quand mon mari alla leur parler de Sissinghurst et de la dame turque, ils lui répondirent que nous n'avions pas à nous en faire et que nous pouvions prendre tout notre temps pour terminer notre pique-nique. C'est ainsi que nous nous tirâmes d'affaire sans y laisser notre dignité.

Je voyais se rapprocher avec appréhension le terme de mon congé de maternité ; maintenant que Hester se portait mieux, je m'étais installée dans une routine confortable et peu contraignante. De toute façon, selon ma chère habitude, nulle idée d'article ne me venait en tête. Lorsque je repris le travail, nous embauchâmes une jeune et guillerette nounou cockney prénommée Sue. Sue était merveilleuse, mais mon travail de journaliste m'obligeant fréquemment à rentrer plus tard que prévu à la maison, je la trouvai un jour prête à filer après avoir déposé sa lettre de démission sur la table de la cuisine. Nous parvînmes néanmoins à un accord, et une année s'écoula. Puis, aussi incroyable que cela puisse paraître, le premier anniversaire de Hester arriva. Sue et moi n'ignorions pas qu'une telle fête n'était rien sans un gâteau en forme de train, de poupée ou de quelque autre jouet.

Nous en commandâmes un figurant un ours en peluche nappé de sucre. Le pâtissier de Battersea me demanda, pour l'aiguiller dans sa tâche, de lui faire un dessin. Je m'exécutai, ce qui explique probablement pourquoi l'on aurait cru, au final, un petit cadavre blafard déposé dans une assiette. C'était à vous soulever le cœur. Heureusement, toutes les mamans présentes avaient fort à faire avec le dalmatien de la journaliste Valerie Grove, qui fonçait à travers la maison en engloutissant au passage les sucreries que nous avions dissimulées en vue de la chasse aux bonbons organisée pour les bambins plus âgés. (Et c'est peut-être la raison pour laquelle Valerie eut quelques années plus tard l'idée de rédiger la biographie de Dodie Smith, l'auteur des *101 Dalmatiens*.)

AW, lui, s'était vu proposer un poste à la Commission européenne. (C'était, à peu de chose près, ce qu'il avait espéré décrocher en reprenant ses études.) Mais j'étais embarrassée : je venais à peine de reprendre mon travail ; le rédacteur en chef avait eu l'immense gentillesse de m'accorder une année sabbatique pour me permettre de séjourner en Éthiopie, après quoi j'étais partie en congé de maternité. Je n'osais pas lui annoncer que, cette fois, je comptais quitter définitivement le journal.

Nous décidâmes donc que je ne rejoindrais AW à Bruxelles qu'après avoir payé mon tribut dans les règles au *Sunday Times*. On m'avait demandé en outre d'écrire un livre sur la mode, *The Women We Wanted to Look Like (Les Femmes à qui nous voulions ressembler)*, dont j'avais la certitude de ne jamais venir à bout si je m'installais entre-temps à l'étranger. Mon époux passerait la semaine en Belgique et rentrerait à Londres pour le week-end ; nous tenterions l'expérience durant un an. Seulement, comme AW en était alors venu à détester l'avion presque autant que moi, il se voyait contraint avant d'embarquer d'avaler quelques verres, augmentés d'un ou deux autres en cours de vol, de sorte que, tous les vendredis soir, c'était titubant et le sourire aux lèvres qu'il se présentait sur le seuil de notre logis. Une dispute s'ensuivait, qui se prolongeait presque tout le week-end, et dès qu'il avait regagné Bruxelles, nous passions la semaine à recoller les morceaux par téléphone.

Nous organisâmes donc pour l'été 1976 quelques semaines de vacances propres à resserrer les liens entre nous. Puisqu'il me fallait assister aux défilés parisiens afin d'en rendre compte dans le *Sunday Times*, AW se proposa, pour me ménager le plus possible, de partir s'installer le premier dans notre maisonnette languedocienne avec notre fille et nos amis Sandy et Adrian ; ils prendraient la voiture, je n'aurais qu'à les rejoindre en train.

Sue, notre nounou, prit ses congés. Le lendemain soir, je préparais mes valises pour Paris lorsque AW frappa tout à coup dans ses mains, qu'il avait levées au-dessus de sa tête. « Bon sang de bonsoir ! gémit-il. La petite est sur ton passeport. Elle ne peut pas voyager avec moi : il va falloir que tu te charges d'elle. »

Notre plan si minutieusement établi ressemblait soudain aux tessons épars d'un kaléidoscope… Nous appelâmes Sue en urgence, la suppliant de reporter ses vacances pour m'accompagner à Paris. Elle accepta. (Peut-être ne faut-il pas s'étonner qu'elle soit devenue plus tard chauffeur d'autobus à impériale : manœuvrer son gros engin par les rues de Londres dut au fond se révéler infiniment moins stressant que son travail à nos côtés.) Avec Hester et sa nourrice, je sautai dans le train de nuit pour atteindre Paris le lendemain matin, si peu de temps avant le début du premier défilé que Sue me déposa sur le lieu de la manifestation et poursuivit en taxi jusqu'à l'hôtel – nous étions convenues que je l'y retrouverais plus tard.

Au beau milieu du spectacle, il me sembla percevoir au loin les pleurs d'un bébé, mais je m'empressai de chasser cette illusion. La présence d'un enfant dans un défilé de haute couture était aussi inimaginable que des boutons d'acné sur le visage de Naomi Campbell. Je m'efforçai de me concentrer sur les vêtements, mais rien n'y fit : je continuais d'entendre cet enfant dont les vagissements commençaient à me paraître terriblement familiers. Et pour cause. C'était Hester, avec Sue, toutes deux en larmes. Gagnée par la panique en arrivant à l'hôtel, notre nounou avait repris le taxi en sens inverse. « Je n'aime pas les étrangers », sanglota-t-elle. Dès lors, elles me suivirent partout. Je garde le souvenir halluciné d'une petite Hester qui, assise sous un portant chargé de robes Yves Saint Laurent, défaisait un à un les pompons qui pendaient au bout des ceintures, tandis qu'à l'autre bout du showroom David Bailey photographiait Marie Helvin pour illustrer mon prochain article en marmonnant qu'il détestait les gosses. (C'était avant qu'il ne devienne père.)

Au terme des vacances, AW et moi reprîmes notre travail dans nos capitales respectives. Lui multipliait les joyeuses soirées dans les pubs et les restaurants de Bruxelles en compagnie de ses nouveaux collègues, au point que je le soupçonnais de juger cette vie plus attrayante que celle qu'il menait en famille à Londres. Et puis tous ses amis étaient irlandais : je ne voyais que trop bien ces deux jolis yeux gaéliques qui, un soir, ne manqueraient pas de lui sourire... Il était temps pour moi d'abandonner le *Sunday Times*, de terminer mon livre et d'emménager en Belgique.

Christopher Matthew, un ami très cher qui vivait à deux pas de chez nous, écrivait lui aussi un livre. Il me proposa, jugeant que c'était là pour moi le meilleur moyen d'honorer ma commande au plus vite, de me rendre chaque jour à son domicile comme si j'allais au bureau et d'y besogner d'arrache-pied. Il s'offrit de plus à me préparer tous les midis quelques bâtonnets de poisson accompagnés de petits pois surgelés. Ce fut une brillante idée : bûchant sans m'accorder la moindre pause – sinon pour engloutir mes bâtonnets de poisson –, je bouclai mon manuscrit en deux mois.

VI

Bruxelles et les bouts de chou

À cette époque, il n'y avait pas vraiment d'agents immobiliers en Belgique ; pour dénicher un logement, il fallait, après avoir choisi un quartier, en battre soi-même le pavé jusqu'à trouver la maison idéale assortie d'une pancarte À LOUER.

De nombreux eurocrates avaient opté pour la banlieue verdoyante de Bruxelles, mais depuis qu'AW m'avait emmenée au marché de la place Flagey, où l'on vendait sept variétés de salade (à Londres, en hiver, on ne trouvait pas même une laitue), j'avais décrété qu'il m'était impossible de vivre à plus d'une centaine de mètres de là.

Traînant nos guêtres dans les parages, nous finîmes par tomber sur la demeure de nos rêves : une élégante bâtisse pourvue d'une terrasse, dans une jolie rue située à deux minutes du marché. Nous regagnâmes la chambrette d'AW à toute allure pour appeler le propriétaire, dont le fils nous fit visiter les lieux le lendemain. La grande cuisine donnait sur un jardin, un bel escalier conduisait à un salon et à une salle à manger dont les portes-fenêtres ouvraient sur un balcon. Hélas ! les deuxième et troisième étages, où se distribuaient les chambres auxquelles on accédait par un autre escalier, celui-là sombre et étroit, se révélèrent en piteux état – il y avait des fissures partout. Quant au prix, il était trop élevé. Nous étions néanmoins prêts à louer la maison à condition que le propriétaire accepte d'y effectuer d'abord quelques travaux.

Nous le rencontrâmes le soir même. C'était un énorme vieux monsieur à l'allure terrifiante, dont une moitié du visage paraissait comme retenue par une bande adhésive collée près de l'œil. Vendeur de vêtements religieux, il gardait une dent contre Jean XXIII qui avait incité les prêtres à se contenter d'un col roulé noir sur un pantalon ordinaire, les bonnes sœurs étant pour leur part invitées à troquer l'habit contre le pull et la jupe. Ainsi notre homme s'était-il vu privé de son juteux commerce. AW se racla nerveusement la gorge avant d'entamer les négociations, mais il n'avait pas terminé sa première phrase que déjà le propriétaire l'interrompait : « Prenez la maison dans l'état où elle est, tonna-t-il, ou ne la prenez pas. Mais décidez-vous tout de suite, sinon je la loue à quelqu'un d'autre. » Vaincus, comme nous l'avons d'ailleurs toujours été par nos propriétaires successifs (peut-être une manière de compenser l'exécution de notre logeur éthiopien), nous nous rendîmes à ses conditions.

Pour tout dire, nous allions adorer notre demeure, malgré son loyer exorbitant et les réparations incessantes auxquelles nous serions contraints de nous livrer. Je me réveillais plusieurs fois dans la nuit par crainte d'un incendie : l'escalier en bois recouvert de lino, à l'arrière de la maison, côtoyait une installation électrique d'avant-guerre. J'allais vérifier inlassablement l'état du détecteur de fumée, quand je ne réfléchissais pas à la manière de nouer plusieurs draps bout à bout pour m'échapper de la bâtisse en flammes – mais comment me laisser glisser jusqu'au sol avec un bébé sur le dos ?

Depuis ma plus tendre enfance, au cours de laquelle je jouais avec une maison de poupée, j'ai toujours eu du goût pour la décoration d'intérieur. J'attribue cette inclination à un relatif sentiment d'insécurité : mon père servant dans l'armée des Indes, nous ne restions jamais plus de deux ans au même endroit. Vu l'état de nos finances, j'allais cependant me borner ici à remplacer le tissu d'un canapé et de deux vieux fauteuils ; je fis appel à M. Bedwell, le tapissier de Battersea, qui se mit aussitôt à l'ouvrage.

Sue ayant refusé, après son expérience parisienne, de nous suivre en Belgique, AW et moi profitâmes de nos derniers week-ends en Angleterre pour nous entretenir avec diverses jeunes filles au pair. Mon mari avait adopté une technique de recrutement des plus rudimentaires : il demandait à chaque candidate si elle désirait boire quelque chose ; toutes celles qui s'avisaient de réclamer du vin, de la bière ou un gin-tonic se voyaient immédiatement rayées de sa liste. Notre choix se porta sur Mandy, qui but un Coca-Cola. Timide et bien élevée, elle raffolait des enfants. Seule ombre au tableau : elle nous annonça au dernier moment qu'elle n'envisageait pas de s'installer à Bruxelles sans Oreillette, sa lapine. Celle-ci était énorme mais plutôt accommodante, jusqu'à ce qu'elle en vienne un beau jour à dévorer les plantes de notre nouveau jardin, avant de se mettre à grogner en tentant de nous mordre comme aurait pu le faire un chien. (Mandy elle-même finirait par s'en lasser. À l'occasion d'une visite en Angleterre, AW trouverait au rongeur un nouveau foyer. C'est du moins ce qu'il prétendit et personne ne chercha à en savoir davantage.)

La date de notre départ approchait, mais M. Bedwell n'avait pas terminé son travail : il s'enferma dans notre camion de déménagement en compagnie du sofa et des fauteuils pour les derniers points de couture, avant de reprendre à Douvres un train qui le ramena à Battersea. Je devais conduire, quant à moi, Mandy, Hester et Oreillette jusqu'à Bruxelles à bord de ma Renault. J'ignorais, en ce jour de printemps 1977, tandis que je tenais Hester au-dessus du bastingage du ferry pour qu'elle salue une dernière fois l'Angleterre, qu'il s'agissait bel et bien d'un adieu. Il allait se passer plus de vingt ans avant que nous ne nous réinstallions en Grande-Bretagne.

Notre premier dimanche bruxellois fut gris et pluvieux. Nous sombrions dans l'accablement – Hester elle-même n'y échappait pas. Londres nous manquait. Pour nous ragaillardir, AW nous emmena au marché aux chiens. Il se tenait, précisait notre guide touristique, non loin des abattoirs. Je me demande bien ce que les passants à qui nous demandâmes notre chemin pensèrent de cette gentille petite famille anglaise acharnée à trouver des abattoirs en ce dimanche matin humide. Toujours est-il que nous ne trouvâmes jamais le marché aux chiens. La semaine suivante, alors que mon époux était au bureau et que Mandy avait emmené Hester en promenade, le propriétaire passa voir comment se déroulait notre installation. Soudain, il me fit des avances en me poursuivant autour de la table de la cuisine. Lorsque nous avions évoqué la durée de notre bail, il nous avait révélé son âge, de sorte que je le rabrouai :

« Vous devriez avoir honte, monsieur. Un homme de quatre-vingt-deux ans !

– Eh bien non ! me répondit-il, une lueur de triomphe dans le regard. Je n'en ai que soixante-dix, mais je prétends toujours en avoir beaucoup plus : ça rassure les maris. »

Je dois admettre que j'étais alors si déboussolée et me languissais si fort de l'Angleterre que je me sentis malgré moi un peu flattée qu'un homme – fût-il mon logeur et cacochyme – en pince pour moi.

Après m'être enfin débarrassée de lui, je grimpai à l'étage pour y faire le ménage, que nous avions négligé depuis notre emménagement. Dans la chambre qu'AW et moi nous étions attribuée, nous avions déroulé sur l'affreuse moquette en nylon un splendide tapis persan. Je le suspendis à la balustrade pendant que je passais l'aspirateur, pour me rendre compte un peu plus tard qu'il avait disparu : le vent l'avait emporté. Je bondis sur le balcon et me penchai vers la rue : nul tapis persan à l'horizon. Quelqu'un l'avait volé. Naturellement, l'objet n'était pas assuré. Au cours de nos cinq années à Bruxelles, je ne passerais jamais devant un marchand de tapis sans chercher le mien en vitrine ; je n'ai d'ailleurs pas la moindre idée de ce que j'aurais fait si d'aventure je l'y avais découvert.

C'est que très vite il me fut impossible de mettre les pieds dans une boutique belge sans que s'ensuive une épouvantable prise de bec. À côté de ceux de Londres, les commerçants bruxellois s'avéraient terriblement grossiers et fort peu serviables. Avant même que j'aie eu le temps de poser ma question, leurs lèvres se pinçaient pour former le mot « Non ». Les employés de l'agence de voyages refusèrent de rembourser le supplément qu'AW avait dû régler pour un billet d'avion à cause d'une erreur qu'ils avaient pourtant commise dans sa réservation. Le marchand de vélos refusa de réparer l'une des roues du landau de Hester, qui s'était brusquement détachée. Au supermarché, on refusa de m'échanger une boîte de crabe dont l'exécrable chair avait viré au noir. Quant aux vendeuses du magasin de chaussures pour bébés, elles refusèrent mêmement de me reprendre celles que j'avais achetées à prix d'or pour Hester et qui, au bout d'une semaine, étaient déjà bonnes à jeter à la poubelle. Je me vautrai ce jour-là dans le ridicule le plus complet en leur lançant en français : « Je vous préviens, je ne vais pas en rester là. Je suis journaliste et l'on me connaît dans le monde entier », avant d'être poussée vers la sortie par des vigiles goguenards. Enfin, la fois où, dans une boutique de vêtements pour enfants, ma fille trébucha et se fendit la joue sur un vilain coin de table, on nous éjecta d'un air affairé sans un mot de compassion ni d'excuse, trop pressé que l'on était de se débarrasser de nous avant que les riches clients belges ne découvrent le sang versé.

Avec le recul, je songe que ces comportements tenaient peut-être au fait qu'à l'époque je m'habillais en hippie – foulards à foison, collants très colorés, dentelles et longs colliers. Sans doute ces gens, ignorant que le style ethnique faisait alors fureur à Londres, me prenaient-ils pour une romanichelle. Je renouvelai ma garde-robe après que le *Daily Telegraph* m'eut consacré un article dans sa rubrique « Mes vêtements et moi ». J'avais, pour la photo, coiffé un curieux chapeau indien et jeté sur l'une de mes épaules un gros châle. Sur le cliché final en noir et blanc, qu'on aurait cru pris au fish-eye et où n'apparaissaient que ma tête ainsi que le haut de mon buste, j'avais tout l'air d'une aliénée. J'optai aussitôt pour le tailleur noir, sans plus jamais rien exhiber d'un tant soit peu exotique.

À Bruxelles se posait aussi à nous l'exaspérant problème des déjections canines. On en trouvait partout, sur les trottoirs comme dans les parcs – impossible de lancer une balle dans un espace vert de crainte de la voir rouler dans quelque matière douteuse. (Qui s'avise de faire des enfants devient particulièrement sensible aux dangers des crottes de chien.) Quant aux propriétaires, ils étaient sans vergogne – se contentant de tenir la laisse pendant que Médor se soulageait sur notre seuil. AW et moi nous cachions souvent dans la salle de jeux, juste à côté de la porte d'entrée, prêts à surgir et à injurier son maître dès qu'un toutou approchait.

On accuse les Britanniques d'être entichés de leurs animaux de compagnie, mais très franchement leur obsession ne saurait rivaliser avec celle qui sévit de l'autre côté de la Manche. Un jour que, sur la place Flagey, Hester et moi nous penchions sur un landau, prêtes à nous extasier, nous découvrîmes sur l'oreiller, en lieu et place d'une tête d'enfant, la gueule d'un teckel ; à peine eûmes-nous le temps de réprimer un cri d'horreur. Nous croisions des chiens affublés de gilets, d'autres de bottes en caoutchouc. Non loin de chez nous existait une boutique de vêtements canins qui vendait des robes de soirée, des canadiennes, des bijoux et des bagages pour compagnons à quatre pattes. Néanmoins, quand je revins à Bruxelles vingt ans après avoir quitté la ville, je m'aperçus que les commerçants avaient radicalement changé ; à la fois surprise et ravie, je les découvris charmants, serviables même, au point de faire passer pour des rustres leurs homologues londoniens. L'abondance des déjections canines, en revanche, n'avait pas tari, au contraire.

La vie de rentière que je menais dans la capitale belge ne laissait pas de me déconcerter. En Éthiopie, de même que pendant mon congé de maternité, je savais que la situation était provisoire, que j'allais bientôt reprendre mon travail. Cette fois, ma position était définitive. J'avais pris ma retraite. Peu après notre arrivée à Bruxelles, mon voisin de table dans un dîner m'avait demandé ce que je faisais. C'était précisément la question que je me posais alors. « Je n'en sais rien, lui avais-je répondu en tâchant de sourire un peu. Aidez-moi ! J'étais rédactrice de mode, mais à présent… Que suis-je ? Une femme au foyer, sans doute. » Sur ce, mon interlocuteur s'était tourné vers son autre voisine, avec laquelle il avait bavardé durant tout le reste du repas.

J'en vins à me dire au terme de plusieurs mois de tourments qu'au fond j'avais peut-être gagné sur tous les tableaux. Je profitais de mon bébé à domicile, et encore m'aidait-on dans ma tâche ; je n'avais pas, dès neuf heures du matin, à me frayer un chemin dans la circulation. Pour autant, je ne demeurais pas inactive. On m'avait commandé une biographie de Christian Dior ; j'étais également parvenue à persuader le *Bulletin*, magazine bruxellois de langue anglaise, de m'employer en freelance, et je troussais des articles sur la vie des Britanniques dans la capitale belge pour l'*Evening Standard*.

Je souris encore en songeant à une anecdote. Le *Standard* m'appela un jour et ce fut Hester qui décrocha. « Gaga, douda, sloupop », déblatérait-elle dans le combiné quand j'arrivai dans la pièce. J'attrapai le téléphone, mais trop tard – mon correspondant avait raccroché. Au bout de quelques minutes, la sonnerie retentit de nouveau : c'était une employée du journal. « Je suis navrée, me dit-elle. J'ai appelé tout à l'heure mais je suis tombée sur votre secrétaire. Elle a dû me parler en flamand parce que je n'ai rien compris. J'ai préféré interrompre la communication. »

J'installai mon bureau sur la table de la salle à manger avec l'intention de ne travailler que le matin pour passer mes après-midi avec ma fille. Tel allait devenir, à peu de chose près, mon train-train quotidien pour les dix années suivantes. Cela dit, si c'était à refaire, je ne réquisitionnerais plus la table du séjour : la débarrasser exige un tel effort qu'on finit par ne plus jamais y prendre ses repas.

Bruxelles était alors une cité vieillotte et politiquement incorrecte où vivait une population apparemment plus âgée que la moyenne. Tandis que les campagnes antifourrure battaient leur plein sur toute la planète, dans la capitale belge continuaient de déambuler des femmes vêtues de léopard de la tête aux pieds. Une fois par an, un cirque tel que nous n'en voyions plus en Grande-Bretagne montait son chapiteau sur la place Flagey, à deux pas de chez nous. Les rugissements des lions et le barrissement des éléphants nous empêchaient de dormir, et l'un de nos voisins aperçut un jour, par la fenêtre de sa salle à manger, un kangourou qui s'enfuyait en bondissant dans la rue.

Quant aux manières en vigueur dans la haute société, elles semblaient appartenir à un autre siècle. Je crois bien que Bruxelles était la seule ville au monde où l'on avait l'occasion de porter régulièrement son smoking chez le teinturier, voire de réussir à l'user. J'ai oublié comment AW et moi fûmes amenés à fréquenter un temps l'aristocratie locale, mais je me rappelle très bien cette épouvantable soirée au cours de laquelle, alors que j'allais m'installer à côté d'un monsieur, il m'interdit sans ménagement de m'asseoir sous prétexte qu'il attendait sa « soupeuse ». Aucun autre siège n'étant libre, je me retranchai, seule avec mon verre, dans un coin du majestueux salon. AW, qui venait de vivre la même mésaventure, me rejoignit pour me chuchoter à l'oreille : « Qu'ils aillent tous se faire foutre, Bridge ! C'est moi qui te le dis ! »

Ces dîners bruxellois se déroulaient en grande pompe, avec force majordomes, mets de choix (huîtres, homard, filet de chevreuil) et décorations de table raffinées – une femme de ma connaissance faisait tout exprès colorer ses chandelles pour les harmoniser avec ses serviettes et ses nappes. J'interviewai pour le *Bulletin* l'un des majordomes les plus appréciés de la capitale. Il me raconta qu'au cours d'une réception irréprochable, à laquelle j'avais d'ailleurs assisté quelques semaines plus tôt, un employé ayant renversé la sauce au jus de viande dans la cuisine, il fallut éponger le sol pour la servir coûte que coûte. On me rapporta en outre un curieux détail au sujet de ce petit monde dont nous n'allions pas tarder à être exclus : la plus terrible bévue que l'on pût commettre, m'assura-t-on, consistait à demander à son hôte de vous indiquer les toilettes. « Mieux vaut encore s'accroupir dans l'allée avant d'entrer », m'affirma mon informatrice avec le plus grand sérieux. Je ne sus jamais si elle disait vrai ou s'il s'agissait d'une lubie toute personnelle.

Notre escapade au sein de la haute société nous valut au moins de rencontrer parmi ces grands personnages une relation d'Hergé à laquelle nous demandâmes un autographe du maître pour notre fille. Le dessinateur croqua Tintin et Milou à l'encre puis signa son œuvrette pour Hester. C'était là notre bien le plus précieux : il allait assurer nos vieux jours... jusqu'à ce que la petite colorie le dessin avec ses feutres aux tons criards.

Lorsque nous recevions, nous installions d'ordinaire, en toute simplicité, nos convives à la table de la cuisine. Dans un formidable élan de courage, nous décidâmes cependant d'inviter l'ambassadeur de Grande-Bretagne et son épouse, ainsi que quelques amis, à dîner selon l'usage, c'est-à-dire dans la salle à manger. Je passai une journée à nettoyer la table et deux semaines environ à m'affoler en songeant au menu. La pièce se situait au premier étage mais comportait un monte-plats. Durant le dîner, Marga (notre jeune fille au pair du moment), devait charger et décharger ledit monte-plats dans la cuisine tandis que je hissais l'engin depuis la salle à manger. Tout se déroula pour le mieux jusqu'au moment de débarrasser la table après le plat de résistance, c'est-à-dire de faire descendre les assiettes sales pour remonter le gâteau en échange. Alors que je disposais la dernière pièce de vaisselle sur la planche, je lançai étourdiment en direction des invités : « Et c'est maintenant que les cordes cassent et que tout s'écrase deux étages plus bas ! » C'est exactement ce qu'il advint. Les cordes lâchèrent d'un coup et, une seconde plus tard, on entendit le fracas épouvantable de notre service de table volant en éclats sur le sol de la cave, juste en dessous de la cuisine. Nous ne donnâmes par la suite qu'un seul autre dîner dans la salle à manger, mais cette fois la vaisselle fut transportée à la main.

Si j'y réfléchis, c'est certainement Julia qui fut le sésame grâce auquel nous pénétrâmes dans la haute société bruxelloise. Son mari était membre de la Commission européenne et, bien qu'il occupât un poste beaucoup plus en vue que celui d'AW, qui se trouvait encore au bas de l'échelle, nous possédions à Londres une poignée d'amis communs. Comme si un ange gardien l'avait envoyée vers moi, Julia se présenta à notre porte quelques jours après notre installation, de sorte que c'est ensemble que nous partîmes à la découverte de la capitale belge. La plupart du temps, nous avions avec nous un guide, Carole, pétulante Américaine qui, parce qu'elle habitait la ville depuis de nombreuses années, en connaissait toutes les ficelles et tous les chemins de traverse. Julia était – est toujours, car elle compte parmi mes meilleures amies – ce genre d'Anglaise chaleureuse, excentrique et sémillante qui inspira à Evelyn Waugh le personnage de Julia Stitch.

À Bruxelles, Julia et moi ne tardâmes pas à nous trouver investies d'une mission. Nous nous étions prises de curiosité pour l'architecture Art nouveau et Art déco qui faisait la renommée de la ville. (Moins qu'aujourd'hui, cependant : on avait alors tout juste renoncé à abattre des chefs-d'œuvre.) Dans notre enthousiasme, nous allâmes jusqu'à frapper à la porte de l'hôtel Solvay. De cet édifice, construit à la fin du XIXe siècle sur l'avenue Louise par le grand architecte belge Victor Horta pour le compte de l'industriel Armand Solvay, on disait qu'il était le plus beau fleuron de la capitale en matière d'Art nouveau. Il avait beau n'être pas ouvert au public, Julia et moi brûlions de le visiter.

Le propriétaire, M. Wittamer, vieux gentleman d'une exquise courtoisie, nous montra les lieux. La demeure était impressionnante, une immense verrière éclairait la cage d'escalier au-dessus d'une gigantesque fresque de Van Rysselberg. Mais notre guide nous apprit que, certaines parties de la maison menaçant ruine, il s'apprêtait à vendre quelques pièces de mobilier signées Horta pour financer les travaux de rénovation. Atterrées par la nouvelle, Julia et moi lui promîmes de réfléchir à un moyen de garder intacts tant la bâtisse que ce qu'elle contenait.

Après moult discussions, nous convînmes que notre unique espoir résidait dans une lettre adressée au roi. Nous rédigeâmes une missive pleine de diplomatie qui nous valut bientôt d'être convoquées au palais pour y rencontrer le grand chambellan. Au final, la compagnie nationale d'électricité belge accepta de louer le prestigieux hôtel Solvay pour ses réceptions officielles et de prendre en charge sa restauration. Tout le monde fut ravi d'un tel épilogue, au point que le sauvetage de cet édifice reste à mes yeux l'un de mes plus beaux exploits.

À l'automne 1977, je tombai de nouveau enceinte. Nous avions espéré cet événement que nous aurions eu tort de différer davantage : Hester avait plus de deux ans et je ne croulais pas sous le travail. (C'est un fait : le taux de natalité chez les expatriées se révèle beaucoup plus important que chez les femmes « normales », celles qui vivent et exercent un emploi dans leur pays d'origine.) J'assistai à des cours d'accouchement où l'on m'apprit à inspirer et souffler. Un jour qu'il était question de douleur, je décrétai d'un ton un peu suffisant que pour ma part je ne redoutais pas d'avoir mal puisque j'allais demander une péridurale. Le professeur me lança un regard plein de pitié. « Tout accouchement implique souffrance, me dit-elle. C'est ainsi que nous voyons les choses ici. » Mon obstétricien, le bien nommé docteur Poulain, était l'un des hommes les plus gentils qu'il m'ait été donné de rencontrer. Je lui rapportai qu'à Londres, pour la naissance de Hester, j'avais eu droit à une péridurale qui m'avait soulagée durant les onze heures de travail ; je souhaitais, ajoutai-je, bénéficier du même traitement à Bruxelles. Je fus épouvantée d'entendre le médecin m'annoncer que je n'aurais droit cette fois qu'à une unique injection – plus question de tuyau dans la colonne vertébrale diffusant de temps à autre une dose de produit supplémentaire dans l'organisme.) Il tenait à ce que je puisse pousser pour favoriser l'expulsion du bébé. Je me montrai dès lors particulièrement assidue aux cours d'accouchement.

AW m'accompagna à l'hôpital. Comme Hester, notre deuxième enfant tardait à paraître et il allait donc falloir déclencher artificiellement le processus. Nous occupâmes notre matinée à des grilles de mots croisés. Puis j'éprouvai ma première contraction qui m'enthousiasma au plus haut point car, lors de la naissance de notre première fille, je n'avais strictement rien senti. Mais comme les contractions se rapprochaient en s'intensifiant, mon enthousiasme tomba à mesure que s'accroissait mon désir de savoir quand exactement j'allais bénéficier de ma péridurale... à moins qu'on n'ait pas la moindre intention de m'en faire une. M'avait-on joué un vilain tour ?

Il se produisit alors une chose extraordinaire. Je suis une affligeante cruciverbiste, un cas désespéré. Je ne réussis même pas à compléter les grilles faciles proposées par l'*Evening Standard*. Mais le génie me vint en plein travail.

« Est couvert quand la lune est dans l'eau, me proposa AW.

– Bidet ! » hurlai-je triomphalement, et dès lors j'enchaînai les bonnes réponses.

Le prodige n'eut pas lieu deux fois.

En fin d'après-midi, je réclamai ma péridurale au docteur Poulain, qui avait enfilé une blouse et chaussé des sabots bleus ornés de pâquerettes. Après qu'il eut donné son accord, on m'emmena dans la salle d'accouchement où, m'ayant examinée, il lâcha tristement :

« Oh ! non, ce bébé ne sera pas là avant une heure

ou deux. C'est ennuyeux car j'avais prévu pour le dîner du canard à l'orange accompagné d'un petit bourgogne… »

AW l'interrompit.

« Si ce n'est pas pour tout de suite, puis-je aller chercher ma mère qui arrive de Londres en autocar ? Je serai revenu dans une heure.

– Avec votre mère ? »

L'obstétricien était confondu.

« Bien sûr que non. Je vais la déposer chez nous avant de regagner la clinique. »

Le docteur Poulain suggéra à mon mari de prendre tout son temps. Mais l'on entendait encore le bruit de ses pas dans le couloir que déjà un irrépressible besoin de pousser s'emparait de moi.

« Docteur, hasardai-je dans mon meilleur français, je crois bien que nous allons devoir nous y mettre…

– Impossible ! répliqua-t-il. Je vais tout de même vérifier. »

Il s'exécuta : ce fut aussitôt le branle-bas de combat, pour moi surtout, et voilà qu'en un tournemain je donnai naissance à une seconde fille. AW, de son côté, arrivait à peine à la gare routière.

Lorsque enfin je regagnai ma chambre, il était de retour, de sorte qu'en l'entendant à la porte je lui lançai :

« Tu as une autre belle petite fille.

– Formidable ! » me répondit-il.

Mais je surpris dans le miroir de la chambre une moue légère : aucun jeune mâle ne viendrait jamais le défier. Peu importait qu'Yves Saint Laurent se soit passé cette fois de me faire livrer un ours tout en fleurs et que Christian Dior ait négligé les orchidées. J'étais la femme la plus comblée de la planète.

Si l'on excepte le problème des déjections canines, Bruxelles était une ville particulièrement paisible dans laquelle il faisait bon élever ses enfants. Des divertissements, il y en avait pour tout le monde : des bois et des parcs où aller jouer, des lacs peuplés de canards à nourrir, beaucoup de films au cinéma, un Opéra (que nous ne fréquentâmes certes qu'une seule fois, si ma mémoire est bonne), de fabuleux marchés. La capitale belge se trouvait de surcroît épargnée par les embouteillages et l'on s'y garait sans crainte dans les zones à stationnement interdit. J'eus néanmoins droit à une contravention sur la place Flagey, un jour où rien décidément n'acceptait de me sourire. J'allai trouver le policier en agitant mon PV.

« Comment avez-vous pu me faire une chose pareille ? Vous voyez bien que j'ai un petit enfant avec moi et tout un tas de paquets. Et je suis très pressée... »

Je n'étais pas loin de pleurer. Tout à coup, l'agent fondit en larmes.

« Je suis désolé, me dit-il, mais moi aussi j'ai eu une journée épouvantable. Ça ne va pas du tout. Ma femme vient de me quitter... »

C'est ainsi que nous sanglotâmes dans les bras l'un de l'autre au beau milieu de la place, après quoi il déchira ma contredanse.

Le système de santé belge constituait également un avantage de taille pour les résidents que nous étions : bien que remboursés par des fonds publics, les soins étaient dispensés par le secteur privé, ce qui nous évitait de nous entasser dès l'aube dans des salles d'attente débordant de patients enrhumés ou d'attendre un rendez-vous en compagnie d'une enfant déjà lasse. Quant aux médecins, à l'inverse des commerçants du cru, ils s'avéraient tous aussi exquis que le docteur Poulain. Notre dentiste nous enchantait particulièrement ; c'était, pour AW comme pour moi, l'homme le plus doux et le plus prévenant auquel il nous ait été donné de dévoiler l'intimité de nos bouches. Il avait même su faire taire ma terreur de la roulette.

Mais un jour que j'étais sereinement allongée dans son cabinet. il m'annonça à brûle-pourpoint :

« Je crois sincèrement qu'il faudrait vous raccourcir la langue.

– Quoi ? piaillai-je en me redressant d'un bond.

– Vous avez une langue un tout petit peu trop volumineuse pour votre bouche. J'ai l'intention de vous en ôter quelques millimètres ici et là. »

Je crus d'abord à une plaisanterie machinée par AW, qui m'attendait à côté, pour me signifier que j'étais trop bavarde, mais le dentiste était tout à fait sérieux. Je décampai en un éclair et nous ne remîmes jamais les pieds chez lui. (J'ai récemment fait la connaissance d'un homme qui, ayant séjourné à Bruxelles à la même époque que nous, évoqua avec moi quelques souvenirs : « Il y avait un dentiste épatant, me dit-il. J'ai oublié son nom, mais il voulait à tout prix que je me fasse raccourcir la langue. »)

Bruxelles représentait également, pour notre plus grande joie, un merveilleux tremplin géographique : l'Europe entière se déployait à nos portes. Nous passions d'étonnants week-ends dans la vive lumière gris nacré des îles néerlandaises, où nous louions une maison à un ami qui travaillait dans l'industrie de la colle – « un boulot attachant », aimait-il à plaisanter. Après avoir enfourché nos bicyclettes de location munies de sièges pour enfant, nous flânions le long des routes planes et désertes de l'île, nous arrêtant à midi pour déjeuner de moules et de frites. Ces escapades étaient mes préférées.

Le zoo d'Anvers avait aussi nos faveurs, même si je craignis un temps que l'expérience endurée par Hester lors d'une visite ne l'ait traumatisée pour le restant de ses jours. Nous allions toutes deux paisiblement de cage en cage et main dans la main à la découverte des animaux lorsque nous atteignîmes un enclos dans lequel ne s'étendait qu'un vaste bassin empli d'eau. « Quelle bête peut bien vivre là-dedans ?

lançai-je joyeusement. Un bébé phoque, peut-être, ou alors une grenouille toute verte. » Tandis que Hester était en train de me suggérer qu'il s'agissait peut-être d'un petit poisson, l'eau se souleva soudain dans un prodigieux vacarme, il y eut un rugissement et une énorme créature aux allures de limace géante à la peau sombre, pourvue d'une paire d'yeux semblables à deux œufs durs tout noirs, jaillit des profondeurs du bassin pour se dresser au-dessus de nous. Nous hurlâmes en chœur. Hester continua de hurler pendant une semaine. Sans doute avions-nous eu affaire à un éléphant de mer – lequel, associé aux requins, méduses et autres raies, devint pour moi une raison supplémentaire de goûter modérément les bains de mer.

En septembre 1978, un mois après la naissance de Claudia, nous inscrivîmes Hester dans une école maternelle Montessori qui venait d'ouvrir ses portes à Bruxelles. Il fallait la foi du charbonnier pour se lancer dans l'aventure car la jeune Américaine qui dirigeait l'établissement, outre qu'elle était affublée d'un mari prénommé Elvis, n'avait attiré en sus de notre aînée qu'un seul autre élève. Je nourrissais les plus vives inquiétudes, mais dès que quelques enfants supplémentaires rejoignirent l'école, je me sentis un brin mise à l'écart par ma propre fille. C'en était fini des joies de la petite enfance : des camarades de classe se présentaient maintenant à la maison pour y jouer avec Hester.

AW effectuait de fréquents voyages professionnels à l'étranger – en Afrique surtout, parfois dans le Pacifique. J'en profitais pour rendre visite en Angleterre aux quatre grands-parents de nos filles, ce qui, eu égard à mes piètres talents d'organisatrice, me valut au cours de ces cinq années d'accumuler les catastrophes. Bien installée dans la voiture en compagnie de Hester, de Claudia et de la jeune fille au pair, je mettais les voiles et me rendais compte peu après que j'avais oublié d'emporter les couches, le pique-nique, nos passeports… Pas une fois je ne m'éloignai de la maison sans rebrousser chemin dix minutes plus tard pour y récupérer une chose ou une autre. Je battis mon record personnel le jour où, ayant atteint Dunkirk après trois heures de route afin d'y prendre l'aéroglisseur, je m'avisai que nos croissants continuaient de chauffer dans le four de notre cuisine. Je fis demi-tour et regagnai Bruxelles pour me rappeler à l'entrée de la ville que j'avais coupé le gaz avant de partir.

En 1979, AW décida de nous emmener passer les vacances d'été au Cachemire. Ainsi entendait-il récompenser toute la famille pour avoir tenté – avec succès – de s'acclimater à la vie bruxelloise. Mais il voulait surtout me changer les idées car il m'arrivait encore d'éprouver mon séjour belge sur le mode de l'exil. Il avait choisi le Cachemire parce que m'ayant vue, des années durant, collectionner des laques en provenance de cette région, il avait envie d'en apprendre davantage à leur sujet.

Nous partîmes donc, AW, Sue (la jeune fille au pair du moment), Hester, Claudia et moi, chargés d'un petit lit pliant, de jouets, de crayons, d'albums de coloriage et d'une montagne de couches. Notre destination : un house-boat sur le lac Dal pour un séjour d'un mois. Afin que Claudia se tienne tranquille dans l'avion, je passai les neuf heures de vol à lui donner la tétée, de sorte qu'à Delhi mes seins ressemblaient à deux pitas pendants. Ce fut un merveilleux séjour, à ceci près que nous en savions très peu sur le Cachemire et que nous ne trouvâmes pas le moindre guide touristique à même de nous en révéler l'histoire ni celle des sites que nous visitâmes, encore moins de nous renseigner sur les fameux laques. Je pris alors la décision d'en écrire un moi-même, et ce projet devait s'avérer pour moi d'un grand secours durant les années à venir.

Au début de l'été 1981, il devait être mis un terme brutal autant qu'inattendu à la douce existence que nous menions jusque-là à Bruxelles. AW piaffait. Son travail au sein de la Commission européenne lui pesait chaque jour davantage – à cause des lourdeurs bureaucratiques qui ralentissaient atrocement le processus de décision, à cause de la concurrence entre nations qui n'excluait pas les coups bas, à cause enfin de l'attitude de la Grande-Bretagne qui, faute de prendre l'Europe suffisamment au sérieux, manquait le coche plus souvent qu'à son tour. Il fallait une pause à mon mari, aussi sollicita-t-il le poste de directeur adjoint de l'UNRWA, (agence de l'ONU pour les réfugiés palestiniens*) à Beyrouth. Lorsqu'à sa grande surprise on lui annonça que sa candidature avait été retenue, il prit ses dispositions auprès de la Commission européenne qui lui accorda deux ans de congé sans solde.

Les quelques semaines précédant son départ se révélèrent fort étranges. Les enfants et moi étions initialement censées nous envoler pour Beyrouth avec lui, mais l'ONU décréta que, la situation y étant trop dangereuse pour les familles, nous devions nous installer à Chypre, sur quoi, histoire de compliquer un peu les choses, AW insista pour que nous logions dans la partie turque de l'île sous prétexte qu'il avait toujours apprécié les Ottomans. Approuvant le tout sans discussion, je commençai à chercher une maison à louer par l'intermédiaire d'amis. Je n'en vivais pas moins dans un songe. J'aurais dû envisager l'avenir avec autant d'appréhension qu'en avait manifesté en son temps ma chère maman, Madame Catastrophe, pourtant j'avançais en roue libre, comme si mon

---

* United Nations Relief and Works Agency for Palestine Refugees in the Near East, dont le siège est aujourd'hui à Gaza. *(N.d.T.)*

inconscient avait pressenti que rien de tout cela n'allait réellement se produire.

Mon inconscient avait vu juste. (Comment avais-je deviné ? Je me pose souvent la question.) Un lundi matin, trois semaines environ avant de prendre ses nouvelles fonctions, AW se réveilla avec une violente douleur au bras. Comme il est exceptionnellement résistant à la souffrance, nous prîmes la chose très au sérieux, même si nous ignorions à l'époque qu'il pouvait s'agir là du symptôme d'une crise cardiaque. AW pensa que son costume était peut-être trop serré ; je lui recommandai de prendre un bain chaud, puis nous convînmes qu'il devait consulter le médecin de la Commission sitôt arrivé au bureau.

J'étais encore en robe de chambre, vaquant avec les enfants à de menues occupations, quand il me téléphona pour me dire que, le docteur étant en congé, il passait chez notre généraliste dont le cabinet se situait à deux pas. Puis ce fut ce dernier qui m'appela pour m'annoncer, sur un ton que je ne lui connaissais pas, que mon époux avait fait un infarctus ; il devait se rendre à l'hôpital au plus vite, mais il refusait l'ambulance, désirant que je l'y conduise moi-même. Pouvais-je venir immédiatement ? J'avais beau ne pas savoir précisément ce qu'était un infarctus, j'avais compris l'urgence de la situation – je m'exécutai sur-le-champ. Dès notre arrivée, on l'emmena en hâte dans l'unité de soins intensifs dont on m'éjecta pour me faire patienter dans le couloir.

Je demeurai là plusieurs heures, prenant de temps à autre mon courage à deux mains pour aller frapper à la porte et demander ce qui se passait, mais chaque fois on se contenta de me répondre qu'il fallait attendre encore. Soudain – miracle ! –, qui avisai-je à la sortie de l'ascenseur ? Le docteur Poulain. Je me précipitai vers lui en pleurant pour le supplier de se renseigner à ma place. Ayant appris qu'AW avait été victime d'une crise cardiaque, il m'assura que les médecins faisaient tout ce qui était en leur pouvoir et que, selon eux, mon mari avait de bonnes chances d'en réchapper. Mieux valait que je rentre chez moi, ajouta-t-il, car je ne serais pas autorisée à le voir avant un certain temps.

J'appelai l'UNRWA pour annoncer qu'AW était dans l'impossibilité de prendre ses fonctions à Beyrouth. Bien des années plus tard, nous apprîmes que l'homme qu'on avait nommé à sa place s'était fait tuer au cours du bombardement de la capitale par l'aviation israélienne. Au bout du compte, notre terrible mésaventure avait sauvé la vie d'AW.

Lorsque enfin on m'autorisa à lui rendre visite, les médecins m'annoncèrent qu'il s'en tirerait sans doute au mieux. Le lit voisin était occupé par un chauve au corps très poilu qu'une crise cardiaque avait pareillement terrassé. Ce fut bientôt, entre AW et lui, un véritable concours.

« J'ai fait un infarctus plus grave que le vôtre, se vanta le chauve.

– Mais moi je suis plus jeune ! » rétorqua fièrement AW (qui avait trente-cinq ans à l'époque).

On lui permit certes de rentrer chez nous, mais puisqu'il ne devait reprendre le travail que six mois plus tard au minimum, nous décidâmes de nous installer dans le Somerset, auprès de ses parents qui possédaient un petit cottage attenant à leur demeure. Le père d'AW vint le chercher à Bruxelles tandis que je me chargeai des bagages et fermai la maison avant de ramener Marga, notre jeune fille au pair, Hester et Claudia en Angleterre. Cette fois, je n'oubliai rien.

Le cardiologue que mon époux consulta à Londres lui indiqua que s'il perdait quelques kilos et faisait de l'exercice, le pontage serait inutile. Il acheta donc une bicyclette qu'il enfourchait chaque jour pour gravir et dévaler les collines du Somerset jusqu'à afficher un teint resplendissant, désormais svelte et plus dispos qu'un athlète olympique. Nous inscrivîmes Hester à l'école primaire la plus proche, Claudia à la garderie, et toute la famille s'adapta à sa nouvelle vie.

L'avenir, lui, demeurait un point d'interrogation. Le médecin décréta qu'AW devait renoncer à ses fonctions à Bruxelles ; il lui conseillait, à vrai dire, de changer le plus de choses possible dans sa vie puisque de toute évidence l'existence qu'il avait menée jusqu'alors ne lui avait guère réussi. (Dans un moment de folie, je me demandai s'il me faudrait moi aussi m'éclipser de son paysage...) AW fut muté dans les services internationaux de la Commission européenne afin d'obtenir un poste dans l'une de ses délégations à l'étranger, loin du stress quotidien de Bruxelles. Et c'est ainsi qu'en 1982 nous mîmes le cap sur Port of Spain, capitale de Trinité-et-Tobago.

VII

Le monde selon Carmelita

La deuxième soirée que nous passâmes à Port of Spain donna le ton aux deux années que nous allions vivre là. Je me demande souvent comment les choses auraient bien pu se dérouler si l'on ne nous avait conviés à ce dîner...

Toujours est-il qu'un couple d'Anglais entre deux âges, amis du nouveau supérieur d'AW et résidant à Trinité depuis de nombreuses années, nous invitèrent à souper en compagnie de quelques-uns de leurs familiers. Ce jour-là, hélas ! une certaine Dolores, que toute l'assistance connaissait, s'était fait sauvagement attaquer par un intrus armé d'un coutelas. (Un coutelas ! Nous écarquillâmes les yeux, ignorant encore que sur l'île de Trinité tout le monde possède ce qui là-bas est l'équivalent de notre canif.) Les convives commencèrent par évoquer l'affreux épisode jusque dans ses moindres détails, après quoi ils enchaînèrent sur les multiples agressions (viols, meurtres, écartèlements et mutilations diverses) subies par les Blancs de Port of Spain malgré les divers systèmes de sécurité : « Les policiers ne se déplacent pas parce qu'ils n'ont pas assez de voitures ; si vous voulez qu'ils viennent, il faut aller les chercher vous-même. ») À la fin de la soirée, mon affolement était tel que, pour un peu, j'aurais refusé de rentrer chez nous ; cette terreur ne devait pas me quitter de tout notre séjour à Trinité-et-Tobago.

C'était une île absolument magnifique, toute en collines escarpées plantées de mille et une variétés d'arbres à fleurs, du jacaranda au flamboyant, ainsi que de ces « plantes d'intérieur » – elles poussaient là-bas en pleine nature et atteignaient les six mètres de haut – que l'on vend quinze livres pièce chez Marks & Spencer. Dans notre jardin mûrissaient des avocats aussi gros que des ballons de football et de minuscules bananes.

J'aurais dû être ravie, mais chaque fois que je parvenais à surmonter mon épouvante, une effroyable nouvelle la faisait resurgir. Une Anglaise de nos relations se fit ainsi violer sous la menace d'une arme, dans sa propre maison, par un homme qui s'était arrêté devant son portail en faisant mine de lui demander l'adresse du médecin le plus proche. Il s'agissait d'un malfrat tristement célèbre sur lequel la police mit la main avant de l'abattre lorsqu'il tenta de s'enfuir. Puis un soir, à une heure indue, AW et moi entendîmes des coups assourdissants en provenance du jardin d'à côté : il fallait tout de même être sans-gêne pour bricoler à un moment pareil ! Le lendemain matin, nous découvrîmes que c'étaient des cambrioleurs qui avaient mené ce tapage en fracassant la porte blindée de nos voisins.

AW et d'autres membres des ambassades européennes se réunissaient régulièrement pour évoquer les questions de sécurité et les « incidents » survenus à leurs ressortissants. Au terme de l'un de ces rendez-vous, il commit la sottise de me rapporter que quatre viols avaient été récemment signalés – l'une des victimes était un homme ; il avait eu la terrible malchance de se réveiller alors que des malfaiteurs se trouvaient chez lui. AW fit pire encore en me narrant la mésaventure de son prédécesseur, un Italien nommé Alberto qui, pris de remords après avoir renvoyé son homme à tout faire, lui avait permis de conserver sa place en attendant d'en décrocher une autre. Une nuit, l'employé était entré dans la chambre d'Alberto pour lui jeter de l'eau bouillante sur la tête pendant son sommeil. Bien que gravement brûlé et en état de choc, l'Italien avait compris aussitôt que l'autre allait revenir pour l'achever. Il avait tenté de verrouiller la porte de sa chambre, mais la clé ne tournait pas dans la serrure ; alors il s'était calé entre la porte et le mur pour empêcher son agresseur de l'atteindre. Le calvaire avait duré toute la nuit. À l'aube, l'homme avait filé en abandonnant derrière lui l'énorme matraque en bois qu'il avait taillée tout exprès pour se débarrasser d'Alberto. La tragédie s'était déroulée dans la pièce même dont nous venions de faire notre chambre.

Je pris notre logement en horreur. Il s'agissait pourtant d'une fort agréable maison située sur Eagle Crescent, dans le quartier « chic » de Maraval. Construit à flanc de coteau, le bungalow comportait un salon au rez-de-chaussée, les chambres se distribuant à l'étage. Le détail peut paraître anodin, mais il devait plus tard se révéler d'une importance capitale.

Notre maisonnée se composait d'AW, de moi, de Hester, âgée de sept ans, de Claudia, qui en avait alors quatre, et d'une jeune fille au pair sud-africaine, Lin, qui allait quelques mois durant nous aider à nous installer. Nous avions bien failli ne pas lui obtenir de visa à cause du régime d'apartheid qui sévissait en Afrique du Sud, et j'ai oublié depuis comment mon mari était parvenu à ses fins. Ce qu'en revanche je regrette amèrement de n'avoir pas oublié, c'est le coup de téléphone que je passai, avant qu'AW ne prenne l'affaire en main, à un ami influent qui travaillait au ministère de l'Intérieur britannique, pour le supplier (peut-être tentai-je même de le soudoyer) d'offrir à Lin un passeport anglais afin qu'elle puisse facilement nous suivre à Trinité. Ma requête le laissa abasourdi.

« C'est impossible, Bridge, tu le sais très bien.

– Mais tu viens d'en donner un à Zola Budd ! » rétorquai-je d'un ton revêche.

L'Angleterre avait souhaité accueillir au sein de son équipe olympique cette athlète sud-africaine qui courait pieds nus. Mon argument demeura sans effet.

Et puis il y avait Carmelita, notre bonne, qu'AW avait embauchée juste avant mon arrivée. Carmo, ainsi que nous prîmes l'habitude de l'appeler, était une immigrée clandestine venue de l'île de Saint-Vincent, ce qui signifiait qu'elle n'avait d'autre choix que de se précipiter dans sa chambre pour s'y cacher chaque fois que l'on sonnait à notre porte. Elle était issue d'une famille très pauvre : elle n'avait pratiquement jamais porté de chaussures avant de s'installer chez nous, et quant à manger du poulet, me confia-t-elle, elle n'en avait jusque-là mâchonné que des pattes. C'était une fervente baptiste qui, tout en vaquant à ses occupations, entonnait des cantiques d'une voix suraiguë. À part ça, elle était pétrie de superstitions : Jésus représentait pour elle l'unique rempart contre les *jumbies* (l'équivalent caribéen des zombies), dont l'abominable menace était omniprésente, contre le *maljo* (le mauvais œil) et l'*obeah* (le vaudou). Elle me demanda un jour de but en blanc si je savais que les francs-maçons étaient capables de voler. Non, lui répondis-je avec douceur, je n'en avais jamais entendu parler, d'ailleurs je n'étais pas certaine que l'information soit juste. « Mais si, maman (elle m'a toujours appelée ainsi). Quand mon cousin a pris l'avion pour aller à Saint-Vincent, un franc-maçon est monté à bord en plein vol pour s'asseoir à côté de lui. »

J'entamai alors une campagne qui devait durer quatre ans, visant à aider Carmo à distinguer fiction et réalité, mais mes efforts n'allaient pas tarder à s'écraser contre un mur : *La Planète des singes*. Elle avait vu le film à la télévision et en tenait le scénario pour authentique.

« Vous êtes déjà allée dans ce pays dirigé par les singes ?

– Il n'existe pas, c'est une invention de cinéma.

– Non, maman. Regardez leurs figures ! Des vraies figures !

– Non, Carmo. C'est un excellent maquillage. »

Refusant obstinément de me croire, elle nous interrogeait régulièrement pour tenter de nous prendre en défaut. Certains de nos amis avaient-ils déjà visité le pays dirigé par les singes ? Quel temps avions-nous eu lors de notre séjour là-bas ?

Il était un autre point sur lequel Carmo demeurait inflexible : si l'on ouvrait la porte du réfrigérateur ou si l'on mettait les mains dans l'eau froide après avoir repassé quelques heures, on succombait à coup sûr. De toute évidence, cette croyance remontait à l'époque où l'on plaçait sur le feu les fers à repasser, de sorte que celui qui s'en était servi devait ensuite prendre garde à ne pas attraper froid. Je m'efforçai de faire admettre à notre bonne que les fers électriques modernes préservaient leur utilisateur d'un tel péril ; en vain. Après qu'elle se fut absentée quelques jours pour raisons familiales, j'insistai de nouveau :

« Voyez-vous, Carmo, j'ai repassé tous les jours ; ensuite j'allais chercher du lait dans le frigo pour en verser dans mon café, puis j'épluchais des pommes de terre dans l'eau froide, et il ne m'est rien arrivé. »

Carmo ne se laissa pas fléchir pour autant :

« Ça ne m'étonne pas, commenta-t-elle avec bienveillance. C'est parce que les Blancs n'ont pas le même sang que nous. »

À Bruxelles, AW et moi avions pris l'habitude de jouer une heure avec Hester et Claudia – au jeu de l'oie, aux petits chevaux, aux cartes – avant de les mettre au lit. Carmo, à qui nous proposâmes de se joindre à nous, se prit de passion pour ces séances ; elle n'avait pas eu le luxe en son jeune temps de s'offrir une enfance. « On joue, ce soir, maman ? »

m'interrogeait-elle à mi-voix tous les matins, comme s'adressant à la tenancière de je ne sais quel tripot.

Le nouveau bureau d'AW se trouvait à deux pas de chez nous, dans une superbe demeure trinidadienne. Quant à son supérieur hiérarchique, Gerald Waterson, c'était un homme élégant et plein de charme. La rumeur, dont j'ignore l'origine, voulait qu'il soit le fils illégitime d'Édouard VIII. Nous en étions nous-mêmes intimement convaincus. Tout concordait : d'abord il était le portrait craché du souverain, et puis il avait été élevé en Suisse, comme on s'imagine que doit l'être l'enfant adultérin d'un roi d'Angleterre. Son épouse était fort sympathique elle aussi ; elle me confia la recette de ces délicieux amuse-bouche à base de riz dont elle s'était fait une spécialité, quoique je la soupçonne d'avoir omis de m'en indiquer l'ingrédient essentiel car je n'ai jamais obtenu de résultat satisfaisant.

Après avoir débusqué l'église catholique locale, nous assistâmes aux messes qu'on y donnait. Je fus d'abord outrée par la goujaterie des fidèles : la plupart d'entre eux lisaient le journal du dimanche durant l'office. Puis il me vint à l'esprit que les prières du jour y étaient indiquées. Nous inscrivîmes Hester et Claudia à l'école de St Andrew, toute proche de notre bungalow ; elles y apprirent l'hymne national de Trinité-et-Tobago (« Confessions et races ont la même place, et que Dieu garde notre nation ») et semblaient s'y sentir à leur aise.

Nous vivions là depuis trois semaines et, si j'excepte mon obsession des intrus, somme toute nous prenions bien nos marques. C'est alors que survint la tragédie. Je fus l'entière responsable du drame que je m'apprête à vous narrer, mais voyez un peu de quelle étoffe AW est fait : jamais au cours de nos multiples disputes ultérieures il ne mentionna l'épisode.

Il alla se coucher un soir tandis que Lin et moi

continuions de bavarder au salon. Quelques minutes plus tard, nous montâmes vers les chambres qu'une énorme grille anti-effraction isolait du rez-de-chaussée. Cette grille était munie d'un cadenas que, dans ma hâte à nous isoler du monde des meurtriers et des voleurs, je fermai étourdiment. C'est seulement lorsque le clic vint s'imprimer dans mon cerveau que je me rappelai que la clé, elle, était demeurée sur la table du salon. Mon sang se glaça. Nous nous retrouvions enfermés au premier étage, sans la moindre issue de secours – qu'adviendrait-il de nous si un incendie se déclarait ? Je vivais à nouveau l'un de ces terribles instants où j'aurais souhaité pouvoir revenir quelques secondes en arrière, et je l'aurais souhaité plus fort encore si j'avais su ce qui allait se passer ensuite. J'avouai ma faute à AW ; il était furieux mais suggéra que nous allions nous coucher : nous aviserions le lendemain matin.

À l'aube, un bruit me réveilla : AW était en train de dévisser, à l'aide du tournevis de son couteau suisse, les barres anti-effraction dont les fenêtres de notre chambre étaient équipées. (Si seulement les couteaux suisses étaient moins performants ! Si seulement personne n'avait eu l'idée de lui en offrir un pour Noël !)

« Mais qu'est-ce que tu fabriques ?

– Je retire les barres pour pouvoir sauter par la fenêtre et aller récupérer la clé du cadenas au salon, bougonna-t-il.

– Ne fais pas ça, c'est terriblement haut. Téléphonons plutôt à quelqu'un. »

Mais à qui diable aurions-nous pu téléphoner ? Au fond, nous ne connaissions personne, hormis le patron d'AW que nous ne tenions pas à informer de mes imbécillités. Je disposais certes du numéro des Anglais qui habitaient derrière chez nous (en cas de cambriolage), mais nous n'avions pas réellement sympathisé avec eux.

« Je vais me suspendre à l'appui de fenêtre et me laisser tomber. Ça n'est pas si haut que ça. »

Quelques instants plus tard, il gémissait, affalé sur le ciment.

« Je crois que je me suis foulé les deux chevilles. »

Il ne parvint même pas à se relever.

Que faire ? AW souffrait le martyre dans le jardin et j'étais prisonnière. Priant pour que le téléphone fonctionne (c'était rarement le cas), j'appelai nos voisins anglais. Leur comportement se révéla exemplaire. Je ne sus jamais – j'oubliai après la bataille de leur poser la question – comment ils s'y étaient pris pour pénétrer chez nous, quoi qu'il en soit ils y parvinrent, dénichèrent la clé et ouvrirent le cadenas avant d'allonger mon malheureux époux sur le canapé. Par miracle, le téléphone tint bon le temps d'un autre appel, adressé cette fois au médecin que l'on nous avait recommandé à notre arrivée sur l'île, une Trinidadienne épatante du nom de Wilma Hoyt, qui vint aussitôt. Il fallait d'abord faire une radio, m'informa-t-elle. Nous réussîmes à installer AW dans la voiture pour l'emmener chez le radiologue, dont les clichés nous apprirent qu'il avait les deux chevilles brisées. Un rapatriement vers Londres était inenvisageable, l'hémorragie interne imposant qu'on le traite dans les plus brefs délais.

Wilma prit contact avec son ami Buster Robertson, chirurgien à la retraite qui accepta de se charger de l'opération. Les radios sous le bras, je fonçai chez lui. C'était un Noir colossal et débonnaire, ancien joueur de rugby. Il m'annonça qu'il allait tenter de « réparer » les chevilles d'AW ; la sévérité des fractures annihilait tout espoir de sauver ses articulations.

« Je crains qu'il n'ait du mal à remarcher normalement après ça. »

Je fondis en larmes. Les circonstances avaient beau sembler trop graves pour que l'on s'en remette à ma seule décision, AW n'était pas en état de prendre quelque parti que ce soit.

« S'il s'agissait de votre fils, que feriez-vous ? dis-je à Buster.

– J'opérerais. Il n'y a rien d'autre à tenter. »

On mit la main sur un anesthésiste et l'on embaucha des infirmières – tous, je crois, travaillaient en free lance. L'équipe médicale se retrouva à la clinique et Buster Robertson put commencer l'intervention. Je m'assis sur la véranda et me mis à prier. Soudain, toutes les lumières s'éteignirent : on nous infligeait une coupure de courant – une « interruption de service » comme on disait à Trinité. Déjà je tendais l'oreille, guettant le ronflement du générateur, mais le silence se prolongea. Il n'y avait plus de gazole. L'opération fut suspendue le temps que quelqu'un aille chercher le carburant nécessaire, après quoi notre chirurgien se remit à l'ouvrage.

Au bout de ce qui me parut une éternité, il me rejoignit sur la véranda. Il n'avait pas à proprement parler « réparé » les chevilles d'AW, mais du moins était-il parvenu à les « rafistoler ». Cela ferait l'affaire, poursuivit-il, ou ne la ferait pas ; en tout cas, il souriait. Je me jetai dans ses bras pour lui exprimer ma gratitude. Le spécialiste qu'AW consulta plus tard à Londres s'extasia devant les prouesses réalisées par son confrère, affirmant néanmoins que son patient ne couperait pas à une nouvelle intervention d'ici quelques années. Deux décennies se sont écoulées depuis et les chevilles d'AW tiennent le choc peu ou prou. Je porte cela au crédit des prières que j'ai récitées sur cette véranda de Trinité.

AW se rétablit en douceur, passant progressivement du lit au fauteuil roulant puis aux béquilles. Nos merveilleux voisins nous ayant conviés chez eux durant sa phase « chaise roulante », nous le poussâmes, pour honorer l'invitation, à travers la haie qui séparait nos deux jardins. Après le repas, c'est par le même chemin que Lin et moi ramenâmes les filles à la maison, mais Peter et Paul, deux convives, prétendirent installer AW et son fauteuil à l'arrière de leur voiture. La manœuvre serait plus commode, affirmèrent-ils, et ne prendrait qu'une minute. Je les revis huit heures plus tard.

Lin, Carmo, Hester, Claudia et moi étions folles d'inquiétude. Qu'avait-il bien pu leur arriver ? Nous suivîmes à pied une partie du chemin ; aucun accident n'avait eu lieu nulle part. Nous en déduisîmes qu'ils avaient entrepris la tournée des bars locaux. Je me représentai la scène : un Blanc sans défense, en fauteuil roulant, au beau milieu de clients sombrant peu à peu dans l'ivresse ; un Blanc sans défense, en fauteuil roulant, sur la tête duquel on finissait par casser une bouteille de bière ; un Blanc sans défense qui, en conséquence, resterait à jamais cloué dans son fauteuil roulant. Je continue de me demander où je trouvai le courage de grimper dans la voiture pour écumer les bars à la recherche des trois compères. En vain. Ils reparurent à minuit, leurs chants avinés résonnant à mes oreilles tandis que Peter et Paul poussaient AW dans notre jardin où, debout sur le perron face à leurs grotesques sourires contrits, je les accueillis par un flot d'injures que je m'étonnai moi-même de connaître. Il me fallut plusieurs jours pour daigner adresser de nouveau la parole à mon mari.

Cette escapade me valut pourtant de croiser la route, pour reprendre une formule alors chère au *Reader's Digest*, du « personnage le plus inoubliable qu'il m'ait été donné de rencontrer » (du moins ses mille et un trésors étaient-ils en tous points mémorables). Peter se sentait en effet si coupable d'avoir détourné mon mari du droit chemin qu'il prit l'initiative de me présenter Dallas Doxford, vieil Anglais vivant dans une médiocre plantation au cœur de Trinité.

Peter me livra d'abord quelques clés : Dallas était

un rejeton de la famille Doxford de Sunderland, qui tenait sa fortune de l'invention par l'un de ses aïeux d'un engin sous-marin. Comme il était homosexuel, les Doxford avaient offert à Dallas de quoi prendre ses quartiers loin de l'Angleterre afin de s'éviter tout risque d'embarras. C'est ainsi qu'il avait passé quelques années à Paris dans les années 1920 avant de s'installer en Californie durant la guerre, à la suite de quoi il avait rejoint l'île de Trinité.

Nous atteignîmes, noyée dans la végétation tropicale, une demeure Art déco en piteux état sur le seuil de laquelle Dallas nous accueillit. Dans l'entrée, j'effleurai de l'épaule un tableau accroché au mur ; je me tournai pour le remettre d'aplomb : il s'agissait d'un Cézanne. Peter, qui avait noté ma surprise, m'adressa un léger sourire me signifiant que l'œuvre, à son avis, suffirait à racheter ses frasques récentes. Ce que j'observai en traversant les pièces me sidéra : toutes les toiles étaient signées d'artistes célèbres – Picasso, Gauguin, Nash... Quant aux meubles anciens, ils étaient de ceux que la plupart d'entre nous ne verront jamais qu'en photo.

Dallas nous montra son antique lit à colonnes, dont je m'aperçus que les pieds étaient tout rongés. La maison regorgeait d'objets de valeur. Hélas ! tout s'effritait, se flétrissait, se décolorait, se délabrait sous l'assaut des fourmis ou des termites. Plus tard, quand AW et moi eûmes fait plus ample connaissance avec le propriétaire des lieux, il nous rapporta sur un ton indigné que de toutes parts on le pressait de léguer ses trésors à des musées qui en prendraient soin, mais pourquoi diable aurait-il dû s'y résoudre ? Il avait acquis ces tableaux parce qu'il les aimait, souvent même l'occasion lui avait été offerte à Paris de rencontrer leurs auteurs ; il les voulait donc autour de lui. Nous comprenions son point de vue, mais c'était par ailleurs un terrible gâchis.

Dallas doit être mort depuis longtemps. Il nous

arrive fréquemment de nous demander quel destin on a bien pu réserver à ses fabuleuses richesses.

Tant qu'AW déambula en fauteuil roulant ou clopina sur ses béquilles, je ne pus décemment me sentir en sécurité. Il nous fallait faire poser des barres anti-effraction aux fenêtres du salon, et c'est ainsi que nous rencontrâmes Cosmos, le roi de la ferraille. Ses origines africaines, européennes, indiennes et chinoises lui conféraient l'allure d'un Zorba le Grec rendu à l'état sauvage. C'était un boucanier – sur l'île de Trinité flottait ici et là le parfum de la piraterie d'antan –, toujours prêt à faire la nouba et à foncer tête baissée dans une nouvelle aventure. Lorsque AW se porta mieux, Cosmos lui proposa, le temps d'un week-end prolongé, de l'accompagner au Venezuela à bord d'un bateau de pêche. Mon mari, qui avait trop à faire au bureau, déclina l'invitation. Bien lui en prit car Cosmos, arrêté par les gardes-côtes vénézuéliens, ne rentra qu'au bout de six semaines.

C'est chez lui que nous entendîmes pour la première fois parler un perroquet. Le volatile sautillait au milieu d'un groupe d'enfants dont chacun tentait de l'attirer à lui :

« Viens ici, Polly !

– Non, viens me voir moi !

– Mais non, viens avec moi ! »

Et ledit Polly de répondre :

« Je ne sais pas quoi faire… Je ne sais vraiment pas quoi faire… »

Tous les individus présents ce jour-là peuvent en témoigner.

À peine les barres anti-effraction furent-elles posées que notre propriétaire indienne nous donna congé. S'ensuivit une épouvantable querelle car elle refusait d'en payer l'installation, lors même qu'elles resteraient en place après notre départ. Nous obtînmes finalement gain de cause, de sorte que je renonçai aux représailles dont j'avais prévu d'user en dernier ressort et qui devaient consister à inscrire sur notre pelouse, au moyen d'un peu de désherbant : MERDE À MADAME PENCO. J'en éprouvai une vive déception.

Nous emménageâmes face à l'école de nos filles, dans une grande maison vétuste flanquée d'un immense jardin et située en contrebas de la résidence du haut-commissariat britannique. Avec le recul, il me semble avoir fait sur Trinité l'expérience de deux îles en tous points différentes : à la première j'associe le pénible cauchemar des quelques mois passés sur Eagle Crescent, à la seconde les jours heureux (certes toujours teintés pour moi d'une terreur sous-jacente) que nous coulâmes dans la grande maison délabrée. Pour tout dire, c'est là que notre vie à Trinité-et-Tobago commença pour de bon. Ma machine à écrire installée dans une alcôve de la salle de séjour, j'entamai mes recherches sur le Cachemire, et pour ce faire multipliai les lettres à l'India Office ainsi qu'aux bibliothèques de Londres.

Hester et Claudia dévalaient la colline pour se rendre à l'école, et dans l'après-midi, après leur retour, je les emmenais au club de loisirs tout proche – piètre relique de l'époque coloniale britannique. Les balançoires étaient cassées, les toilettes à peine fréquentables, le jardin mué en jungle mais, par bonheur, on continuait d'entretenir à peu près la piscine. (Non que les Trinidadiens aient été à proprement parler des nageurs : exhibant les maillots de bain sexy à la mode, ils passaient plutôt l'après-midi à clapoter en babillant dans la zone la moins profonde du bassin.) Le week-end, quand la saison n'était pas aux piqûres des ignobles phlébotomes, nous suivions la traînée de détritus abandonnés derrière eux par les autochtones jusqu'à Maracas Beach pour folâtrer dans l'eau et déguster des *shark'n'bake*, exquis beignets de chair de requin relevée d'une sauce épicée. Je comprenais mieux, en m'en rassasiant, pourquoi les paroles des calypsos ne manquaient jamais d'évoquer la cuisine des rues trinidadiennes.

C'est aussi à Maracas Beach que l'occasion nous fut donnée d'apprécier brièvement la méticulosité des fourmis. J'avais apporté pour notre pique-nique une boîte en plastique pleine de coleslaw dont j'oubliai de refermer le couvercle à l'heure de la baignade. Nous surprîmes à notre retour un morceau de carotte d'une quinzaine de mètres s'éloignant avec lenteur de la couverture que nous avions étalée sur le sable. C'était une colonie de fourmis, dont chaque membre avait jeté sur son dos un fragment de carotte. Aucune, en revanche, n'avait touché au chou.

Il nous arrivait également de nous rendre dans la réserve naturelle de Asa Wright, centre d'observation de la faune auquel une persistante odeur de pourriture végétale conférait un petit côté sinistre, mais dont nos fillettes raffolaient ; on pouvait s'y baigner au pied d'une chute d'eau perdue dans les sous-bois, et avec un peu de chance contempler des morphos, ces immenses papillons bleus arborant des ailes de la taille d'une main d'enfant. Cela dit, l'isolement des lieux n'avait rien pour me rasséréner et je m'attendais à voir surgir un jour de la forêt des brigands ivres de drogue bien déterminés à nous hacher menu au moyen de leurs coutelas.

J'aménageai pour nos filles une salle de jeux dans le garage, Cosmos réalisant de son côté une grille en fer forgé destinée à empêcher quiconque de pénétrer dans la place ou de la quitter en catimini, sans pour autant séparer trop ouvertement le secteur du reste du jardin. Peut-être, tout compte fait, aurait-il fallu le confiner davantage. Un soir, en effet, je rassemblai les jouets en grommelant : « Mais pourquoi faut-il que vous ne rangiez jamais rien ? Ces poupées vont dans cette caisse, le matériel de dessin devrait se trouver sur l'étagère, et ce serpent en plastique… » J'allais refermer la main sur le reptile, songeant confusément que je ne l'avais encore jamais aperçu, lorsqu'il détala à la vitesse de la lumière. Mes hurlements retentirent jusqu'à Caracas.

Puis nous nous retrouvâmes à la tête d'une meute de chiens. Tout commença sur Eagle Crescent, quand des amis nous invitèrent à venir admirer leur chiot. Je mis en garde Hester et Claudia avant de partir : « Il n'est pas question de l'adopter. Nous nous contentons simplement de lui rendre visite. » Comme de juste, la petite bête repartit avec nous. Je la baptisai Tabitha, qui aurait été le prénom de Hester si AW ne s'y était opposé. Tabitha était une chienne haute sur pattes au pelage clair (quelques braques de Weimar apparaissaient dans son arbre généalogique). Son regard gris épouvantait Carmo. « Pourquoi elle a les mêmes yeux qu'un Blanc ? » me demandait-elle sans parvenir à réprimer un frisson. Le jour où une autre de nos connaissances nous proposa d'adopter sa jeune chienne doberman, nous convînmes que s'il y en avait pour une, il y en aurait aussi bien pour deux. AW l'appela Hinza. Après quoi Hester omit de refermer le portail alors que Tabitha était en chaleur, ce qui valut bientôt à notre ménagerie de s'enrichir de huit chiots. Tous trouvèrent preneur à l'exception de Sylvia, qui ne tarda pas à mettre bas à son tour. C'est alors que Tabitha se métamorphosa en une sorte de Mister Hyde de l'univers canin : elle s'en prit d'abord aux petits jusqu'à en tuer un, et mordit quelques jours plus tard une amie de Hester venue jouer chez nous. Je dus faire piquer la chienne. Hinza, quant à elle, avait achevé de déterrer toutes les graines semées par AW et pris l'habitude de faire tomber le linge qui séchait sur son fil pour le dévorer. (Voilà sans doute le spectacle le plus répugnant qu'il m'ait été donné de voir au cours de ma vie : l'une des plus jolies chaussettes d'AW pendouillant à l'anus de notre chienne.)

Comme si nos propres animaux ne nous causaient pas déjà suffisamment de soucis, il fallut encore qu'un automobiliste écrase un gros chien errant devant notre porte. Or les autorités trinidadiennes n'enlevaient jamais les charognes, elles les laissaient pourrir sur place ; l'écœurante odeur douceâtre de la mort faisait partie intégrante de l'île. AW étant en déplacement, Carmo sortie et le vieux George, notre jardinier, absent, j'entrepris seule de déplacer le cadavre avant qu'il ne commence à se décomposer – ce qui, sous ces latitudes, est quasi instantané. Je parvins, après avoir enfilé une paire de gants en caoutchouc, à hisser l'animal dans une grande caisse que je comptais emporter jusqu'au crématoire du docteur Rahman, mais il me fut impossible de soulever le tout pour le fourrer dans la voiture. Hester et Claudia ayant invité pour le thé une poignée de petits camarades anglais, je leur demandai d'un air penaud, avec l'espoir qu'ils n'en souffleraient pas mot à leurs parents, de m'aider à manœuvrer la caisse. Ravis, les garçons exigèrent ensuite de nous accompagner chez le vétérinaire pour fourrer leur nez à l'intérieur du crématoire : « Regardez ! lança joyeusement l'un d'eux. Il y a un joli chien mort là-dedans, avec des poils blancs tout bouclés ! » À l'heure de regagner leurs pénates, les gamins me déclarèrent que ç'avait été là le goûter le plus sensationnel auquel ils avaient eu l'occasion de participer.

Un soir, l'élégant Gerald Waterson, le supérieur d'AW qui avait fait preuve durant sa convalescence d'une extrême gentillesse, vint dîner à la maison. Nous avions dressé la table sur la véranda. Sylvia et Hinza firent soudain leur apparition au beau milieu du jardin plongé dans l'obscurité ; elles s'amusaient beaucoup, tirant chacune de son côté sur je ne sais quoi d'élastique autour duquel elles ne cessaient de bondir. « Avec quoi peuvent-elles bien jouer ? » demanda notre parfait invité. AW, qui déjà s'était levé pour aller voir, revint vers nous la mine terriblement gênée, tenant à la main l'un de mes soutiens-gorge diversement troué et tout couvert de boue.

Quand nous quittâmes Trinité, nous trouvâmes à Hinza et Sylvia de nouveaux foyers. La première vécut heureuse mais Mme Mayani, qui s'était chargée de la seconde, m'annonça un jour au téléphone que la chienne avait été empoisonnée. Quelques mois plus tard, je croisai le docteur Rahman à l'aéroport d'Heathrow, bien loin de ses chères Antilles. Je me précipitai pour le saluer, évoquant, au cours de notre bref échange, le triste sort de Sylvia. « Elle n'est pas morte empoisonnée, me révéla le vétérinaire. C'est Mme Mayani qui l'a écrasée. » Comme quoi l'on finit toujours par lever le voile sur les mensonges.

Les enfants scolarisés constituent pour les expatriés un véritable sésame : c'est grâce à eux que se nouent à l'étranger de nouvelles amitiés. Mon choix ne tarda pas à se porter sur deux des mamans qui fréquentaient St Andrew : il y eut d'abord Marie-Pierre, que je repérai en train d'attendre ses enfants à la sortie de l'école, une blonde en chemise et short de lin dont l'élégance me convainquit d'emblée qu'elle était française ; puis vint Wendy, jeune Anglaise mariée au fils de l'une des familles les plus puissantes de Trinité. Ses membres semblaient tout droit sortis du feuilleton *Dynasty* : grands bruns à l'allure fringante flanqués de femmes au charme sophistiqué arborant sans exception des talons hauts et des tenues sexy sous de volumineuses chevelures. Ils nous invitaient régulièrement à bord de leur énorme vedette pour nous emmener avec eux en pique-nique dans ces îles qui abritaient les villas de la haute société trinidadienne. Le mari de Wendy possédait une manie exaspérante : « C'est pas une question mais une affirmation », lâchait-il volontiers pour signifier à son interlocuteur qu'il n'était pas autorisé à le contredire. Un dimanche, je l'entendis héler mon amie alors qu'il était affalé dans un fauteuil, un verre à la main : « Wendy ! Mon père a soif. Apporte-lui une bière ! »

Les discriminations n'avaient pas cours à Trinité. On ignorait, en se rendant à un dîner, si l'on allait y côtoyer des convives noirs, jaunes, métis ou blancs (et parmi ces derniers on croisait indifféremment des créoles d'origine française, espagnole ou britannique). Nous estimions tout spécialement un adorable vieux couple de créoles britanniques, Joan et Gerald Furness-Smith, qui habitaient à Fort George une ravissante demeure dominant la mer. Ils nous invitèrent à un somptueux déjeuner au cours duquel l'un des hôtes nous raconta que durant une séance de ski nautique il était passé au-dessus d'une raie manta dont il avait nettement vu se déployer les gigantesques nageoires. « Oh ! mon Dieu ! m'exclamai-je, effarée. Elles étaient grandes comment ? » Écartant les bras pour suggérer l'envergure de la bête, je gratifiai d'un fameux coup au plexus la bonne qui venait de se matérialiser à ma gauche, chargée d'un plat de pommes de terre sautées. Mortifiée, j'aidai la malheureuse à ramasser ses légumes puis à les remettre dans le plat en argent, sur quoi Joan lui dit avec le plus grand calme : « Stella, allez donc nous chercher les autres pommes de terre à la cuisine, voulez-vous. » Une minute plus tard, l'employée refit son entrée avec les « autres » pommes de terre dont nous savions tous qu'il s'agissait des mêmes, tout juste débarrassées des poils de chien récoltés dans leur chute.

Sympathisèrent aussi avec nous David Lane, le haut-commissaire britannique, et son épouse Sarah. Ils vivaient sur la colline, au-dessus de notre maison, et leur fille Victoria comptait parmi les meilleures amies de Hester et de Claudia. C'est une tarentule qui scella notre amitié. Un matin, David nous appela pour nous annoncer que sa femme et lui venaient d'en débusquer une dans le salon de la résidence. Avions-nous envie de voir l'animal ? Tout excités, nous débarquâmes chez les Lane comme un seul homme pour nous planter au milieu de la pièce, cependant que David tentait d'atteindre, à l'aide du skimmer de sa piscine, la monstrueuse araignée noire perchée tout en haut du mur blanc. À peine tombée sur le sol, elle se volatilisa. Nous balayâmes fébrilement le salon du regard – elle demeurait introuvable. Soudain, comme dans un film d'épouvante, nous vîmes ses grosses pattes se hisser sur le couvercle du piano. Nous hurlâmes en chœur, mais déjà David l'avait jetée par terre et l'écrasait sous sa chaussure dans un horrible craquement. Je récupérai le cadavre, que je fis sécher pour le piquer dans une boîte qui trône encore aujourd'hui sur le buffet de notre cuisine du Somerset.

Notre amitié traversa néanmoins une tempête. Les Lane constatèrent que notre petite Hester avait paraphé le livre d'or de la résidence à de nombreuses reprises ; elle l'avait fait, à vrai dire, chaque fois qu'elle était venue jouer avec Victoria, soit presque quotidiennement. Pis, son écriture de bébé s'étalait au-dessus et en dessous de la signature du très révérend Robert Runcie, archevêque de Canterbury, qui l'avait apposée lors d'une visite officielle.

Les Lane nous firent découvrir la plus belle plage de Trinité, Mitchell Trace, une crique tapie au pied d'un long escalier, qu'à part nous seuls les pélicans fréquentaient. Nous abandonnâmes définitivement les hordes de Maracas Beach. Hélas ! Trinité savait nous montrer son côté sombre plus souvent qu'à son tour. Nous trouvâmes un jour la plage jonchée de cadavres d'oiseaux ; on les avait tués pour les manger car ne subsistaient là que becs, ailes et peaux. Pour tenter de sauver la situation, les adultes emportèrent à la nage les tristes dépouilles jusqu'à la crique voisine, résolus à effacer de leur mémoire toute trace de cet affreux spectacle.

Nous pénétrions peu à peu les arcanes de la vie

antillaise. Nous savions maintenant que si deux individus s'adressaient l'un à l'autre en hurlant, tout prêts, semblait-il, à s'entre-égorger, ils faisaient en réalité un brin de conversation ; qu'il fallait se résoudre, chaque nuit ou peu s'en faut, à être tenus en éveil par les aboiements des chiens, le chant des grenouilles et les calypsos s'échappant des radiocassettes du voisinage.

Nous avions également compris qu'il était vain d'espérer disposer en même temps de l'eau, du gaz, de l'électricité et du téléphone. L'un des quatre (le téléphone en général) manquait toujours à l'appel. Le numéro d'un technicien en télécommunications s'avérait donc le bien le plus précieux que l'on puisse posséder sur l'île. (AW mit la main sur ce trésor en attirant, au moyen d'une bouteille de whisky, un réparateur qu'il trouva un jour juché au sommet d'un poteau télégraphique ; il lui demanda de jeter un coup d'œil à notre appareil, sans connaissance depuis quatre semaines, et l'homme nous devint un ami très cher.) Nous apprîmes à remplir chaque jour les baignoires de la maison afin de disposer d'une réserve d'eau en cas de coupure. En revanche, les pannes d'électricité nous laissaient à peu près démunis. Une interruption de trois jours fit grimper la température dans notre congélateur, au point qu'il me fallut faire cuire successivement une livre de crevettes, un kilo et demi de poisson, quatre barquettes de blancs de poulet, un steak de cinq cents grammes, un sac de boulettes de poisson confectionnées par mes soins et une boîte de bâtonnets de poisson, pour les emporter ensuite chez M. Waterson qui, lui, avait encore du courant.

Jamais, à proprement parler, je ne me colletai avec la gastronomie trinidadienne durant notre séjour. Au supermarché, on trouvait pêle-mêle de la macreuse, de la viande de chèvre désossée, des pieds de bœuf, de la queue de porc, des tripes, du cœur, du foie et de la langue de bœuf : je ne voulais même pas en entendre parler – la queue de porc me rebutait tout particulièrement. Elle entrait pourtant dans la composition de nombreuses recettes locales, entre autres le calalou, soupe verte et visqueuse, plat national de Trinité-et-Tobago. Dans le congélateur du magasin s'entassaient des caissettes de queues de porc et d'autres morceaux que je soupçonnais d'être les testicules de l'animal. Je n'osai jamais poser la question. En revanche, je n'hésitai pas à demander au rasta que je trouvai un après-midi à la caisse où il avait déniché la botte de persil que je voyais dans son caddie. « Hey man, me répondit-il étrangement, y en a partout. » Je n'insistai pas.

Notre premier Noël sur l'île se déroula en famille, auprès des parents d'AW, de sa sœur et de ses neveux. Claudia, elle, insista pour confectionner cinq petits Jésus destinés à la crèche sous prétexte, nous expliqua-t-elle, qu'un seul risquait de s'ennuyer. L'accident d'AW nous ayant durablement fragilisés, nous nous réchauffâmes de bon cœur au doux feu de ces retrouvailles.

En février, mes parents s'annoncèrent à leur tour car ils souhaitaient assister au carnaval. À l'époque où mon père servait dans l'armée des Indes, ils n'avaient cessé d'effectuer par bateau la navette entre l'Angleterre et le sous-continent, aussi n'avaient-ils pas l'habitude de prendre l'avion. Maman avait maintenant soixante-dix-sept ans, papa cinq de plus. En dépit de son âge et de ses mille angoisses, ma mère se révéla héroïque. Me serais-je hasardée à lui proposer pour le lendemain une escalade de huit heures en plein soleil qu'elle m'aurait répondu : « Cela me paraît tout à fait engageant, chérie. » Mes parents apprécièrent le brassage des races tel qu'il se pratique à Trinité, mais par-dessus tout ils adorèrent le carnaval.

À mesure qu'approchait la date des festivités, le pays se faisait chaque jour plus tapageur, la fièvre montait, l'île semblait la proie d'une obsession. On ne parlait que du carnaval. Si la Troisième Guerre mondiale avait éclaté, la nouvelle n'aurait guère eu droit qu'à un entrefilet dans les pages intérieures des quotidiens locaux, tandis que les réjouissances prochaines auraient continué de s'étaler à la une. Ceux qui s'apprêtaient à participer au défilé consacraient à présent tout leur temps à la réalisation de leurs costumes. Ceux qui ne comptaient pas se déguiser – tel était notre cas – se devaient de soutenir un orchestre de percussions (steel band), comme ailleurs on encourage une équipe de football. Debout dès trois heures et demie du matin, AW et moi emboîtâmes le pas à la foule des carnavaliers, dans un nuage de marijuana et de vapeurs de rhum. Jamais je ne me sentis si empruntée, si britannique. Mon voisin ayant noté ma gaucherie, il me suggéra : « Laisse parler tes hanches et le reste suivra ! » Son conseil ne fut pas loin de porter ses fruits, surtout après que j'eus tété au goulot de sa bouteille quelques gorgées de rhum. AW se fondit dans le décor avec bien plus d'aisance que moi, peut-être tout bonnement parce que, à chaque fois que je tournais la tête dans sa direction, je le voyais tirer sur l'interminable joint de son compagnon de bamboche. Nous rendîmes les armes en milieu de matinée, à bout de forces, tandis que la plupart des noceurs tiendraient le coup trente-six heures durant.

Le lendemain, nous assistâmes au défilé des steels bands avec mes parents avant d'aller chercher les enfants à la maison pour passer le reste de l'après-midi à collecter gaiement les pièces de costume dont les danseurs s'étaient débarrassés après leur passage devant la tribune où siégeait le jury. Notre malle à déguisements devint d'un coup la mieux garnie de la planète.

Parce que l'on avait surpris un intrus à Buckingham Palace, le calypso mis à l'honneur lors de notre premier carnaval fut celui de Mighty Sparrow, *Philip My Dear*, dans lequel la reine s'excusait auprès de son époux de s'être laissé séduire par un inconnu avec lequel elle l'avait confondu. Partout l'on chantait :

Y avait un homme dans mon studio,
Qu'enfilait les costumes royaux,
Qui flairait les parfums royaux,
Les deux pieds dans vos godillots…
Il a grimpé dans le lit, mon doudou,
Et je l'ai pris pour vous.

C'étaient là des paroles pour le moins osées. « Ce Sparrow a plutôt intérêt à faire gaffe à ses plumes quand la reine entendra ça », commenta Carmo. J'interrogeai David Lane à ce sujet : l'artiste risquait-il d'être accusé de crime de lèse-majesté ? Le haut-commissaire me répliqua : « Il aurait tort de s'en faire. Je suppose qu'il ne comptait pas être fait chevalier de l'ordre de Saint-Michel-et-Saint-George ? » Je proposai à la rubrique potins du *Sunday Times* un bref article consacré au calypso en question. Inutile de préciser qu'il ne fut pas publié.

À Trinité, ma carrière de journaliste free lance ne parvint jamais à décoller, même lorsque les États-Unis envahirent la Grenade pour ainsi dire sous notre nez. Par je ne sais quel prodige, notre téléphone – quand il fonctionnait – était l'un des seuls de l'île à permettre de joindre la Grenade, tant avant et après que durant l'intervention américaine, si bien qu'AW s'entretenait plusieurs fois par jour avec son homologue en poste là-bas. Celui-ci vécut quelques journées de terreur, tapi avec son épouse et ses enfants au pied du mur arrière de leur maison, lequel dominait justement la plage sur laquelle les Américains avaient débarqué. Puisque j'étais sans doute mieux informée que quiconque, je rédigeai un article, l'expédiai au *Spectator*… et n'en entendis plus jamais parler.

L'unique exploit dont je pus me prévaloir à Port of Spain – hormis mes recherches sur le Cachemire ou les rôles d'épouse et de mère que je sus endosser – fut l'apposition d'une plaque commémorative en l'honneur d'une collectionneuse de papillons décédée au XIXe siècle. Juste avant de m'envoler pour Trinité, j'avais lu un livre exquis, *Love Among the Butterflies (L'Amour parmi les papillons)*, publié à l'initiative d'un de mes anciens collègues du *Sunday Times*, Bill Cater. Il s'agissait du journal de Margaret Fountaine qui avait parcouru le monde en compagnie de son drogman syrien (qui était accessoirement son amant), en quête de papillons dont elle faisait la collection. Après notre installation sur l'île, j'eus la surprise d'apprendre que l'Anglaise avait rendu l'âme dans le monastère perché au sommet du mont St Benedict, à une heure de route environ de Port of Spain. En ce lieu, les fidèles faisaient la queue afin que frère Bruno chasse loin d'eux le mauvais œil. Je m'y rendis pour obtenir de plus amples informations et découvris que si la vieille dame avait bel et bien exhalé son dernier soupir entre ces murs, on l'avait ensuite inhumée dans la capitale.

Grâce aux registres paroissiaux, je localisai la tombe, qui n'était gravée d'aucune inscription. Un fossoyeur m'indiqua que Margaret Fountaine n'y reposait pas seule ; au fil des ans l'avaient rejointe un certain nombre de défunts. Était-ce parce que l'Angleterre me manquait affreusement ? Quoi qu'il en soit, j'éprouvai de la tristesse à l'idée que cette indomptable lady se soit éteinte à Trinité sans que sa sépulture porte même son nom. Aussi tentai-je de récolter des fonds destinés à financer une plaque commémorative que je souhaitais voir posée au monastère. Je donnai dans ce but aux membres du UK Women's Club une conférence consacrée à ma collectionneuse de papillons ; elle rapporta suffisamment d'argent pour que je puisse commander une plaque à

Ken Morris, un sculpteur de la région. L'abbé consentit à ce qu'elle soit fixée sur l'un des murs du monastère, David Lane se proposant de l'inaugurer. Il me mit néanmoins en garde :

« Il s'agit de faire les choses dans les règles de l'art, Brigid, et d'éviter toute pagaille.

– Cela va de soi », le rassurai-je.

Le matin de la cérémonie, Ken et moi nous mîmes en route de très bonne heure avec la plaque, une perceuse, des vis et plusieurs dizaines de mètres de câble électrique. Hélas ! il était encore trop court pour atteindre la prise la plus proche du mur où devait bientôt trôner notre plaque. Les moines ne possédaient pas de rallonge. Comment diable allions-nous résoudre le problème ? J'étais complètement affolée. Ken suggéra qu'il pourrait toujours faire les trous nécessaires à l'aide d'un marteau et d'un burin, mais il lui faudrait un peu de temps.

« Que puis-je faire pour t'aider ? balbutiai-je.

– Te tenir le plus loin possible de moi. »

Portant mes regards vers la plaine qui s'étendait en contrebas, je fus consternée d'y voir se dessiner la rutilante limousine officielle de David en train de négocier le premier virage en épingle à cheveu qui menait au sommet de la montagne. J'aurais voulu jeter depuis mon promontoire une poignée de clous sur la route pour crever les pneus de la voiture. Ken continua de jouer frénétiquement du marteau tandis qu'assise sur une pierre je tâchais de m'épargner une crise de nerfs. La dernière vis était enfin en place lorsque l'automobile de David s'engagea dans l'enceinte du monastère. La pagaille tant redoutée fut évitée. David dévoila la plaque, l'abbé la bénit. J'en éprouvai une immense fierté. J'aimerais d'ailleurs savoir si elle est toujours en place.

Hester et Claudia rentrèrent un jour de l'école pour me présenter chacune un mot tapé à la machine :

« Nous avons découvert des poux et des lentes dans les cheveux de votre enfant. » Bonne nouvelle : on avait biffé « et des lentes ».

On organisa dans leur établissement une journée sportive comportant des épreuves réservées aux parents. Durant la course en sac, je devançai d'un bond une grosse dame en sueur qui avait tout l'air d'une saucisse trop rebondie à laquelle on aurait donné vie. Elle eut toutes les difficultés du monde à parcourir moins d'un mètre au-delà de la ligne de départ, ce qui ne l'empêcha nullement de me lancer gaiement : « C'est le sac qui est trop serré ! »

Je fus témoin, au cours d'une soirée portes ouvertes, d'une terrible dispute entre un père et une mère. Nous étions nombreux à attendre de rencontrer les enseignants dans une vaste salle de classe ornée d'affiches réalisées par les enfants. On y découvrait une famille occupée à diverses activités, dans des scènes assorties des titres suivants : NOUS FAISONS LES COURSES ENSEMBLE ; NOUS ALLONS À LA PLAGE ENSEMBLE ; NOUS JOUONS ENSEMBLE. Une mère cracha soudain à son mari : « Nous, on ne fait jamais rien ensemble. Tu ne viens jamais faire les courses, tu préfères aller jouer au golf ; tu ne joues jamais avec les enfants, tu es bien trop occupé à regarder la télé. Et tu ne nous accompagnes jamais à la plage puisque tu passes tout ton temps au bureau. » Je ne la comprenais que trop bien, moi qui, précisément, m'étais présentée seule à l'école. D'ailleurs, quand j'y pense, il me semble que pas une fois AW ne s'est joint à moi au cours de telles soirées, dans quelque pays qu'elles aient eu lieu. (De même, il n'a jamais eu à confectionner de bûche de Noël pour les ventes organisées en fin d'année par les associations de parents d'élèves.)

Mon mari et moi avions décidé – une idée romantique, à notre avis – que nous passerions la soirée du 31 décembre seuls avec nos filles. Après le souper, vers vingt-deux heures trente, AW nous proposa d'ouvrir notre bouteille de champagne afin que nous n'ayons pas à la boire d'un trait aux douze coups de minuit. À vingt-trois heures, elle était vide et mon époux, qui s'allongea alors sur le lit « pour cinq petites minutes », ne tarda pas à plonger dans un profond sommeil assez proche du coma éthylique.

À minuit, je contemplais par la fenêtre de notre chambre les lumières de Port of Spain, seule, les yeux emplis de larmes, l'oreille tendue vers le mugissement évocateur des cornes de brume célébrant de concert, sur les eaux du port, le saut d'une année dans l'autre – et vers le mugissement autrement moins évocateur de mon tendre époux, dont les ronflements me rappelaient le rantanplan d'un objet lourd que l'on aurait traîné sur du gravier. Je le réveillai pour lui présenter mes vœux et lui dire combien je le haïssais.

Quelque temps plus tard, AW rentra du bureau avec une nouvelle époustouflante : on nous envoyait à la Barbade. LA BARBADE ! Nous allions être payés pour vivre dans l'île où chacun rêve de passer des vacances ! La glamoureuse famille *Dynasty* organisa en notre honneur une éblouissante fête d'adieu. Tout le monde paraissait un peu navré pour nous. Les Trinidadiens tenaient en effet la Barbade pour un endroit ennuyeux et sclérosé qu'ils surnommaient la « petite Angleterre » ; on nous prévint que nous allions y trouver des gens aussi froids que snobs, et qu'entre Noirs et Blancs le fossé s'avérait considérable.

À la veille de partir, je balançais entre tristesse et gaieté. L'île de Trinité était un lieu extraordinaire où religions et races se côtoyaient à égalité, au point que s'était forgée une véritable identité nationale. Mais à Trinité régnait aussi une certaine anarchie. Il aurait suffi, semblait-il, que les nids-de-poule, à force de se creuser, finissent par entraver la circulation automobile pour que l'île sombre dans le chaos. Peut-être parce que mon père était un militaire attaché à l'ordre et au devoir, peut-être parce qu'au fond de moi régnait aussi le chaos, le fait est que, dans ce paradis de la décontraction où l'on aimait à se divertir, jamais je n'avais osé m'abandonner sans réserve à ce que là-bas on appelait la « bacchanale », jamais je n'avais laissé pour de bon « parler mes hanches ».

VIII

La petite Angleterre

Lorsque Ken, le nouveau chauffeur d'AW, vint nous accueillir à l'aéroport de la Barbade, je fus sidérée de lui reconnaître un fort accent du Somerset. Je fis la même constatation auprès du réceptionniste de l'hôtel où nous allions séjourner en attendant que l'on repeigne notre maison, ainsi qu'en écoutant parler les serveurs… AW s'était-il mis en quatre pour que je me sente ici chez moi ? Je ne tardai pas à apprendre que tous les habitants de l'île s'exprimaient de cette façon parce qu'elle avait jadis abrité une colonie pénitentiaire britannique dont les premiers « pensionnaires » comptaient dans leurs rangs des partisans du duc de Monmouth*, justement originaires du Somerset.

Notre nouvelle maison se déployait autour d'une énorme véranda ouvrant sur un jardin et, au-delà, sur la mer. Elle se dressait au bord d'un parcours de golf – c'était en somme donner des perles à des pourceaux puisque ni AW ni moi ne pratiquions ce sport –, derrière l'hôtel Sandy Lane, le plus cher de la Barbade, dont nous profitions gracieusement de la plage.

Cela semblait trop beau pour être vrai. Je ne

---

* Fils illégitime de Charles II, décapité en 1685 après avoir tenté de succéder à son père. *(N.d.T.)*

pouvais guère me plaindre que des innombrables geckos et lézards de tout poil qui avaient élu domicile chez nous – au même titre que de gros et gras mille-pattes, sans parler, à la saison des pluies, des limaces et des grenouilles appelées hylodes de Johnstone. L'inconvénient tenait à ce que l'on ne pouvait jamais être certain que les geckos allaient sagement vaquer à leurs occupations sans quitter leur mur. De temps à autre, un *plop* mou nous signalait que l'un d'eux était tombé sur le sol ou – horreur ! – sur notre lit, et j'allai jusqu'à découvrir les vestiges d'un duel de lézards, ramassis de queues et de pattes mutilées. Un jour que je prenais tranquillement le café sur la véranda en compagnie d'une de mes amies, celle-ci me dit soudain : « Je ne sais pas ce que tu penses des lézards, mais le gros, là-bas, m'a l'air tout prêt à te sauter dessus. » Je me mis aussitôt hors de sa portée.

Avant la visite de ma sœur Tessa, qui ne supporte pas ce genre de bestioles, j'inspectai la chambre d'ami, fourrant les reptiles que j'y traquai dans une corbeille à papier que j'allai vider au fond du jardin. Dès le lendemain, ils étaient tous de retour. Fait étrange, nos filles ne semblaient pas s'émouvoir le moins du monde de leur présence. Hester baptisa même les deux gros lézards qui logeaient dans sa chambre William et Tony ; elle craignait de surcroît qu'ils ne s'ennuient.

Nous inscrivîmes Hester et Claudia à l'école St Winifred de Bridgetown, et c'est avec Val et Richard Riching, deux Anglais qui venaient comme nous de s'installer sur l'île avec leurs jeunes enfants, que nous effectuions à tour de rôle le trajet d'une demi-heure qui nous séparait de la ville. Val et Richard dirigeaient un restaurant, Bagatelle, établi dans une vieille demeure coloniale. Jamais je n'aurais cru prendre un jour tant de plaisir à conduire des bambins à l'école : j'allais par les collines qui menaient à la capitale, traversant, éblouie, les champs de canne à sucre, et contemplant les bougainvillées en fleur, le cœur en joie. Même le petit Paul Riching ne réussissait pas à venir à bout de ma patience. Ce garçonnet de huit ans était pourtant coutumier de ce que nous avions surnommé avec mes filles les « questions Riching », d'invariables colles : « Dis, Brigid, combien de temps faudrait-il à un escargot qui grimperait le long d'un fil pour atteindre la lune ? » Les cinq enfants et moi écoutions en route des chansons à la radio, ou alors nous papotions, ce qui me permit de m'apercevoir – et je trouvai cela touchant – qu'ils avaient compris de travers le serment qu'on leur demandait de réciter chaque matin à l'école. « Je jure allégeance au drapeau de la Barbade », étaient-ils censés dire, au lieu de quoi ils débitaient en chœur : « Je jure alléchant le drapeau de la Barbade. »

Pour les treize ans de Rachel, l'aînée des Riching, je demandai, en guise de surprise, aux animateurs de la station de radio locale de diffuser à l'heure où nous filions vers l'école sa chanson favorite, *All Night Long* de Lionel Ritchie. À ma grande surprise, ils refusèrent, arguant que ce titre-là ne convenait pas à une jeune demoiselle de cet âge. À Trinité-et-Tobago, on en aurait plutôt jugé les paroles trop mièvres !

Carmo nous avait suivis à la Barbade. Elle pesait à présent une bonne quinzaine de kilos de plus que lorsqu'elle s'était présentée pour la première fois chez nous (au point que, venue nous faire ses adieux à Port of Spain, Wilma, notre médecin, ne l'avait pas reconnue, pensant que nous avions embauché une nouvelle employée).

Nos bagages s'étaient faits eux aussi plus lourds. Notre voiture avait été du voyage, ainsi que le mobilier de salle à manger en bambou que nous avions fait acheminer d'Angleterre lors de notre installation à Trinité. S'y ajoutaient mes trophées de Port of Spain : un lit à baldaquin en fer forgé fabriqué à Birmingham pour le marché caraïbe (il était pourvu d'une tringle à laquelle suspendre une moustiquaire) et quelques arcades chantournées rachetées à des ouvriers qui démolissaient une vieille bâtisse surchargée d'ornements. J'avais prévu de les assembler pour en faire un petit belvédère, mais elles dorment toujours, vermoulues à présent, dans notre garage du Somerset.

La demeure que nous habitions appartenait à Mme Hayes, une Barbadienne noire, et à son fils Trevor. Nous crûmes d'abord que ce dernier était un homme d'affaires parce qu'il passait une partie de l'année au Canada et que sa mise était toujours impeccable, mais il enseignait en réalité le ski nautique.

Notre maisonnée s'enrichit d'un jardinier, Wilmont, jeune géant qui manœuvrait d'un bras notre petite tondeuse à main parmi les creux et les bosses de la vaste pelouse malaisée comme s'il avait poussé un landau à suspension sur un trottoir tout lisse. Passionné de cricket, il promenait durant les matches un transistor collé à son oreille à l'aide de ruban adhésif.

Il y avait également Eiffel, le gardien de nuit. Au moment d'aller nous coucher, je lui lançais invariablement : « Bonne nuit, Eiffel, dormez bien ! » avant de rectifier aussitôt en hurlant : « Non, non, ce n'est pas ce que je voulais dire ! Gardez l'œil ouvert, je vous en prie ! » Un soir, je l'espionnai pour savoir à quoi il s'occupait vraiment quand il nous croyait endormis : je le trouvai ronflant sur un lit de plage qu'il avait installé dans le garage. On eut beau nous rapporter que le nouveau supérieur d'AW, vigoureux Néerlandais prénommé Johan, ayant surpris son veilleur de nuit en pareille posture, l'avait attrapé par le col pour le jeter dans la piscine, nous n'eûmes jamais le cœur d'en arriver à de telles extrémités. De toute façon, nous n'avions pas de piscine. Quelle ironie du sort : à Trinité où un gardien de nuit aurait contribué à juguler mes terreurs nocturnes, il avait fallu nous en passer, tandis qu'à la Barbade, où je me sentais beaucoup plus apaisée, nous nous retrouvions gratifiés d'Eiffel. Cela dit, peut-être ma sérénité tenait-elle justement à sa présence, même s'il somnolait au garage.

Notre domicile barbadien n'était équipé d'aucune barre anti-effraction ; pour tout dire, la plupart des fenêtres, dépourvues de vitres, étaient simplement occultées par de minces persiennes en bois, bien que tout le monde affirmât que les délits violents étaient en constante augmentation sur l'île, à telle enseigne que l'un des premiers articles que je lus dans un journal local rapportait la mésaventure de douze convives qui, au cours d'un dîner, s'étaient trouvés ligotés puis dévalisés par leurs agresseurs. (Je songeai que s'il s'était produit chez nous l'incident m'aurait ravie, car au moins il aurait détourné de ma cuisine l'attention des invités.) C'est un ami de Richard Riching qui fut victime du seul cambriolage dont nous eûmes directement connaissance, un Anglais muni d'un œil de verre qui logeait pour les vacances dans un appartement proche de la plage. Il fut réveillé au beau milieu de la nuit par un voleur qui se faufilait par la fenêtre de sa chambre. Sa frayeur fut telle que son œil de verre sauta hors de son orbite pour s'en aller rebondir sur le sol, ce qui à son tour terrorisa le monte-en-l'air au point qu'il ressortit illico par où il était entré et dévala la route en poussant des hurlements.

La première invitation que nous honorâmes fut lancée par l'un des nouveaux collègues d'AW, qui nous convia à un « pot de bienvenue ». Les participants étaient anglais et tout se déroula sans accroc jusqu'à ce que Hester ait l'idée saugrenue de se glisser sous la frêle table où trônaient verres et bouteilles, avant de tenter de se mettre debout. C'en fut aussitôt fini de la fête (et de la table), la majeure partie de l'assistance se promenant à quatre pattes, de droite et de gauche, pour récupérer les cacahuètes et les éclats de verre. Il va sans dire que nous nous sentions affreusement gênés, d'autant que la scène avait eu lieu en présence du patron d'AW, le bouillonnant Néerlandais auprès duquel nous avions pourtant espéré faire forte impression.

AW commençait si tôt le matin que nous avions tout loisir, une fois les filles rentrées de l'école, leurs devoirs terminés et bouclé le nombre d'heures que j'avais prévu de consacrer chaque jour à mon livre sur le Cachemire, de lézarder ensemble à la plage pour le reste de l'après-midi. Nous établissions notre camp sur le sable, toujours au même endroit, et de là nous jouions les observateurs. Car c'est à la plage que s'échangeaient cancans et nouvelles fraîches, là que l'on croisait les stars, là encore que se tissaient les amitiés nouvelles. Tant de célébrités se pressaient à la Barbade que Hester et Claudia achetèrent chacune un carnet à autographes. Bien entendu, elles ne l'avaient pas sur elles le jour où Keith Richards, le guitariste des Rolling Stones, passa tranquillement devant nous dans ses bottes à bouts pointus. Lorsqu'elles lui demandèrent une signature, il commença par inscrire son nom et son prénom dans le sable en lettres d'un bon mètre de haut puis, les prenant en pitié, signa en bonne et due forme sur des morceaux de papier dénichés à la hâte.

À les voir chaque jour, nous apprîmes à connaître tous les vendeurs de perles et de fruits, tous les coiffeurs proposant des tresses africaines, ainsi que tous les familiers des lieux, moulés dans leurs slips de bain, qui flânaient sur le sable en se présentant aux uns et aux autres par leur surnom : parmi nos favoris se trouvait un certain La Chance, de même que deux autres garçons qui lançaient des slogans : « Y a pas mieux que le gars en bleu ! » scandait le premier chaque fois qu'il apparaissait, tandis que l'autre affirmait : « Le gars en rouge tire sur tout ce qui bouge ! » Un jour, alors qu'en fin d'après-midi je rejoignais sur la plage ma sœur Tessa et son mari Malcolm, qui séjournaient alors chez nous, ce dernier, me voyant arriver, leva les yeux de son livre pour me déclarer : « La Chance vient de me passer sous le nez. » (Je continue d'en rire.)

Le concept de tourisme sexuel ne s'était pas encore imposé à l'époque, pourtant nous le voyions à l'œuvre – les tombeurs noirs contaient fleurette aux femmes blanches, et vice versa. Après que nous eûmes fait la connaissance du directeur de l'hôtel Sandy Lane, il nous rapporta qu'il avait surpris une nuit l'un de ces bellâtres en train de rejoindre furtivement une cliente en passant par une fenêtre du rez-de-chaussée. La pratique étant formellement interdite, le directeur se rua dans la pièce où il trouva l'homme et la femme allongés nus sur le lit. D'un bond, ils furent debout ; la cliente était furieuse.

« Comment osez-vous ? lui lança-t-elle. Monsieur est venu me rendre visite.

– En effet, répliqua le directeur, j'aperçois sa carte de visite. »

Hester et Claudia, elles, apprenaient à faire du ski nautique. Au retour d'une de ses leçons, je trouvai à notre cadette une mine étrange : elle affichait un teint si pâle que ses taches de rousseur semblaient flotter en trois dimensions devant son visage. Je lui demandai à plusieurs reprises si tout allait bien et elle m'affirma que oui, mais à la maison elle confia à sa sœur que le moniteur lui avait montré son « zizi » dans le cabanon où l'on rangeait les skis, l'invitant ensuite à le toucher. Carmo, à qui Hester rapporta l'incident, décréta que Claudia devait immédiatement se décrasser à l'eau de Javel, puis se ravisa, estimant à juste titre qu'il valait mieux nous informer d'abord. Nous étions abasourdis. Comment une telle chose avait-elle pu se produire ? Nous avions passé tout l'après-midi sur la plage, à deux pas de l'appentis. AW alla trouver le moniteur, avant d'appeler la police ; de mon côté, je discutai avec Claudia pour l'aider à gérer l'événement dans les meilleures conditions possibles.

Elle paraissait la victime désignée de ce genre de mésaventure – les choses n'ont d'ailleurs pas changé. Sans doute a-t-elle hérité cela de moi : j'étais à son âge la proie privilégiée des exhibitionnistes et peloteurs en tout genre. À Trinité, Claudia avait été invitée à regarder chez une amie une vidéo du *Lac des cygnes*. La mère de sa camarade s'étant absentée un moment, les deux fillettes avaient pris l'initiative de glisser dans le magnétoscope ce qu'elles croyaient être la cassette du ballet : c'était en réalité un porno dont elles n'avaient heureusement pas eu le temps de distinguer grand-chose car, déjà, la maman était de retour. Je m'entends encore hurler à cette femme que ses excuses étaient inutiles, que rien ne saurait effacer les images gravées pour toujours dans l'esprit de ma fille. Et voilà que, pour couronner le tout, venait de sévir le moniteur de ski nautique… AW, Hester, Carmo et moi parvînmes cependant à évoquer l'épisode sans réticences, voire à en plaisanter ; Claudia, elle, passa le cap sans encombre. Il faut dire qu'elle se disposait à célébrer sa première communion, et que l'effervescence liée aux préparatifs contribua à la distraire.

Notre prêtre avait beau nous demander tous les dimanches si nous étions satisfaits de nos vacances et nous avions beau répondre tous les dimanches que nous n'étions pas là en touristes mais vivions bel et bien sur l'île, nous fréquentions avec plaisir l'église à la Barbade. Je ne réussissais néanmoins jamais à me concentrer exclusivement sur le service, occupée que j'étais à tenter de prédire à quel moment les ventilateurs branlants fixés au plafond allaient rompre leurs amarres pour filer en tournoyant dans les airs et décapiter quelques membres de l'assistance.

Durant une messe, le prêtre nous enjoignit de prier pour le pape, « qui sans cesse doit se tenir en équilibre sur la corde raide entre le monde spirituel et le monde matériel ». Peu après, nous apprîmes que les Lane, nos chers amis de Trinité, venaient de décrocher un poste au Vatican. Ils s'apprêtaient donc, dis-je à mes filles, à rencontrer le souverain pontife. Notre cadette ne se sentit plus de joie : « Est-ce qu'il va faire de la corde raide devant eux ? »

Un jour que Hester, Claudia et moi roulions le long de la côte ouest de l'île pour nous rendre à un goûter d'anniversaire, nous vîmes qu'un drame était en train de se jouer un peu plus loin, sur le bord de la route. Une femme blanche se penchait sur un vieil homme apparemment évanoui. Elle me fit signe de m'arrêter.

« Je crois que c'est son cœur, m'informa-t-elle. Pouvez-vous le conduire à l'hôpital ? »

Je me tournai vers le malade : il avait le visage tout barbouillé d'une morve verdâtre. S'il y a bien une chose que je suis incapable de supporter, ce sont les sécrétions nasales ; cela me donne des haut-le-cœur. Déjà je sentais monter les nausées.

« Je suis navrée, fis-je en filant vers la voiture, secouée de hoquets. Je ne peux pas… Vous allez devoir trouver quelqu'un d'autre. »

Je vomis deux fois avant d'atteindre la fête, mais la honte me dévorait. À tel point que, quelques jours plus tard, avisant, après avoir conduit les enfants à l'école, un vieillard loqueteux qui gesticulait dans ma direction, j'eus tellement à cœur d'expier mon récent manquement que je freinai pour lui proposer de le prendre en stop. Il grimpa à l'arrière du véhicule puis me fit sillonner Bridgetown pendant des heures en tâchant de déterminer où il désirait vraiment se rendre. « Je vous dépose ici ? » l'avais-je doucement interrogé, puis, quelques kilomètres plus loin : « Ou alors ici ? » Il finit par se décider, et avant qu'il disparaisse je lui remis un peu d'argent pour m'apercevoir, en rentrant à la maison, qu'il avait uriné sur la banquette arrière.

Si l'on excepte le moniteur de ski et le pipi dans l'auto, la Barbade demeurait pour nous un véritable paradis. L'île passa avec succès le « test du chien crevé » (il fallut moins de sept jours pour qu'on enlève le cadavre de la route), de même que celui du « nid-de-poule » (comblé dans la semaine). Certes, nous eûmes bien à subir une panne d'électricité pour notre premier Noël, passé en compagnie de Sandy, Adrian et leurs enfants : la dinde traditionnelle se mua en sandwiches.

Et puis, comme si la vie ne nous souriait pas encore assez largement, je découvris les ventes aux enchères barbadiennes. Je m'y rendais régulièrement dans l'espoir de débusquer, noyé dans l'étrange fatras proposé aux amateurs, quelque inestimable trésor. Je n'eus jamais cette chance, cela va de soi, mais j'acquis notamment une canne à pommeau d'argent ayant appartenu à l'un des directeurs de la banque Barclays de Bridgetown. Ce n'est pourtant pas dans une salle des ventes que je réalisai mon plus bel achat, mais chez un antiquaire de la capitale : une paire d'urnes funéraires de l'époque victorienne censément parées de coquillages mais ayant perdu une grande partie de leur ornement. Il allait me falloir quinze ans pour les restaurer.

Quant à ma carrière professionnelle, elle semblait prendre un tour mêmement favorable. J'avais presque achevé mon ouvrage sur le Cachemire, qui semblait intéresser un éditeur britannique. Je photographiais les exquises maisonnettes en bois de la Barbade, appelées *chattel houses**, en vue d'un cliché à paraître en double page du *Sunday Times*. (Elles doivent leur nom au fait que, étant aisément démontables et transportables, on les considérait jadis comme partie intégrante des biens meubles d'un individu.) J'avais en

* *Chattel* désigne en anglais un bien meuble. *(N.d.T.)*

outre interviewé King Dyal, mascotte excentrique et autoproclamée de l'équipe barbadienne de cricket, qui apparaissait au Kensington Oval à chaque match important, vêtu d'un costume vert jaune sur une épouvantable chemise rose et d'un chapeau violet (ou de toute autre tenue pareillement extravagante), multipliant les saluts pour divertir la foule et recueillir ses applaudissements.

Mon existence s'avérait donc bien remplie, quoique passablement solitaire, car c'est seul qu'on écrit et seul qu'on prend des photos. Un beau matin, l'épouse du haut-commissaire britannique me téléphona pour me proposer de l'aider à lever des fonds en faveur d'un établissement de jour accueillant de jeunes handicapés. Pour être tout à fait honnête, l'idée ne m'enthousiasmait pas outre mesure, mais j'acceptai de visiter le centre et d'y rencontrer quelques enfants. Je tombai sous leur charme ; il y avait là Clarence, Andrea, Cinnamon et tous leurs petits camarades. Ils surent aussitôt, ainsi que leurs mères et les autres collecteurs de fonds, me gagner à leur cause. Dès lors, je m'investis corps et âme dans le projet, rédigeant pour un journal local le portrait de chacun des pensionnaires, avant de participer à la réalisation d'une série de spots télévisés qui leur étaient consacrés afin de sensibiliser d'éventuels donateurs. Car la Barbade grouillait de gens fortunés, Américains, Canadiens et Britanniques en particulier, résidant là une partie de l'année pour échapper aux rigueurs de leurs hivers respectifs. Et c'est ainsi que l'argent se mit à affluer.

Nous vendîmes au profit de notre action des cartes de Noël et un autocollant dessiné par Hester et Claudia, nous organisâmes des expositions de peinture et une tombola. Le gros lot en était une batte de cricket signée par les membres des équipes de Grande-Bretagne et des Indes occidentales, que je conservai à la maison en lieu sûr. Elle faillit pourtant ne pas survivre jusqu'à la manifestation : AW s'étant mis en tête de s'en servir pour expédier une balle à travers le jardin, il fit sauter à la surface inaltérée de l'instrument un éclat qu'il nous fallut masquer en catastrophe d'un coup de vernis.

Nous poussâmes l'audace jusqu'à enregistrer un disque de Noël. Je connus mon instant de gloire, j'étais devenue le Bob Geldof* des Antilles et frayais avec les stars : je pris le thé en compagnie de Mighty Gabby et Eddie Grant, respectivement chanteurs de calypso et de reggae, ce dernier promenant ses longues dreadlocks dans un incroyable bonnet qui lui tombait sur les reins. Cerise sur le gâteau, l'un de mes nouveaux amis me permit d'assister à mon premier match de cricket, à l'occasion duquel je glanai, pour les carnets de Hester et Claudia, de prestigieux autographes.

Je vécus là l'une des périodes les plus heureuses de mon existence... Mais déjà j'avais mangé mon pain blanc : je ne tardai pas à apprendre que l'éditeur pressenti n'avait plus l'intention de publier mon livre, que le *Sunday Times* estimait que mes cent huit clichés de *chattel houses* ne possédaient pas la qualité requise, que nul ne se souciait de mon entretien avec King Dyal et qu'AW venait de poser sa candidature pour un poste en Algérie. Je sombrai dans la mélancolie : j'étais une ratée ; à Londres mes amis menaient leur vie de main de maître, quand je ne savais me raccrocher qu'à des vétilles...

Quelques mois plus tard, néanmoins, le *Sunday Times* revint sur sa décision et publia mes photos, l'article que j'avais consacré à King Dyal parut dans *GQ Magazine* et AW se vit refuser la place qu'il avait briguée au Maghreb.

---

* Auteur-compositeur et chanteur irlandais né en 1954 et surtout connu pour ses concerts de charité. *(N.d.T.)*

Lorsque les Trinidadiens qualifiaient la Barbade de « petite Angleterre », il ne s'agissait pas d'un compliment mais bien plutôt d'une allusion à la fadeur et à l'ennui. Force était de reconnaître qu'à l'île faisaient défaut cette énergie, cette jovialité et cet éclat qui prévalaient à Trinité. Même la nourriture s'y révélait à peu de chose près britannique et totalement dépourvue des saveurs héritées des importantes communautés indienne et chinoise vivant à Trinité-et-Tobago.

Nous avions eu la surprise, à Port of Spain, de manquer parfois de sucre et d'oignons, mais à la Barbade, chose extraordinaire, il y avait pénurie de poisson : les chalutiers japonais avaient vidé les mers. Si l'on tenait à en consommer malgré tout, il convenait de se mettre en relation avec une certaine Mme Nurse. J'ignore si elle avait un mari ou un fils pêcheur, toujours est-il qu'elle se procurait du poisson frais quand personne d'autre n'était en mesure de le faire ; il fallait à tout prix être dans ses petits papiers, c'est-à-dire ne jamais refuser la marchandise qu'il lui arrivait de vous proposer. C'est ainsi qu'elle m'appela un jour pour me demander si je souhaitais récupérer le thazard sur lequel elle avait mis la main. « Oh ! oui, répondis-je sans hésiter. Bien sûr que oui, Mme Nurse. » Mais l'animal, qui se révéla plus grand que moi, n'aurait pas déparé l'album photo d'Ernest Hemingway. Avec Carmo, je passai le plus clair de la journée à le débiter en centaines de steaks que nous fourrâmes ensuite dans le congélateur.

Nos filles, elles, n'appréciaient nullement la gastronomie antillaise. Je me rappelle une grosse dispute autour d'un plat concocté par Carmo, du poisson salé accompagné de bananes vertes et de fruits à pain.

« Quand la Troisième Guerre mondiale éclatera, déclarai-je avec emphase, vous n'aurez peut-être rien d'autre à manger.

– Très bien, rétorqua Hester en toute logique. On le mangera à ce moment-là, mais aujourd'hui, non. »

En ce qui me concerne, et pour je ne sais quelle obscure raison, le seul mets qu'en général j'avais l'idée de préparer était de l'houmous, cette purée de pois chiches assaisonnée d'ail et de citron que l'on confectionne au Moyen-Orient. La première fois que j'en cuisinai à la Barbade, je ne m'aperçus pas que les pois chiches grouillaient de charançons, de sorte que leurs corps déchiquetés piquetaient la pâte de petits points noirs au sortir du mixer. Je saupoudrai mon houmous de graines de cumin, et toute la famille n'y vit que du bleu.

À Trinité, nous avions pris notre courage à deux mains pour convier le supérieur d'AW à un souper en comité restreint ; à présent dévorés d'ambition, nous entreprîmes d'organiser un grand dîner. Ce fut, me semble-t-il, une réussite… dont j'ai à peu près tout oublié : je me sentais si nerveuse que j'engloutis, avant l'arrivée des invités, une dizaine de punchs les uns derrière les autres, si bien que j'achevai la soirée – Dieu merci, tout le monde avait regagné ses pénates – dans une série de gémissements, avant de vomir sous le nez de Claudia qui s'était glissée dans notre lit. À ma grande honte, il lui arrive de temps à autre de me rappeler l'incident.

Les Trinidadiens nous avaient mis en garde contre le fossé profond qui s'était creusé entre les Barbadiens noirs, détenteurs du pouvoir politique, et les Blancs, qui à peu de chose près possédaient tout l'argent et souffraient d'une paranoïa sécuritaire manifeste – nous aperçûmes au cours d'un dîner, lorsqu'il croisa les jambes, un pistolet scotché au mollet d'un des convives. Les deux communautés ne se fréquentant pas, la société multiraciale dont nous avions fait l'expérience à Trinité nous manquait, mais par ailleurs je trouvais rassurants l'ordre et le confort qui régnaient à la Barbade. L'île exhalait de surcroît un bouquet typiquement britannique ; un National Trust* y veillait à la préservation des demeures coloniales et autres monuments historiques, et chaque année l'ouverture de la session parlementaire se déroulait selon un protocole quasiment identique au State Opening of Parliament de Westminster (à ceci près que la plupart des visages étaient noirs). AW et moi manquâmes divorcer à cette occasion. Ayant été, le jour de la cérémonie, retenu plus longtemps que prévu à son travail, il me téléphona pour me demander de lui apporter son costume noir afin qu'il se change au bureau. J'avais peu de temps devant moi et, dans la précipitation, j'attrapai par mégarde son smoking, qu'il n'eut d'autre choix que d'arborer, pour la circonstance, sur une chemise et une cravate ordinaires. Il était fou de rage, mais personne ne s'aperçut de rien – hormis Richard Riching qui, après avoir suivi l'événement à la télévision, appela AW pour lui proposer un emploi de videur dans son restaurant.

Au cours du deuxième automne que nous passâmes à la Barbade, comme si le sort avait souhaité que nous nous sentions plus encore chez nous, la reine vint en visite officielle. Avant d'atteindre notre île, le yacht royal fit le tour des Petites Antilles, Sa Majesté donnant à chaque escale une réception à bord. Le supérieur d'AW était alors en congé, c'est donc mon époux qui dut se rendre en avion d'île en île pour représenter l'Europe lors de toutes les sauteries. Il en revint exténué, mais le jeu en valait la chandelle, m'affirma-t-il, pour les Twiglets** proposés avec les boissons.

La croisière de la reine s'acheva en apothéose par une garden-party à la résidence du gouverneur de la

---

* Association à but non lucratif fondée en 1895 dans le but de conserver et de mettre en valeur des monuments et des sites d'intérêt collectif. *(N.d.T.)*

** Bâtonnets apéritifs. *(N.d.T.)*

Barbade. L'on prévint ces dames que le chapeau et les gants blancs y seraient de rigueur. Je ne possédais certes pas de couvre-chef (je fis un rêve dans lequel j'en exhibais un découpé dans une boîte à œufs en carton), mais du moins avais-je la possibilité d'en acheter un dans les environs. Pour les gants blancs, ce fut une autre paire de manches : pas moyen d'en dénicher sur l'île. À force de fourrager dans mes affaires, j'eus finalement la chance d'extirper deux gants gauches ; j'enfilai le premier et tins le second dans ma main droite.

AW, mon joyeux fêtard, ayant prévu de rentrer ce soir-là après la dernière réception royale dans les Petites Antilles, nous étions convenus qu'avec Ken, le chauffeur, je le récupérerais à l'aéroport, parée de mon chapeau et de mes gants, pour l'emmener directement à la garden-party. Mais son vol fut annulé à cause d'un typhon et je me rendis sans lui à la soirée. Lorsque nous traversâmes Bridgetown, le drapeau flottant sur notre voiture et moi-même trônant seule à l'arrière, les quelques badauds massés sur le bord de la route me prirent pour la reine en personne et se mirent à applaudir en agitant leurs drapeaux. Par égard pour Sa Majesté, afin que les spectateurs ne la jugent pas méprisante, je répondis d'un royal mouvement de la main – pour me sentir aussitôt coupable : qu'adviendrait-il si, maintenant qu'ils m'avaient saluée et que je leur avais rendu leur salut, ces gens regagnaient tous leurs pénates, ne laissant derrière eux que des rues désertes pour accueillir la souveraine légitime ?

Personne ne me présenta cette dernière au cours de la réception, mais ses traits m'étaient si familiers qu'il me semblait inconcevable que la réciproque ne fût pas vraie, au point qu'à tout moment je m'attendais à la voir se précipiter dans ma direction en lançant : « Bonté divine ! Bridge ! Vous ici ! » Au fond, je me régalai davantage à côtoyer les journalistes britanniques qui couvraient l'événement. J'éprouvais une telle excitation à me retrouver parmi mes pairs que je fus soudain prise d'une véritable diarrhée verbale, leur rapportant que moi aussi j'avais appartenu en mon temps au monde de la presse, que j'avais même occupé un poste important au *Sunday Times*, mais que j'en étais à présent réduite à l'humble statut de femme au foyer expatriée…

Parmi les reporters se trouvait Simon Hoggart, déjà célèbre à l'époque. Pour tenter d'attirer son attention, je lui répétai, tâchant de me les rappeler toutes, les affaires qui avaient récemment agité le microcosme politique barbadien mais, quand il me téléphona le lendemain pour en apprendre davantage, je soupçonnai brusquement notre ligne d'avoir été placée sur écoute : je me vis réduite à répondre par monosyllabes, de crainte de nuire à la carrière d'AW. Un énorme scandale secouait l'île : un procès pour meurtre, lié au trafic de drogue, dans lequel se trouvaient mouillés des politiciens locaux. Je me souviens mal des détails, si ce n'est qu'en découvrant la liste des preuves produites par l'accusation – fragments d'intestin, de cerveau et de poumon –, je songeai qu'il aurait aussi bien pu s'agir là des ingrédients entrant dans la composition de la traditionnelle marinade barbadienne.

Carmo avait toujours fait montre d'un très curieux sens de l'humour : l'une des premières initiatives qu'elle prit à la Barbade fut de se dissimuler un après-midi dans le placard de la chambre de nos filles, dont elle surgit tandis que Hester et Claudia s'apprêtaient à se coucher. Elles en éprouvèrent la peur de leur vie ; notre bonne, elle, riait aux larmes. Peu après, elle changea du tout au tout, entrant dans une phase d'hostilité manifeste à notre égard. J'en conclus que son pasteur barbadien lui avait peut-être glissé dans le tuyau de l'oreille que, loin de constituer un membre à part entière de notre famille, elle n'en était qu'une victime exploitée.

Sa nouvelle personnalité se manifesta un matin, lors d'une chicane sans importance au cours de laquelle elle me cracha avec colère : « Je sais bien que vous me détestez parce que je suis noire. » Dès lors, elle refusa de se joindre à nous le soir pour les jeux de société, allant jusqu'à se priver de poulet rôti, son plat favori, sous prétexte qu'on le qualifiait de « nourriture des Blancs ». Elle abandonna ses jolies tresses et se crêpa les cheveux pour arborer bientôt une coupe afro ; sa peau elle-même paraissait s'assombrir.

Sandy et Adrian, venus fêter Noël en notre compagnie, se sentaient passablement mal à l'aise avec elle, au point qu'un jour Sandy, demeurée seule dans la maison et ayant découvert une poupée fétiche dans l'entrée puis entendu le roulement de tambours africains en provenance de la chambre de Carmo, en conçut une frayeur si vive qu'elle fila se cacher dans la haie de l'allée en attendant notre retour. Le prétendu fétiche n'était qu'une poupée confectionnée par Hester dans l'intention de l'offrir à sa sœur pour Noël ; quant aux tam-tams, il s'agissait de coups de bélier dans la plomberie. Mais avec une Carmo de si méchante humeur, on avait vite fait d'imaginer toutes sortes de pratiques vaudoues à l'œuvre entre nos murs. À l'époque, l'île entière semblait d'ailleurs en proie à un sentiment anti-Blanc. Une fois, AW, nos filles et moi passâmes en voiture devant des ouvriers rassemblés au bord d'un champ de canne à sucre. Dans ce genre de circonstance, on avait coutume à la Barbade de saluer les piétons d'un geste en leur lançant un « Ça va ? » auquel ils répondaient par l'affirmative, mais là ce fut une insulte que nous reçûmes en retour.

Néanmoins, l'agressivité de Carmo n'eut qu'un temps – peut-être un autre pasteur avait-il été nommé à l'église – et au bout d'environ un mois elle était redevenue elle-même. Je sus que tout était rentré dans l'ordre quand un matin elle me déclara sur ce ton chaleureux que je lui avais connu jusqu'alors :

« Vous savez, maman, les oiseaux qui traînent par ici, eh ben c'est pas des oiseaux, maman.

– Comment cela, Carmo ? »

Et déjà j'attendais qu'elle m'entretienne de zombies ou de francs-maçons volants.

« Non, maman, c'est pas des oiseaux, c'est des pigeons. »

Vous pensez bien que nos amis ne se faisaient pas prier pour nous rendre visite à la Barbade. L'un d'eux dirigeait un prestigieux club de polo à Windsor.

« Vous aimez le polo ? demanda-t-il à AW.

– Oh ! oui, c'est le bonbon le plus trou*. »

AW possède un sens de l'humour bien à lui et, quoiqu'il soit plein d'esprit, il sombre dans le ridicule dès qu'il s'essaie à raconter des histoires drôles. Une vieille boutade nous venait du temps où mon père servait encore dans l'armée des Indes : « L'armée des Indes est un gros éléphant blanc avec des valseuses noires. » (Ces dernières étaient censées appartenir aux « indigènes » qui constituaient le gros des troupes.) AW, qui trouvait la formule irrésistible, entreprit de la ressortir au cours d'un dîner. « Saviez-vous que l'armée des Indes était un gros éléphant blanc avec des danseuses noires ? » lança-t-il. L'effet était manqué, et l'assistance médusée ne comprit absolument pas où il voulait en venir.

Meriel nous rendit visite. On était alors en pleine période punk et mon amie, toujours à la page, apparut un jour dans un tee-shirt qu'elle avait payé fort cher et dont les déchirures étaient retenues par des épingles

* Slogan publicitaire des bonbons Polo, friandises en forme de petites bouées disparues des rayons français depuis une bonne dizaine d'années. *(N.d.T.)*

de sûreté. Carmo me prit à part pour me suggérer de lui prêter un peu d'argent afin qu'elle puisse s'offrir autre chose que des haillons. Pour tout dire, notre bonne n'était nullement impressionnée par nos tenues. Un soir qu'AW et moi nous préparions à nous rendre à un cocktail, tous deux élégamment vêtus de noir (la couleur du diable), elle nous toisa puis me mit en garde : « Oh ! maman, pouvez être sûre que ce soir tout le monde va vous éviter ! »

Les Lane vinrent ensuite nous faire leurs adieux avant de quitter les Antilles pour s'installer à Rome. Nous passâmes sur la plage une journée riche en émotions. Les œufs des tortues luths, dont nous ne savions même pas qu'ils étaient enterrés dans le sable, se mirent à éclore, des dizaines de reptiles minuscules entreprenant de gagner cahin-caha le refuge de la mer avant que les mouettes ne s'emparent d'eux. Hester considérait le spectacle avec un intérêt tout particulier. Une nuit, à Trinité, elle était allée voir pondre les tortues luths – des instants terrifiants, à l'en croire, qui avaient vu s'opposer ceux qui voulaient tuer les animaux pour en récupérer la viande à ceux qui tentaient de les protéger. Le jour de l'éclosion, désireuse de sauver à tout prix les bébés, elle multiplia les allers et retours sur la plage pour les transporter jusqu'à l'eau. David Lane tenta bien de l'en dissuader, arguant que c'était là se mêler des affaires de dame Nature, et il en résulta une violente dispute, mais rien n'aurait pu arrêter ma fille – rien ni personne – dans sa mission.

Hester grandissait. Elle effectua un voyage scolaire à Caracas, dont elle rentra vêtue de neuf des pieds à la tête. C'est que, m'a-t-elle confié depuis, sa sœur et elle étaient persuadées en ces années-là d'être les deux enfants les plus mal habillées de toutes les Antilles, au point de craindre comme la peste ces journées au cours desquelles les écoliers remisaient leurs uniformes au placard. Si je compare, sur les photographies de l'époque, les jeans et les tee-shirts arborés par leurs amies aux combinaisons en tissu éponge dont Hester et Claudia étaient attifées, force m'est de reconnaître qu'elles avaient sans doute raison. Comment ai-je pu les accoutrer de cette manière ?

Hester, qui s'était prise de passion pour Madonna, ne cessait de me demander sous quel nom, d'après moi, la chanteuse se présenterait si d'aventure elle descendait un jour à l'hôtel Sandy Lane (une authentique « question Riching », ou je ne m'y connais pas.) Un matin, elle vint à bout de tous les rasoirs jetables d'AW pour débarrasser de ses poils une balle de tennis. C'était certes très ennuyeux pour son père, mais nous songeâmes qu'au moins elle savait faire preuve d'imagination. Avec son amie Judith, elle faisait mine, auprès de Claudia, de jouer « au papa et à la maman ». « C'est toi le bébé, décidaient-elles. Maintenant, c'est l'heure d'aller dormir. Fais dodo, bébé... » Cette pauvre Claudia passait ainsi des journées entières à « dormir », tandis que sa sœur aînée et Judith décampaient pour s'adonner à des jeux tout différents.

Mes parents vinrent nous voir à leur tour. Comme les Trinidadiens, ils trouvèrent l'île bien terne, même si notre foyer apparaissait dans l'ensemble moins « blanc » que les autres du fait de mes activités de collectrice de fonds et de la présence des camarades de nos filles. Puis la mère d'AW, hélas veuve à présent, s'annonça pour un mois au moment de Noël. Je craignais d'échouer à la divertir quatre longues semaines durant, mais je l'aimais beaucoup et les enfants étaient aux anges. Le jour de son arrivée coïncidait avec le premier de la saison sèche : la mer, jusqu'alors grise, avait soudain viré au turquoise, le ciel était dégagé et il y avait dans l'air le même éclat que celui qu'on perçoit en Angleterre au début du printemps. L'avion de ma belle-mère devait atterrir en début de soirée, aussi nous offrîmes-nous d'abord un bon déjeuner dans une vieille demeure coloniale, Nicholas Abbey, avant de regagner la maison pour préparer en temps et en heure nos banderoles de bienvenue. Fait étrange, notre voisin vint nous prévenir que la British Airways avait tenté de nous joindre. Sur quoi le téléphone sonna : c'était un employé de la compagnie aérienne qui annonça à AW que sa mère était décédée pendant le vol. Quelques secondes plus tôt, nous nagions dans le bonheur et l'enthousiasme, affairés autour du programme que nous avions concocté pour le mois à venir, et voilà que nous nous trouvions brutalement plongés dans le néant et l'affliction. Claudia fut prise de tremblements incontrôlables. AW se rendit seul, selon son souhait, à l'aéroport.

Toute la famille accompagna la dépouille en Angleterre. La défunte fut inhumée dans son village du Somerset. La tristesse prévalait parmi nous, doublée d'un sentiment d'injustice : jamais elle n'aurait droit à ces quatre semaines de soleil qu'elle s'était à l'avance réjouie de passer en compagnie de ses petites-filles, qui elles-mêmes s'en étaient déjà fait une fête.

Peu après cette horrible épreuve, on avertit AW qu'il venait d'obtenir un poste en Inde à pourvoir dès la fin de l'été. J'en restai bouche bée : dire que j'avais passé ces quatre dernières années à multiplier les courriers depuis les Antilles pour tenter d'obtenir des informations en vue de mon livre sur le Cachemire, et nous allions maintenant nous installer à New Delhi où j'aurais pu boucler mes recherches en quelques mois ! Nous n'avions nulle envie de quitter la Barbade, de quitter notre maison, de quitter notre jardin qui, grâce aux plantations effectuées par AW, s'était mué en une véritable jungle à la Douanier Rousseau.

Et puis il allait aussi falloir nous séparer de Carmo. Elle décida d'aller tenter sa chance au Canada. AW rédigea en sa faveur une lettre de recommandation des plus élogieuses, et je lui offris le mobilier de salle à manger en bambou que nous avions apporté de Trinité. À nous deux, nous chargeâmes les meubles dans un camion à destination de Bridgetown, où ils furent embarqués à bord d'une goélette en partance pour Saint-Vincent, l'île natale de notre bonne. Nous correspondîmes avec Carmo pendant quelques années. La dernière fois que nous eûmes de ses nouvelles (il y a bien longtemps), elle venait d'obtenir la nationalité canadienne et d'épouser un Canadien. AW et moi étions ravis pour elle.

IX

L'Inde dans tous ses états

Lorsque les employeurs d'AW expédient des familles entières dans un pays qu'elles ne connaissent pas, ils leur fournissent d'abord quelques informations. Ces comptes rendus sont certes édités à des fins utiles mais, en règle générale, à peine a-t-on le temps d'atteindre le quatrième paragraphe que déjà l'on cherche un four à gaz où fourrer sa tête. La plaquette consacrée à New Delhi nous apprit qu'il s'agissait de la deuxième ville la plus polluée du monde, qu'il y régnait un climat détestable, que l'on y menait une vie extrêmement stressante vivement déconseillée à celles ou ceux qui avaient le cœur fragile, tant au propre qu'au figuré (ce qui valait donc à la fois pour AW et moi), et bien sûr on énumérait les maladies que l'on risquait d'y contracter… Avec de la chance, il y aurait peut-être moyen de survivre jusqu'à l'affectation suivante.

Nous étions en août, et la liste que je dressai pour notre pharmacien afin de faire le plein chez lui de tout ce dont nous pourrions avoir besoin au cours des mois à venir se révéla encore plus longue et plus effroyable qu'à l'accoutumée.

« Bonjour, monsieur Coldman ! claironnai-je gaiement en entrant dans l'officine. Il me faudrait du vermifuge en comprimés (oui, contre les ascarides, les oxyures et les ténias) ; de la poudre antimycosique, un produit contre les aphtes, une lotion antipoux, un tube d'Anusol contre les hémorroïdes, quelque chose pour se débarrasser des verrues, une boîte de pessaires en cas de muguet vaginal, un remède contre la fièvre miliaire, plusieurs boîtes d'antidiarrhéiques, quelque chose contre les amibes, quelque chose contre la giardiase, des gouttes pour le nez, des gouttes pour les yeux, des gouttes pour les oreilles, des antibiotiques à large spectre et de la pommade contre les orgelets. »

Je m'étonnai que M. Coldman n'enfile pas une paire de gants en caoutchouc avant de manipuler l'argent que je lui tendis.

Nous débarquâmes dans la plus grande confusion à l'aéroport de New Delhi au beau milieu de la nuit, flapis et désorientés, tout à l'appréhension de notre nouvelle vie. Personne n'était venu nous accueillir. AW et moi tâchions de faire bonne figure devant les enfants, leur lançant des « Mmmm... le parfum exotique de l'Inde » ou des « Vous avez vu, les filles, toutes ces belles dames en sari ? », mais le cœur nous manquait peu à peu, et quand Claudia éclata en sanglots, disant qu'elle voulait rentrer à la maison avec l'hôtesse de British Airways, nous songeâmes par-devers nous que nous partagions largement son envie.

En général, les expatriés rejoignent leur nouvelle affectation en septembre de façon à ce que leurs enfants entament l'année scolaire en même temps que les autres. Notre bureau de Delhi, auprès duquel nous avions pris conseil, nous avait informés de l'existence d'une école britannique où nous avions donc inscrit Hester et Claudia – pour nous rendre compte, une fois sur place, que les jeunes Anglais ne la fréquentaient pas. Tous suivaient les cours de l'école américaine. L'établissement scolaire britannique ne comptait dans ses rangs que des Indiens et des élèves originaires de pays non alignés, voire de nations « ennemies » telles que la Corée du Nord, l'Albanie ou l'Irak, dont les parents n'auraient jamais songé à faire mettre un pied dans une école américaine à leur progéniture.

Comme il n'y avait pas non plus de logement disponible en ville, on nous installa à l'hôtel Claridges (sans rapport aucun avec le palace du même nom) où nous passâmes deux mois pendant que nous cherchions une maison. Je versai bien des larmes au Claridges, en particulier le jour où AW dut se rendre au Népal pour affaires peu après notre arrivée, me laissant seule avec les enfants et le parasite intestinal dont nous étions toutes trois victimes. Je me revois allongée auprès de Hester et Claudia sur le grand lit de notre chambre, à me demander languissamment si cela valait encore la peine de nous rétablir.

Nous ne connaissions personne, mais nous apprîmes qu'à quelques semaines de là on allait célébrer Halloween à l'ambassade des États-Unis. Mon mari étant de nouveau en déplacement, je me rendis avec mes filles à cette fête au cours de laquelle nous demeurâmes timidement en marge de la foule des invités. Aucun d'entre eux ne nous adressa la parole, mais je repérai une femme dans mes âges – une Anglaise, me sembla-t-il – qui, accompagnée de deux petits garçons, se détachait du groupe pour quitter la réception en traversant le terrain de football. Je courus derrière elle.

« S'il vous plaît ! la hélai-je. S'il vous plaît !... Permettez-moi de me présenter ; nous venons d'arriver en Inde et...

– Pas maintenant, rétorqua-t-elle avec brusquerie, comme si elle avait eu affaire à un représentant de commerce importun. Nous avons rendez-vous et nous sommes déjà en retard. »

Sur quoi elle s'éloigna à grandes enjambées. Hester m'ordonna :

« Ne lui adresse plus jamais la parole, même si elle te le demande à genoux. »

Je lui donnai mille fois raison. Cette femme devait pourtant devenir plus tard l'une de mes amies.

Ayant dès son retour jaugé la situation (mes yeux rougis lui facilitèrent la tâche), AW nous entraîna dans un merveilleux voyage au Rajasthan, où nous assistâmes à la foire aux chameaux de Pushkar. Nous y logeâmes dans un village de toile établi en plein désert, prenant nos repas dans de grandes tentes communes où nous faisions aussi notre toilette, et déambulant dans la poussière parmi les chameaux, les chevaux et les marchands, au milieu des vendeurs de nourriture, charmeurs de serpents, saints hommes et musiciens. L'escapade nous fut une parfaite introduction à l'autre visage de l'Inde, son visage magique.

Deux événements – deux personnes, devrais-je dire – vinrent ensoleiller notre existence à Delhi : d'abord, je découvris que le correspondant local du *Times* n'était autre que Michael Hamlyn, rencontré à l'époque où je travaillais au *Sunday Times* et dont l'épouse, Claire, était la femme la plus gentille et la plus accueillante qu'on puisse croiser. J'étais ensuite parvenue, dans mes efforts pour surmonter mon chagrin d'expatriée, à obtenir au nom de l'*International Herald Tribune* une interview de Faith Singh qui, avec son mari, dirigeait Anokhi, entreprise textile alors en vogue à Londres. Ce fut comme si Faith et moi nous étions fréquentées dans une vie antérieure : d'emblée nous devînmes les meilleures amies du monde. D'ailleurs, quand sonna l'heure pour nous d'emménager dans l'appartement au rez-de-chaussée que nous avions enfin débusqué à Poorvi Marg, dans la banlieue de Delhi, c'est Faith qui, avec AW, se chargea de tout, car je moisissais pour ma part au fond de mon lit, terrassée par la dépression, totalement incapable de quitter le giron de l'hôtel pour m'en aller affronter seule l'immense sous-continent indien.

AW ne cesserait de déplorer, avec raison, l'exiguïté de notre logement ; en revanche, l'endroit était confortable, comportait un jardinet, et les absences continuelles de la propriétaire, censée vivre à l'étage, nous donnaient l'impression de jouir de la demeure entière. Elle se situait hélas sous un couloir aérien, en face d'un lotissement à loyer modéré réservé aux salariés d'Indian Airlines, à deux pas qui plus est de carrières, de sorte qu'à l'incessant tohu-bohu qui partout régnait en Inde s'ajoutaient pour nous le rugissement des avions et les détonations qui, de temps à autre, retentissaient dans lesdites carrières et faisaient trembler le sol. Cela dit, puisque nous habitions à l'extrême périphérie de Delhi, de petits coins de campagne se trouvaient à notre disposition ; nous allions y flâner le soir – « à l'heure où les vaches soulèvent la poussière », ainsi que l'on désigne en Inde le crépuscule.

Il nous fallait à présent recruter des employés de maison. Nous ne disposions pour les accueillir que d'un garage réaménagé, aussi convînmes-nous d'embaucher un couple. Claire nous ayant appris que l'ambassade des États-Unis gérait une agence de placement, je m'y rendis et découvris une sorte de marché aux esclaves. À l'extérieur de l'enceinte du bâtiment, accroupis au bord de la pelouse, se massaient des dizaines d'Indiens en quête de travail. Une fois le futur employeur inscrit, la jeune Américaine chargée de la besogne allait jusqu'à la grille pour crier ses exigences à la foule rassemblée.

« Y a-t-il des couples parmi vous ? » hurla-t-elle de ma part, et Hari et Meena s'avancèrent pour se porter candidats.

Je n'avais pas la moindre idée du genre de question que j'étais censée poser à un cuisinier, mais il me parut opportun de m'enquérir des plats qu'il préparait.

« Je réussis bien le bœuf à la coréenne », répondit Hari en dodelinant fébrilement de la tête.

Voilà qui me semblait exotique, j'étais impressionnée.

« Autre chose ?

– Oh ! oui, madame. Le poulet à la coréenne. »

J'aurais dû me méfier : Hari, qui avait jusque-là travaillé pour des Américains ne se nourrissant que de conserves, n'avait rien d'un cordon-bleu. Mais il était adorable, et pour ce qui est de son épouse, Meena, qui devint notre femme de ménage, elle se montrait pleine de douceur et adorait nos filles, qu'elle gâtait à l'excès, allant jusqu'à les frictionner dans leur bain (elles étaient alors âgées de douze et neuf ans). Elle passait en outre plusieurs heures à jouer au Scrabble en leur compagnie, ce qui pour elle n'avait assurément rien d'une partie de plaisir : elle ne savait ni lire ni écrire. Hester et Claudia lui indiquaient donc les lettres à disposer sur le plateau lorsque venait son tour de jouer.

Puis Hari et Meena nous amenèrent à l'improviste leurs deux fils, Paul et Alex. Comment se tassèrent-ils tous les quatre dans le garage ? Je ne le saurai jamais. Alex allait encore à l'école, mais nous décidâmes d'embaucher Paul à titre de « porteur » – c'est ainsi qu'on appelle les majordomes en Inde. Seulement, le pauvre garçon était si timide qu'il ne prononçait pas le moindre mot. Je rentrai un jour du marché en voiture, franchis la grille et, d'un geste, saluai joyeusement l'adolescent qui se tenait au bord de l'allée. J'étais en train de m'extirper de derrière le volant quand j'entendis une petite voix à peine audible me demander si je ne verrais pas d'inconvénient à déplacer l'auto de quelques centimètres. Je m'étais garée sur le pied de Paul ! Par bonheur, la roue n'avait écrasé que le bout de sa chaussure, mais je me sentis affreusement confuse. Je lui aurais volontiers offert un stage d'affirmation de soi.

Avant de dénicher Hari et Meena, nous avions eu vent par le téléphone indien d'un certain Gangaram, qui se présenta chez nous pour y solliciter un poste de majordome. Il était charmant, mais au beau milieu de notre entretien je me rendis compte qu'il possédait deux pouces à la main droite. Mon cerveau ne fit qu'un tour : si la reine venait un soir dîner chez nous, il me faudrait faire confectionner pour l'occasion une paire de gants blancs munie en tout de trois pouces ; quant aux invités, ils tourneraient de l'œil en avisant, à l'heure où notre domestique desservirait la table, deux pouces sur une même assiette qu'il serait en train d'ôter. Et puis j'entendais déjà AW lui lancer de temps à autre : « Allons, Gangaram, cessez donc un peu de vous tourner les pouces ! » De toute façon, nous ne l'aurions pas embauché car nous avions compris que c'était un couple dont nous avions besoin, mais je regrette sincèrement de ne pas lui avoir proposé de l'aider à financer une intervention chirurgicale.

Le lundi matin, après avoir conduit les filles à l'école, Hari se matérialisait auprès de moi à la table du petit déjeuner, son Livre à la main. J'étais censée y inscrire les menus que je souhaitais lui voir préparer tout au long de la semaine. C'était un cauchemar. « Hari, commençais-je avec fermeté, ce soir vous nous ferez un gratin de macaronis avec une salade de tomates. » Me rappelant alors que sa méconnaissance de la gastronomie indienne lui valait de potasser à l'exception de tout autre le livre de recettes de Madhur Jaffrey, je rectifiais : « Non, pardon, oubliez les macaronis. Tentez donc le poulet braisé moghlai aux amandes et raisins secs proposé à la page 39. » Puis me revenait à l'esprit qu'après les deux mois que nous avions passés à l'hôtel Hester et Claudia ne supportaient plus la cuisine locale. « Non, Hari, nous mangerons plutôt des saucisses et des frites. » Mais nous avions épuisé, réalisais-je, notre réserve de saucisses importées d'Angleterre et craignions de contracter la trichinose en consommant celles du cru. Ainsi me rabattais-je au final sur le gratin de macaronis. Je n'étais certes pas aussi terrorisée par Hari que j'avais pu l'être souvent par Carmo, mais je compatis de tout cœur au sort de ce jeune Anglais installé à Delhi et qui, n'ayant jamais eu auparavant de domesticité, se sentait si mal à l'aise face à son cuisinier qu'il lui présentait systématiquement ses invités : « Ram Lal, je ne crois pas que vous connaissiez le professeur Simkins ni Sir Nigel Parkes… »

Au terme de la cérémonie du Livre, je mettais le nez dehors pour aller causer gestion du domaine avec le jardinier *(mali)*. Le terrain ne mesurait guère plus de trente mètres carrés, mais c'était une véritable petite oasis au milieu de la poussière, et à ce titre nous le traitions avec le plus grand sérieux. Peu après que nous l'eûmes engagé, le mali m'annonça qu'il aurait du *celery* d'ici la fin du mois. J'étais vivement impressionnée d'apprendre que trois semaines allaient lui suffire à faire pousser du céleri. Totalement ignare en la matière, j'imaginais quelque mystérieux prodige ayant trait au climat du pays, aussi lui débitai-je un ardent chapitre sur notre goût immodéré des légumes frais, sur l'excellente idée qu'il avait eue d'en cultiver… Il semblait de plus en plus déconcerté. Je finis par comprendre qu'en fait de céleri, il m'avait en réalité demandé de lui verser ses gages *(salary)* à la fin du mois.

Après les expériences canines menées aux Antilles, nous avions renoncé en Inde aux animaux domestiques, mais un chat vint rôder dans notre jardin. AW le baptisa Lucky (Veinard), par dérision assurément car il lui manquait une oreille, une patte, la moitié de la queue et un tiers environ du pelage. Hari le nourrissait et il ne nous déplaisait pas de le voir fréquenter nos parages.

Derrière notre maison passait une étroite ruelle dans laquelle nous déposions nos poubelles. Lorsque Hari y jeta par mégarde l'un de ses couteaux, il me fallut pour l'occasion farfouiller dans les ordures, à la faveur de quoi je fus témoin de ce qu'il advenait d'elles chaque jour. Le système se révélait d'une efficacité redoutable : les chiffonniers se présentaient les premiers pour récupérer les sacs en plastique, les boîtes de conserve, plus largement tout article susceptible d'être vendu ou réutilisé (le couteau était sans doute de ceux-là, car je ne remis jamais la main dessus) ; aux hommes succédaient les animaux (vaches et cochons) qui, d'un pas tranquille, venaient boulotter les denrées comestibles ; les éboueurs n'avaient plus grand-chose à emporter.

La grille de notre jardin, gardée par Paul et le mali, me faisait l'effet d'un rideau de fer qui aurait tenu à l'écart les centaines de millions d'Indiens massés à l'extérieur. Marchands de tapis du Cachemire, vendeurs de dentelles, charmeurs de serpents et camelots proposant des promenades à dos de chameau tentaient continuellement de la franchir sans grand succès. Et puis un jour, une femme se présenta avec une jatte vide. « Hors de question de refouler quiconque réclame à manger », décrétai-je avec des airs de mère Teresa en demandant à Hari d'aller chercher de quoi remplir sa gamelle. Il revint avec une casserole de dhal mais, à ma grande surprise, la femme se mit en colère. Il s'avéra qu'elle désirait en fait nous vendre son écuelle et que la dernière chose dont elle avait envie était de la voir souillée par de la nourriture.

Une personne bien informée m'expliqua que le seul moyen pour moi d'obtenir l'ouverture d'une ligne téléphonique était de glisser un bakchich dans mon dossier d'inscription avant de me rendre à la principale agence de télécommunications de la capitale. Après coup, je me demandai bien pourquoi je m'étais donné cette peine puisque notre ligne toute neuve était presque toujours en dérangement. AW ayant signalé le dysfonctionnement, notre téléphone se mit plusieurs jours durant à sonner toutes les dix minutes pour nous mettre en relation avec des techniciens qui, à l'autre bout du fil, nous braillaient des phrases en hindi. Enfin la situation s'améliora... jusqu'à notre premier Noël indien, quelques semaines plus tard, lorsque quinze personnes se faisant passer pour des techniciens des télécommunications se présentèrent à notre domicile pour nous réclamer des cadeaux. Nous refusâmes de leur accorder foi et demandâmes à Hari de les mettre dehors. Grossière erreur. Dès le lendemain, la ligne était de nouveau en dérangement ; elle le resta pendant un mois. Aujourd'hui encore, le seul fait d'y penser suffit à me mettre les nerfs en pelote. Sur le moment, je tâchai de ne pas m'appesantir sur le sujet, de crainte de terminer comme ce ministre indien qui, au bout de trois interminables journées d'attente, n'ayant toujours pas reçu l'appel longue distance qu'il avait sollicité, craqua et se précipita au central téléphonique en brandissant un revolver. Le pire est qu'il n'obtint pas pour autant sa communication ; en revanche, les standardistes se mirent en grève.

Une seconde crise éclata cette année-là à Noël quand j'allai récupérer les marrons que j'avais commandés chez Simla Fruit Mart pour m'apercevoir qu'on les avait remis à une autre cliente, mais je ne tardai pas à constater qu'en matière de farce la patate douce constituait un excellent substitut.

Je faillis pourtant gâcher cette période de fête en décidant sur un coup de tête (oui, moi, l'inadaptée sociale) d'inviter vingt-six personnes à déjeuner chez nous un samedi. Je regrettai aussitôt mon audace et passai quelques nuits blanches à imaginer chacun de nos amis en train de songer à part soi combien il trouvait assommantes nos autres relations. Quand je finis par m'endormir, ce fut pour rêver qu'AW découpait une seule cuisse de poulet pour rassasier les vingt-six convives. Pour couronner le tout, n'ayant encore jamais reçu plus d'une dizaine d'invités à la fois, nous ne possédions pas de casseroles ni de plats de service assez grands.

L'idée me vint d'abord d'emprunter de la vaisselle à Claire, mais trois jours avant le déjeuner je jugeai plus commode d'acheter quelques-uns de ces superbes ustensiles indiens en cuivre *(deksis)* dans lesquels je comptais à la fois cuire et présenter les mets que j'allais proposer. Je demandai son avis à Hari. « C'est comme Madame veut », me répondit-il, ainsi qu'il le faisait chaque fois qu'il estimait que j'étais en train de m'embarquer dans une entreprise hasardeuse. Loyal, cependant, il écuma en ma compagnie les échoppes du bazar du vieux Delhi pendant des heures, en quête de la ruelle des dinandiers (où se trouvait-elle, cette symphonie de cuivres ?). La tâche était ardue, le quartier bondé et encombré de véhicules. Nous n'eûmes à un moment d'autre choix, afin de traverser une rue, que de grimper dans un rickshaw déjà occupé pour en ressortir de l'autre côté.

Enfin les deksis furent à nous – on les vendait au poids –, et nous les rapportâmes tant bien que mal à la maison. Après quoi j'appris de la bouche même de Hari, qui n'avait pas songé à en faire mention plus tôt, que l'on ne pouvait rien y faire chauffer avant qu'ils n'aient été étamés. Il se trouvait qu'à notre porte avait longtemps campé un étameur qui s'était occupé de toutes les poêles et casseroles de Poorvi Marg, mais naturellement il s'était volatilisé entre-temps, de sorte qu'il nous fallut traîner notre matériel jusque dans un atelier situé à plusieurs kilomètres de chez nous.

Le jour de la réception, notre rutilante batterie de deksis produisit son effet. Hari était parvenu de surcroît à y confectionner quelques-unes des recettes proposées par Madhur Jaffrey. (Notre cuisinier lui-même s'était fait si beau pour la circonstance et paraissait si content de lui que quelques convives le prirent d'abord pour leur hôte.) Quant à ma liste d'invités, j'avais eu tort de m'en soucier puisque la moitié d'entre eux n'assistèrent pas au déjeuner. Margie, l'épouse du correspondant local du *Financial*

Times, m'informa qu'en Inde, si l'on souhaitait avoir vingt-six personnes à sa table il convenait d'en solliciter soixante – au risque de les voir au final se présenter toutes, accompagnées chacune d'une poignée d'amis.

Après toute cette tension, nous quittâmes Delhi pour une semaine de vacances au Kerala avec Meriel. Ce fut une expérience merveilleuse qui aurait certes pu s'avérer plus commode si, le premier jour, je n'avais déniché à Cochin un vieux service de table hollandais. Je réussis à convaincre AW que les prestigieux amphitryons que nous étions devenus en avaient un besoin vital ; il rétorqua que c'était à moi qu'incombait l'entière responsabilité de l'affaire. On emballa les assiettes dans deux caisses trop volumineuses pour les taxis disponibles, si bien qu'au cours de notre périple vers le sud nous ne pûmes emprunter que des véhicules munis de galeries, beaucoup plus rares que les taxis ordinaires. Mes compagnons de voyage en conçurent contre moi un brin de ressentiment, mais le jeu en valait la chandelle : les assiettes ornent désormais les murs de notre cuisine du Somerset.

Grâce aux relations professionnelles de mon époux, nous passâmes une partie de notre séjour au State Guest House de Kovalam. C'était un endroit ravissant juché tout en haut d'une falaise d'où l'on contemplait sur des kilomètres la mer bleue et le sable hérissé de palmiers. La première nuit, cependant, Meriel rêva qu'on la dévorait vivante et constata en s'éveillant que tel était bien le cas : une colonie de fourmis logeait dans son matelas. AW, lui, ouvrit les yeux pour se trouver nez à nez avec un cafard d'une dizaine de centimètres de long perché sur sa joue, et je constatai pour ma part que des fourmis avaient grignoté ma culotte.

La plage était fréquentée par d'authentiques

hippies à la peau tannée qui y pratiquaient le yoga au coucher du soleil, ainsi que par des Allemands et des Italiens ayant troqué les maillots de bain traditionnels contre des strings – nos filles les avaient surnommés « sacs à zizi » – proposés par des vendeurs locaux. Entre ces garçons et leurs petites amies aux seins nus, nous étions certains, du fond de nos chastes défroques, de tenir la raison qui poussait chaque jour, après les heures de travail, des hordes d'employés de bureau à venir en autobus depuis la ville voisine de Trivandrum pour guigner les touristes.

Lors de l'incontournable excursion en bateau sur les canaux du Kerala, nous fûmes tous piqués par des moustiques et je m'en inquiétai un peu.

« Est-il possible d'attraper la malaria par ici ? » demandai-je à notre guide. Il me répondit avec une pointe de mélancolie dans la voix :

« Non, des programmes d'éradication de la maladie ont été mis en place. »

Mais il se ragaillardit pour ajouter :

« En revanche, il reste toujours l'éléphantiasis. »

Mais c'est le ton *so british* d'AW résonnant à la nuit tombée dans le hall du State Guest House qui demeure mon souvenir le plus émouvant de Kovalam, quand je l'entendis expliquer d'une voix forte et lente : « J'ai demandé voilà deux jours que l'on nous apporte du papier hygiénique, mais nous n'avons rien vu venir. La situation est à présent préoccupante. Veuillez, je vous prie, faire porter du papier hygiénique dans les chambres 4 et 5. Comprenez-vous ce que je vous dis ? Papier hygiénique, papier toilette, dans nos chambres, s'il vous plaît. »

En début d'année, un astrologue de Delhi prédit qu'au cours des douze prochains mois un insecte se glisserait d'un coup d'aile ou de patte dans la bouche de Fidel Castro durant l'un de ses longs discours et l'étoufferait. Quelle histoire ! Mon propre horoscope, dans un journal indien, n'atteignait pas à une telle précision : il se contentait d'indiquer que l'année à venir se révélerait l'une des plus fastes de ma vie... Il faut dire qu'en l'espace de huit semaines on m'avait chipé mon portefeuille puis dérobé mon sac, que j'avais failli par deux fois m'électrocuter en actionnant un interrupteur, enfin que je m'étais affalée sur le sol en pierre de la véranda que Paul venait d'astiquer.

Lorsque nous vivions encore à l'hôtel Claridges, je m'étais fait mal au dos et un agent immobilier (les gens de son espèce étaient alors mes seules relations à Delhi) me conduisit à Shankar Market auprès d'un vieil homme qui n'avait pas son pareil pour remettre d'aplomb les colonnes vertébrales. Je patientai dans le taxi tandis que l'agent immobilier disparaissait dans une quincaillerie pour en ressortir avec le guérisseur. Celui-ci me déclara que, oui, il était en mesure de me soulager, mais à la condition que le traitement soit administré à un carrefour, au lever ou au coucher du soleil ; il avait, en attendant, commencé de préparer plusieurs poudres sacrées. Je suis toujours d'avis de donner sa chance à chacun (ainsi, à Trinité, m'étais-je fait manipuler le cou par un chiropracteur dont l'un des bras était plâtré), mais cette fois je ne concevais pas qu'il puisse m'arriver quoi que ce soit à un carrefour de Delhi, sinon me faire renverser par une voiture ou périr asphyxiée par les gaz d'échappement. J'ai probablement eu tort de ne pas essayer. Une amie indienne dont je fis la connaissance par la suite me raconta qu'après avoir égaré un bijou elle se rendit chez un astrologue. Il lui affirma que si elle rentrait chez elle pour y donner un peu de yaourt à un chien noir, il (l'astrologue, pas le chien) serait ensuite à même de lui révéler où se trouvait l'objet. Mon amie s'exécuta, le mage dessinant en retour une carte sur laquelle était indiqué l'endroit où se dissimulait son bijou : son coffre-fort à la banque.

Au Claridges, nos chambres ne se situant qu'à

quelques portes de celle où exerçait un astrologue, Claire et moi rassemblâmes un jour tout notre courage pour prendre rendez-vous avec lui. Le jour venu, nous nous présentâmes comme prévu à dix heures et demie pour nous casser le nez contre sa porte : il n'était pas encore arrivé. Plus tard dans la journée, il s'excusa, lorsque nous le croisâmes dans le couloir, de nous avoir fait faux bond : il avait été pris dans les embouteillages. « De toute évidence, persifla Claire, vous ne voyez pas bien loin dans l'avenir. »

Après six mois passés en Inde, les agents immobiliers n'étaient plus les seuls autour de moi à pouvoir me suggérer où soigner mes douleurs ; de l'avis général au sein de mon nouveau cercle d'amis, le centre de kinésithérapie de Mme Natrajan semblait pour mon cas l'endroit le plus recommandé. Les lieux n'avaient pourtant rien d'engageant : entre huit et dix personnes plus ou moins dévêtues s'entassaient dans une unique petite pièce, toutes sanglées à de sinistres appareils. On aurait cru une sorte de salle de torture, mais il y régnait une ambiance plutôt joviale. Entre les jérémiades et les soupirs de douleur – les patients indiens de Mme Natrajan manquaient passablement de flegme –, nous papotions de tout et de rien, de Rajiv Gandhi au cricket. Je confiai à mes compagnons d'infortune que je souhaitais faire dresser mon horoscope mais qu'hélas ma mère avait oublié l'heure exacte de ma naissance – tout juste se rappelait-elle avoir entendu à ce moment-là le Frontier Mail, train célèbre qui, en effet, passait alors à Ambala, dans le Panjab, où j'avais vu le jour. L'un des malades se trouvait être précisément un passionné de trains : il pouvait, me dit-il, obtenir sans peine le renseignement que je cherchais en consultant ses vieux horaires ; il m'en ferait part lors de notre prochaine séance. Au rendez-vous suivant, il avait en effet tout consigné par écrit, mais une question demeurait : dans quel sens le train circulait-il ce jour-là ? J'appelai ma mère le soir même. Elle eut beau faire, elle ne parvint pas à s'en souvenir, et c'en fut fini de mes espoirs de jamais obtenir un horoscope digne de ce nom.

Je surpris un jour, derrière un rideau, un curieux échange entre Mme Natrajan et un gentleman indien.

« Je pense tout de même que c'est un peu déplacé, fit l'homme avec une pointe de coquetterie dans la voix.

– Déplacé ? rétorqua vivement la dame. Que voulez-vous dire ?

– Le fait que vous m'aidiez à ôter mon pantalon... bredouilla l'homme, comme s'il regrettait un peu d'avoir abordé le sujet.

– Ça n'a rien de déplacé, le rembarra la kinésithérapeute. Ça s'appelle de la prévenance. »

Bientôt eut lieu la journée du Sport, organisée une fois l'an à l'école britannique. Elle se tenait toujours en hiver car les étés se révélaient trop chauds. Au cours des manifestations scolaires auxquelles j'avais jusqu'alors assisté à l'étranger pour Hester et Claudia, je ne cessais en général de sangloter dans mon mouchoir, bouleversée par ces groupes d'enfants de toutes couleurs et de toutes nationalités – la Grande Famille humaine, me disais-je –, mais cette fois-là, après qu'il eut fallu recommencer la course au citron* parce que la plupart des parents avaient triché en poussant leur fruit avec leurs doigts, j'oubliai mes nobles sentiments pour tenter à tout prix de remporter la course des mamans. Ayant terminé deuxième (la gagnante portait des chaussures de course professionnelles), il me fallut grimper sur le podium devant toute l'assistance pour que le directeur de l'établissement me passe la médaille d'argent autour du cou. Je me sentais affreusement mal à l'aise

---

* La course au citron consiste pour ses participants à faire rouler un citron jusqu'à la ligne d'arrivée à l'aide d'une cuiller. *(N.d.T.)*

mais songeais à la joie et à la fierté que mes filles ne devaient pas manquer d'éprouver. Juchée sur mon podium, je les cherchai du regard : je ne les vis nulle part. En fait, elles s'étaient cachées de crainte que quelqu'un ne découvre que nous appartenions à la même famille. Elles me firent promettre de ne plus jamais prendre part à la course des mamans, de ne plus jamais venir à l'école dans quelque tenue indienne que ce soit et de ne plus jamais, quel qu'en puisse être le prétexte, arborer des bagues d'orteil devant leurs amis – j'avais couru pieds nus.

Elles avaient raison : j'avais un peu forcé la note ethnique, mais je ne faisais guère là que subir les phases par lesquelles passent tous ceux et celles qui se trouvent pour la première fois confrontés à l'Inde. Première étape : on se prend de passion pour le pays, on rêve de devenir indien, on brûle de l'encens, on applique de l'huile sur ses cheveux avant d'aller se coucher (AW avait l'impression de partager son lit avec un *poppadom**), on se met à porter des vêtements traditionnels et des bagues d'orteil. Deuxième étape : on prend peu à peu en horreur la nation tout entière, les mendiants, le climat, l'inconcevable fossé qui sépare les pauvres des riches, la corruption, le téléphone ; on n'a plus qu'un désir, regagner son pays natal. Troisième et dernière étape : adoptant une position intermédiaire, on entreprend de vivre là comme on le ferait dans n'importe quelle autre contrée, à ceci près que les réserves d'exotisme y tarissent moins vite qu'ailleurs.

J'embauchai un tailleur qui, installé sur notre véranda, vint confectionner des habits pour toute la famille. La première chose qu'il fit en arrivant fut d'ôter son pantalon, ce qui m'alarma, mais il se

---

* Mince galette frite. *(N.d.T.)*

contenta de le troquer contre un autre, plus lâche, afin de s'asseoir par terre plus à son aise. Nous ne sympathisâmes jamais ; il passait à mon goût trop de temps à lisser les pinces de poitrine. Et un jour où je me plaignais qu'une robe qu'il venait de coudre pour moi se gonflât légèrement sur le devant, il repartit : « Oui, madame, c'est parce que vous êtes un peu grosse. »

En Inde, tout le monde avait une désastreuse histoire de tailleur à raconter, de même que chacun avait connu son lot de catastrophes culinaires et de réceptions ratées. Michael Hamlyn, le correspondant du *Times*, s'était ainsi fait faire un ensemble saharien dont les poches de poitrine se situaient l'une au niveau de la taille, l'autre à hauteur d'épaule. Il ne pouvait le porter, me confia-t-il, qu'à condition de rester debout avec une main sur la tête. AW, lui, eut envie d'un costume d'été. Nous nous rendîmes au Khan Market, le tailleur de notre véranda ne sachant pas fabriquer les costumes, où nous choisîmes une jolie cotonnade d'un beige inoffensif sans nous aviser que nous avions sous les yeux l'envers du tissu. Il s'agissait en réalité d'un satin de coton chatoyant, si bien que lorsque AW revint pour les essayages, on lui présenta un vêtement qu'Elvis aurait sans doute ajouté de bon cœur à sa garde-robe.

En Inde, rien ou presque ne se déroulait comme prévu. Dans une exposition-vente d'artisanat, je croisai un cordonnier qui réalisait les plus belles chaussures brodées qui se puissent imaginer. Je lui en commandai une paire et, l'homme vivant près de Jodhpur, à plusieurs centaines de kilomètres de Delhi, lui demandai de me l'expédier par la poste, mais quelques semaines plus tard il se présenta en personne à la grille de notre maison avec mes souliers. Ils étaient absolument exquis – mais gigantesques. Pourquoi les avait-il faits si grands, m'étonnai-je, puisqu'il avait reporté au crayon l'empreinte de mon pied sur une feuille de papier lors de notre première rencontre ? Il avait pensé, m'éclaira-t-il, que j'aurais peut-être gagné quelques pointures entre-temps.

L'erreur humaine, voilà bien ce qui nous faisait tourner en bourrique à Delhi, mais c'était elle aussi qui nous rendait ce pays si attachant car on ne savait jamais ce qui allait s'y passer. La réalité, en Inde, se révélait toujours plus étrange que la fiction.

On m'avait inculqué dans mon enfance que lire des romans avant le déjeuner était une pratique décadente – il convenait de s'acquitter d'abord des tâches ménagères. C'est pourquoi j'éprouvais toujours une pointe de culpabilité à dévorer les journaux indiens au petit déjeuner : leurs articles valaient tous les romans du monde. UN HOMME TUE UN SERPENT D'UN COUP DE DENT ; UN CHIEN ERRANT VOLE UN NOUVEAU-NÉ À L'HÔPITAL ; ENLEVÉE DOUZE ANS PLUS TÔT À SON DOMICILE, UNE JEUNE FILLE DEVENUE AVEUGLE ENTRE-TEMPS VIENT MENDIER À SA PROPRE PORTE, UN VIEUX SERVITEUR LA RECONNAÎT ET LA SAUVE.

Vu la taille de la population indienne, le moindre événement prenait dans le pays d'invraisemblables proportions. Évoquant un accident de voiture, un quotidien précisait ainsi : « Sur les 33 passagers de la Jeep, 16 furent tués sur le coup. » Quant au terme « mésaventure » tel qu'employé dans les journaux indiens, il était toujours plus proche du drame que de l'incident. Une « mésaventure », en Grande-Bretagne, ce peut être un invité renversant sa tasse de thé lors d'une réception donnée par le pasteur, mais ici l'on pouvait lire : LA MÉSAVENTURE MARITIME COÛTE LA VIE À 250 PERSONNES. Les journalistes avaient aussi tendance à parler de « corps » plutôt que d'« organisation », ce qui donnait lieu à des manchettes effarantes : ON RENOUVELLE LES TÊTES AU SEIN DU CORPS ; LES CORPS PAYSANS PRÊTS À S'OUVRIR À D'AUTRES ; UN CORPS VIENT EN AIDE AUX VICTIMES D'ERREURS MÉDICALES. Ce jour-là, AW me fit remarquer que les « victimes » elles-mêmes se trouvant sans doute pour la plupart déjà réduites à l'état de cadavre, il s'agissait là d'une belle solidarité – un véritable esprit de corps, en somme. Force nous était de « penser indien » sous peine de n'être jamais sur la bonne longueur d'ondes. Une fois, la une indiquait : PADDY MAL EN POINT EN ORISSA. Bien entendu, il s'agissait des menaces pesant sur la récolte de riz paddy, non des déboires de quelque touriste irlandais égaré dans cet État de l'Inde.

Les Indiens adorent s'échanger de petits mots par écrit. Hari m'en fit parvenir un au début d'un dîner que nous donnions à la maison : « Madame, venez dans la cuisine. Vite ! » Je m'excusai auprès de nos invités pour filer dans ladite cuisine que je m'attendais à trouver dévorée par les flammes, à moins que Hari, qui venait peut-être de s'ouvrir malencontreusement les veines avec un couteau à découper la viande, ne repose inanimé sur le sol, prêt à rendre l'âme, ou que ce soit le repas tout entier qui gise par terre... Mais mon cuisinier se tenait debout dans la pièce, fort calme. « Madame, fit-il en me voyant entrer, dois-je servir des tranches de pain grillé avec le pâté ? »

Le message le plus affligeant que j'eus l'occasion de lire me fut remis à notre grille par un petit garçon. Le mot avait été tapé à la machine : « Je suis muet, je n'ai pas de langue, c'est pourquoi je vous adresse par écrit mon humble requête. Je n'ai pas de parents et je suis sans domicile. Personne ne m'attend à la surface de cette terre. » C'était poignant, et au fil des jours nous le couvrîmes de roupies – jusqu'à ce que Paul le surprenne en train de babiller joyeusement avec d'autres gamins au bout de notre rue. La même semaine, je vis le lépreux qui mendiait à la sortie de l'église étirer par-dessus les moignons qu'il semblait posséder en guise de mains dix doigts en parfait état. Je rêvai de m'asseoir à côté de lui pour l'entendre m'expliquer de quelle manière il s'y était pris pour les dissimuler avec tant d'habileté.

Il y avait en Inde mille sujets d'accablement : l'effroyable pauvreté, les petits gueux qu'on mutilait pour les rendre plus touchants, le froid glacial qui, en hiver, s'abattait sur ceux qui vivaient dans la rue. Ces chutes de température nous avaient tout bonnement stupéfiés : on fermait l'aéroport de Delhi pour cause de brouillard plus souvent, je crois, que ceux de Londres. Mais les occasions de sourire se révélaient pareillement nombreuses. Je me rappelle ce cabinet médical, non loin de chez nous, dirigé par les docteurs Nag, Nag et Nag, ou encore les modèles de télégrammes punaisés au mur du bureau de poste et qu'on avait tout loisir de déchiffrer en faisant la queue. C'est qu'en Inde on pouvait commander ses télégrammes comme un menu dans un restaurant : je vais prendre un 7 (« Félicitations pour les distinctions qui vous ont été accordées »), un 16 (« Que le ciel déverse ses bienfaits sur l'heureux couple ») et puis un 13 (« Mille mercis pour vos bons vœux et veuillez à votre tour recevoir les miens/les nôtres »).

Après les rigueurs de l'hiver, la canicule s'installa d'un coup – dès la fin avril il fait trop chaud pour entreprendre quoi que ce soit. En été, les piscines des hôtels de Delhi sont réfrigérées et quiconque commet l'imprudence de sortir en plein soleil a l'impression de se muer en côte de porc déposée sur un grill. Dans ces conditions, c'est au tout début du printemps que quelques-uns de nos amis organisèrent une excursion dans un camp dédié à la faune sauvage, où l'on nous proposa un minisafari à dos de chameau. Au moment de grimper sur le mien, je changeai d'avis, songeant qu'avec le vertige dont je souffrais je serais plus à mon aise à l'avant d'une charrette à chameau auprès de Deborah, jeune maman venue là avec son bébé. Nous eûmes toutes deux le désagrément de constater que ces animaux urinaient vers l'arrière… Quant à notre charretier, il ne cessait de nous lorgner en répétant :

« Chameaux très sexy ! » Deborah et moi convînmes que décidément chacun voyait midi à sa porte, mais l'homme tentait seulement de nous faire comprendre que c'était alors chez les chameaux la saison des amours, ce qui semblait expliquer pourquoi les bêtes soufflaient d'énormes bulles roses, toutes pareilles à des bulles de chewing-gum, au moyen de certaine partie buccale que les autres mammifères ne possèdent pas.

De retour à Delhi, le supérieur d'AW nous convia à un grand dîner qu'il donnait dans son jardin. S'y pressaient rajahs et maharajahs. Nous passâmes une soirée exquise, jusqu'à ce que mon voisin de table, un Indien, me confie qu'il me trouvait une ressemblance frappante avec quelqu'un, mais qui donc ? Impossible pour lui de répondre… J'imaginais déjà une star de cinéma quand il se tourna soudain vers moi : « J'y suis ! Vous êtes le sosie de Tiny Rowland ! » Tiny Rowland était un homme d'affaires anglais fort célèbre à l'époque ; âgé d'environ soixante-cinq ans, il possédait un visage tout en longueur et des cheveux blancs. J'en demeurai affectée plusieurs jours durant.

C'est à Delhi que nous fîmes connaissance avec la « poignée de main spéciale Foreign Office ». Cette poignée de main, à laquelle les employés du ministère ont recours s'ils ont à saluer un grand nombre de gens au cours d'une réception, est conçue pour dissuader quiconque de s'attarder pour un brin de causette. Quand un fonctionnaire du Foreign Office vous serre la main, il s'arrange pour la porter simultanément vers l'avant, de manière à vous pousser vers la personne qu'il a prévu de saluer après vous. AW et moi nous demandâmes si un tel geste était tout spécialement enseigné aux diplomates britanniques ou s'ils en acquéraient la maîtrise sur le tas.

Le bureau d'AW à New Delhi se situant dans le même bâtiment que l'antenne indienne des éditions Oxford University Press, un matin, sans en souffler mot à quiconque, il prit dans mon tiroir le manuscrit de mon livre sur le Cachemire qui, refusé partout, m'avait causé tant de chagrin, pour le donner à lire à ses voisins éditeurs. Au même moment, à Londres, mon vieil ami Christopher Matthew montrait au rédacteur en chef du magazine *Punch* quelques-unes de mes lettres. C'est ainsi qu'un jour, un jour merveilleux que je n'oublierai jamais, je reçus un coup de téléphone de Rukun Advani, le patron d'Oxford University Press India, m'annonçant qu'il souhaitait publier mon ouvrage sur le Cachemire, puis un appel d'un employé de *Punch* qui désirait savoir si j'étais partante pour rédiger une chronique humoristique consacrée à ma vie en Inde. Mon horoscope avait dit vrai : cette année-là se révéla l'une des plus belles de mon existence.

Hester et Claudia s'étaient fait des amis à l'école britannique ; elles y obtenaient de bons résultats et s'y plaisaient beaucoup, mais un nuage planait au-dessus de nos têtes : le GCSE*. Si notre fille aînée voulait intégrer plus tard une université anglaise, il lui fallait passer son GCSE, ainsi que son *A level*** , et elle devait pour ce faire rentrer étudier au Royaume-Uni à l'âge de douze ou treize ans. Cela me fendait le cœur – j'avais détesté mes années de pensionnat –, mais il ne semblait pas y avoir d'échappatoire. Aucun établissement à Delhi ne préparait au GCSE. Hester, elle, se réjouissait plutôt de cette perspective, de sorte que nous l'inscrivîmes dans une école du Somerset où le père d'AW avait jadis enseigné. Elle y entrerait au mois de septembre, et je lui promis que, si elle s'y sentait trop mal, nous la reprendrions avec nous au bout d'un an.

Chaque jour, sur le chemin de l'école, nous passions

---

* Le GCSE *(general certificate of secondary education)* correspond à notre brevet des collèges. *(N.d.T.)*

** Équivalent de notre baccalauréat. *(N.d.T.)*

devant une famille de mendiants installés au feu rouge : il y avait là cinq enfants de tous âges dirigés par une fillette de onze ou douze ans à la mine particulièrement radieuse. Tous les matins, nous les saluions d'un geste de la main, Hester et Claudia soupirant : « Ce serait bien si on pouvait les faire venir à la maison pour leur faire prendre un bain, les coiffer et leur offrir de nouveaux vêtements. » Je partageais leur désir mais songeais que nous ne pouvions décemment pas les enlever ainsi pour les ramener chez nous sans risquer d'ennuis. C'est alors que par une chaude matinée de mai ils se présentèrent comme par enchantement à notre grille. Comment connaissaient-ils notre adresse ? Mystère. Notre rêve était soudain devenu réalité.

Coup de chance, l'une des amies indiennes de Hester et de Claudia se trouvait à la maison pour le week-end et nous servit d'interprète. Les enfants avaient-ils envie de prendre un bain et de se laver les cheveux ? Oui, répondit la pétulante meneuse de groupe, mais seulement si les hommes s'en allaient. AW, Paul et Hari se retirèrent dans la maison tandis que nous installions au jardin deux grands baquets en plastique. Nous les remplîmes d'eau au moyen du tuyau d'arrosage avant d'y laisser entrer les bambins, auxquels nous avions fourni du gel douche, du shampooing et des crèmes. Ils clapotèrent toute la matinée et s'amusèrent beaucoup, puis nous les coiffâmes et les habillâmes de neuf avant d'aller les déposer à leur feu rouge.

Je me faisais du souci : avions-nous bien ou mal agi ? Et s'ils attrapaient un rhume ? Et si nous leur avions attiré des problèmes ? Le lendemain, ils n'étaient pas à leur emplacement habituel, ni le jour suivant. Je commençais à m'affoler... Mais le troisième jour, ils étaient de retour – plus crapoteux que jamais. Nous les interrogeâmes. La fillette à la mine réjouie nous apprit qu'en effet ils avaient fait face à quelques embêtements, mais rien de trop grave, de toute façon ils avaient adoré ces heures passées en notre compagnie.

Cinq ans plus tard, profitant d'un bref séjour à Delhi, AW et moi roulâmes jusqu'au feu rouge : la troupe y trônait toujours. La radieuse enfant avait grandi, nous reconnut, nous fit signe et se précipita vers nous en riant. Nous lui donnâmes un peu d'argent avant de repartir, le cœur gros. Cette tristesse ne m'a jamais quittée et l'image de cette gamine continue de me hanter.

Hester, Claudia et moi nous apprêtions à rentrer en Angleterre pour les vacances. La chaleur était épouvantable. À Delhi on ne parlait plus d'autre chose, la température devenait une obsession. Juste avant notre départ, nous visitâmes un musée à Alwar, au Rajasthan, où pour tenter d'estimer la canicule ambiante (il n'y avait pas de thermomètre à proximité) nous touchâmes le front d'un buste en bronze de la reine Victoria. Il se révéla à ce point brûlant que nous en convînmes tous : si elle avait été vivante, Sa Majesté en serait morte !

Du jour au lendemain, nous sembla-t-il, vint le moment de coudre le nom de Hester dans la doublure de ses vêtements et de la préparer à entrer au pensionnat. Enfin arriva le jour du départ, un jour terrible – nous n'avions pratiquement jamais été séparés d'elle –, et nous la conduisîmes à sa nouvelle école en tâchant de faire bonne figure. AW monta ses valises dans le dortoir ; nous fîmes la connaissance du professeur en charge du groupe et de quelques jeunes filles, puis ce furent les adieux. Des adieux déchirants, suivis le soir même par des appels téléphoniques chargés de sanglots. Je décidai, plutôt que de regagner immédiatement l'Inde, de demeurer quelque temps dans le Somerset afin de retrouver Hester le week-end. J'en profitai pour faire examiner un étrange grain de beauté apparu sur ma jambe et tenter de résoudre mes constants soucis digestifs.

Ces derniers étaient dus à un gigantesque ver solitaire – peut-être bien long de plus d'un mètre, avança le médecin – dont on me débarrassa aisément. (Je regrette néanmoins de ne pas en avoir conservé un œuf ou deux pour produire un nouveau spécimen à ma guise, comme Maria Callas en son temps, car je me mis aussitôt à reprendre du poids.) Quant au grain de beauté, c'était plus grave : il s'agissait d'un mélanome à ôter au plus vite. Il fallut prendre des mesures d'urgence. Claudia intégra l'école de Hester en qualité d'externe et ma sœur Tessa débarqua de Combrie pour s'occuper de nous pendant que l'on me charcuterait à l'hôpital. AW me téléphonait chaque jour pour me répéter tendrement que tout irait bien. Comme il ne dit jamais autre chose en cas de crise, je me suis toujours refusée à le croire mais, ainsi qu'il m'en a récemment fait la remarque, il ne s'est pour l'heure jamais trompé. Une poignée de jours suffit à mon rétablissement, pourtant je demeurai un temps en proie à l'angoisse, craignant que le cancer ne récidive, et c'est ainsi qu'il m'arrivait de fondre en larmes entre les rayons de chez Marks & Spencer ou bien au beau milieu d'un dîner.

Songeant que Hari devait s'inquiéter de ne pas nous voir rentrer, je l'appelai. AW serait devenu fou furieux s'il avait surpris notre conversation.

« Bonjour, Hari, hasardai-je dans la friture qui saturait la ligne, c'est Madame, en Angleterre.

– Oui, répondit-il, Madame est en Angleterre.

– Non, Hari. C'est moi, c'est Madame. Je vous téléphone d'Angleterre.

– Oui, oui, Madame est partie pour l'Angleterre.

– Écoutez-moi ! hurlai-je d'une voix suraiguë. Je suis Madame. Et je suis en Angleterre.

– Madame est en Angleterre jusqu'à la fin du mois de septembre. »

L'échange se poursuivit ainsi près d'une demi-heure au terme de laquelle Hari finit par comprendre, lançant un « Oh ! Vous êtes *ma* Madame » sur un ton si affectueux que je me mis à pleurer.

De retour en Inde après les vacances de Noël, j'entamai ma chronique pour *Punch* et corrigeai mon livre sur le Cachemire en vue de sa publication, les semaines (une fois n'était pas coutume) défilant paisiblement, jusqu'à ce que pour Pâques Hester nous rende visite avec trois de ses amis. Pour nous soustraire à l'entassement de ces cinq enfants dans notre logis minuscule, nous organisâmes un voyage au cours duquel chacun tint un journal de bord. Voici le mien :

Premier jour.

Sommes partis en Land Rover en embarquant nos oreillers. Il y a vraiment de quoi s'étonner que, chaque année, des millions et des millions de poulets soient consommés en Inde sans que jamais personne ait l'idée d'utiliser leurs plumes. Les oreillers fournis dans les hôtels possèdent un rembourrage de kapok parfois si dense qu'on s'assomme en se couchant, à moins qu'ils ne soient taillés dans un morceau de caoutchouc mousse sur lequel la tête rebondit chaque fois qu'on se tourne dans le lit.

Nous avions aussi préparé des cartons de fournitures médicales, de l'eau minérale indienne (en dépit des annonces placardées dans tout Delhi : « L'eau minérale peut être frelatée »), des produits antimoustiques de toute sorte, un panier d'osier pour les pique-niques et des boîtes de conserve. Nous avons oublié une partie de ces provisions dans l'entrée. Quant aux boîtes de conserve, nous n'en avons pas ouvert une seule durant notre périple : nous dénichions toujours une sorte de routier où assouvir notre récente passion pour les chapatis chauds, galettes que nous tartinions de beurre de cacahuète (celui que nous avions apporté avec nous) et de miel, avant de les rouler puis de les déguster dans le sens de la longueur.

Au terme du voyage, nous aurons diverti davantage de spectateurs qu'un film à succès. Lors de l'un de nos arrêts, Hester a recensé plus de cent personnes se pressant pour nous voir barbouiller nos vêtements de beurre de cacahuète fondu et de miel liquide. La manière dont les Indiens sont capables de vous observer est une chose tout bonnement stupéfiante : le bec grand ouvert, ils vous fixent sans honte et sans ciller, le plus près possible de vous. Mais attention, le phénomène est contagieux, je me suis surprise un jour à en faire autant dans une église d'Angleterre.

Sommes arrivés à l'hôtel huppé d'Agra à seize heures trente au terme de cinq heures et demie de route, morts de chaleur, crasseux et exténués, pour nous entendre dire par le responsable des lieux que, puisque nous ne nous étions pas présentés comme convenu avant seize heures, il avait déjà disposé de nos chambres. Il ignorait à qui il avait affaire. À Bruxelles, j'avais tenté un jour de me faire passer pour un écrivain voyageur de renommée internationale fermement décidé à ternir à jamais la réputation de l'établissement, mais il m'était apparu que la tactique s'avérait totalement inefficace – le militantisme actif, il n'y a que ça de vrai ! Après que les enfants eurent récupéré les oreillers dans la Land Rover, nous avons déclaré au directeur de l'hôtel que, n'ayant plus nulle part où aller, nous dormirions par terre dans le hall. Quelques secondes plus tard, on nous réattribuait nos chambres.

Deuxième jour.

Sommes allés visiter le Taj Mahal. Il faisait près de trente-huit degrés, ce qui peut sembler raisonnable mais se révèle difficilement surmontable à quiconque s'avise de jouer les touristes, en particulier lorsqu'il entreprend d'arpenter un édifice de marbre blanc qui réverbère les rayons du soleil comme ces écrans de papier argenté dont s'entourent sur les plages les plus fervents adeptes du bronzage.

Il convient, à l'entrée du palais, soit d'ôter ses chaussures pour circuler pieds nus, soit de payer une roupie supplémentaire contre de petits sacs en coton à enfiler par-dessus ses souliers. Devant nous, des touristes français ayant refusé haut et fort de louer ces gadgets sous prétexte qu'ils tenaient de l'escroquerie, ils ont retiré leurs sandales, sous le regard narquois de l'homme aux sacs. Après avoir tenté trois pas grésillants sur le marbre surchauffé, ils ont fait demi-tour clopin-clopant, la plante des pieds légèrement grillée, pour venir quémander les fameuses surchaussures.

AW et moi avons exigé des enfants qu'ils se cachent les yeux avec la main jusqu'à ce que nous nous trouvions juste en face du Taj Mahal, après quoi, bouche bée, ils ont eu tout le loisir de le contempler. Une véritable merveille ; j'étais aux anges... quand, surgi de nulle part, un homme s'est avancé vers moi : « Bonjour. Vous êtes très vieille. Vos cheveux sont gris et vous avez cinq enfants. S'il vous plaît, donnez-moi quelques roupies. » J'étais totalement décontenancée. Une seule misérable réplique a su passer mes lèvres : « J'ai les cheveux blonds, pas gris. »

Troisième jour.

Avons roulé jusqu'à Jaipur, sommes arrivés à l'hôtel morts de chaleur, crasseux et exténués, pour nous entendre dire par le responsable des lieux qu'il n'avait plus de chambres doubles – mais que si nous avions l'obligeance de bien vouloir choisir entre la suite du maharajah et celle de la princesse, il nous la louerait au prix d'une chambre ordinaire. Une fontaine trônant au milieu du salon de la suite de la princesse, c'est pour celle-ci que nous avons opté. Après que le porteur eut largué nos bagages pour s'éclipser sur-le-champ, AW a montré aux enfants comment, en obstruant avec les doigts quatre buses de la fontaine, on pouvait faire gicler de la cinquième un jet de deux mètres et demi de haut. Avons renoncé à visiter Jaipur pour jouer dans notre suite.

À la sortie de la ville, nous avons vu un éléphant et son cornac quitter la route principale pour s'engager sur une piste menant à un lac. Nous allons rester ici un moment, a proposé AW, afin d'assister à une belle scène typiquement indienne. Nous allons observer le cornac en train de baigner son animal dans les eaux du lac. De tous nos yeux nous avons donc observé : l'homme est descendu de son éléphant, il est allé aux toilettes, puis il a regrimpé sur le dos du pachyderme. Une scène typiquement indienne, en effet.

Quatrième jour.

Avons roulé jusqu'à la réserve des tigres de Rantambore. Deux choix s'offraient à nous en matière d'hébergement : une « maison de repos gouvernementale » située à l'extérieur du parc ou bien un pavillon moghol, certes dépourvu d'électricité, mais ô combien romantique, qui se dressait au cœur de la réserve. Nous avions retenu des chambres dans le pavillon mais, comme de juste, on nous a appris qu'un officier de l'armée de l'air indienne, arrivé le matin même, avait réquisitionné les lieux. On a fini par nous concéder deux chambres minuscules, AW et moi nous contentant d'un matelas disposé sur la véranda.

J'étais sur le point de m'endormir lorsque je me suis rendu compte que rien n'avait été prévu pour empêcher un éventuel tigre de se hisser nonchalamment sur la véranda puis de repartir avec entre les mâchoires l'un de nous deux en guise de dîner. Ai réveillé AW pour lui demander ce que nous devions faire. Il ne dormait pas, tenaillé par des craintes similaires. Nous nous sommes relevés pour dresser autour du matelas une barrière de chaises en rotin. Bien sûr, ainsi que nous l'avons exposé le lendemain matin aux railleurs, nous avions parfaitement conscience que notre barricade n'arrêterait pas un fauve, mais au moins le raffut nous aurait-il alertés avant que ne nous réveille le souffle chaud du prédateur contre notre joue. Ai-je employé le verbe « réveiller » ? La bonne blague : nous n'avons pas fermé l'œil. Toute la nuit, nous avons entendu rugir un tigre sur fond de bande-son d'un film de Tarzan, tout en sinistres hululements, sifflets et gloussements, assortis, ici et là, d'aboiements et de glapissements effroyables.

Cinquième jour.

Avons roulé toute la journée pour rejoindre le Samode Palace Hotel, extravagant palais princier reconverti en hôtel, pourvu de cinq cours et de chambres peintes. Sommes tous au septième ciel.

Sixième jour.

Réveillés par des bruits étranges. Chambre envahie de gros singes gris ayant formé une chaîne pour passer par la fenêtre toutes nos victuailles de pique-nique, ainsi que les fruits que nous venons d'acheter, à leurs compères demeurés dans le jardin. Les enfants sont emballés – non tant, je crois, par le spectacle que par la disparition des provisions de bouche. Comme j'éprouve de grandes réticences à jeter la nourriture, je continuais, au bout de près d'une semaine, à distribuer à mes compagnons de voyage les sandwiches confectionnés à Delhi.

Tandis que les enfants se promenaient à dos de chameau, AW et moi les avons suivis à pied, tous deux en nage et accompagnés par la moitié de la ville.

Sommes passés devant un ânon – pelage doux et blanc, oreilles démesurées – tout pareil aux peluches hors de prix que l'on trouve chez Harrods. Me suis précipitée pour le caresser, sans remarquer dans mon enthousiasme que sa mère, elle, se mettait en position d'attaque, m'expédiant en pleine cuisse un douloureux coup de sabot. Les villageois ont applaudi et poussé des hourras.

Septième jour.

Retour à Delhi. Hester et ses amis s'apprêtent à nous quitter. La ville connaît une vague de chaleur. Le lait est rationné, gros problèmes d'approvisionnement en eau et en électricité.

Nous avions bien fait de profiter de ces vacances pour découvrir l'Inde car quelques semaines plus tard on nous coupa l'herbe sous le pied : AW était muté en Gambie, en Afrique de l'Ouest. Chaque affectation dure en principe quatre ans, mais nous n'en avions passé que deux à Trinité, deux à la Barbade et deux autres en Inde.

AW était satisfait parce qu'il allait être promu au rang de chef de mission – autrement dit ambassadeur –, mais nous n'avions pas visité le quart de ce que nous nous étions promis d'explorer lors de notre séjour ici. Nous n'étions allés ni à Calcutta ni à Gwalior, nous n'avions pas vu les sculptures érotiques des temples de Khajuraho, et je venais tout juste d'apprendre que la ville de Varanasi, où certains de nos amis passaient leurs week-ends, n'était autre que Bénarès. Nous n'avions pas eu le temps d'accrocher notre dernier tableau au mur de la maison de Poorvi Marg, et nous nous étions contentés de lorgner de temps à autre la caisse de bric-à-brac que nous traînions de par le monde depuis des années et que nous avions prévu de trier enfin à Delhi.

Le plus pénible fut encore d'annoncer la nouvelle à Hari et à sa famille. Ils refusèrent une semaine durant de se rendre à l'église car ils étaient en colère contre Dieu. Mais nous trouvâmes à Hari un emploi chez le nouveau correspondant de Reuters et son épouse. Notre cuisinier était ravi : sa nouvelle demeure comportait vingt-trois pièces quand la nôtre n'en comptait que sept, toilettes comprises.

Dès que je sus que nous allions partir, une manière de fièvre acheteuse se saisit de moi ; on aurait cru, à me voir agir, que nulle part ailleurs au monde il n'y avait moyen d'acquérir quoi que ce soit. La précarité de notre existence nomade n'y était assurément pas pour rien, d'ailleurs d'autres que moi subirent les mêmes affres. Une Canadienne de mes amies, pareillement ballottée d'un pays à l'autre, engloutit une petite fortune dans un porte-tasses tibétain orné de pierreries – quoiqu'elle ne possédât pas la moindre tasse tibétaine. Je puis de même évoquer ce charmant collègue d'AW, raisonnable d'ordinaire, qui acheta à prix d'or des statues sacrificielles en bronze et argile maculées de sang humain. « Je vois d'ici le petit côté coquet et joyeux qu'elles vont donner à son logis une fois qu'elles trôneront sur sa cheminée, en Angleterre. » J'étais pourtant fort mal placée pour débiter ce genre de sarcasmes : je commandai une table basse en marbre d'un mètre cinquante de long sous prétexte (c'était là ma seule excuse, que je ne me fis pas faute de rabâcher à AW) que le marbre se révélait en Inde meilleur marché que le bois. Cela dit, ainsi qu'à son tour mon mari ne se fit pas faute de me le rabâcher, nous n'avions pas davantage besoin d'une table basse en bois. Je compris soudain pourquoi l'Angleterre regorge de pieds d'éléphant reconvertis en porte-parapluies et autres articles que ma sœur a affublés du surnom de « babioles kenyanes ». Ce sont là autant de colifichets accumulés dans l'urgence par des expatriés sur le départ.

Le téléphone indien valait tous les téléphones arabes. Nous étions encore loin de connaître la date exacte à laquelle nous allions quitter les lieux que déjà affluaient les messages dans notre boîte aux lettres : « Souhaitez-vous vous défaire de certains de vos biens ? » Inutile de préciser que nous ne parvînmes pas à nous débarrasser de nos rideaux. Le locataire qui devait prendre notre suite les dédaigna – la règle est infaillible, personne n'en veut jamais. Il ne désirait pas non plus racheter notre antenne de télévision. AW et moi hésitions : fallait-il la faire disparaître en manière de représailles, ou l'existence était-elle trop courte pour nous laisser aller à de telles mesquineries ? Avant que nous ayons eu le temps d'arrêter une décision, Hari avait grimpé sur le toit pour la démonter, aussi lui en fîmes-nous cadeau.

Le nouveau locataire refusa également de se charger de Lucky, le chat qui avait élu domicile dans notre jardin. Je téléphonai à une association sise à Delhi et baptisée « Les Amis des bêtes » – il y avait de quoi rire jaune, car les Amis en question ne faisaient guère que récupérer les animaux devenus indésirables pour les piquer. Lorsque j'annonçai leur visite à Hari, il en fut épouvanté. « Madame, vous n'êtes pas Dieu ! » Je tentai de lui expliquer que je n'agissais ainsi que dans le but d'épargner à Lucky des souffrances inutiles après notre départ. Il me demanda comment je pouvais bien savoir que le chat allait effectivement souffrir, et puis qui étais-je pour m'arroger le droit de vie ou de mort sur une créature ? Je finis par annuler mon rendez-vous avec Les Amis des bêtes.

À l'arrivée des emballeurs, je me sentis si coupable d'avoir accumulé autant d'affaires que je ne cessai de les poursuivre partout en m'enquérant auprès d'eux : était-il normal pour une seule famille de posséder une telle quantité de choses ? Ils se contentèrent de m'opposer une mine perplexe. Nous devions cette fois constituer deux chargements, l'un à destination du Somerset, l'autre en partance pour la Gambie. Autant dire qu'un choix s'imposait pour le moindre de nos objets. Que faire de ce costume national bhoutanais qu'à l'époque j'avais pris tant de plaisir à acheter ? Devait-il rejoindre l'Afrique, l'Angleterre ou la poubelle ? Fallait-il jeter les cartes de fête des Mères confectionnées l'année précédente par mes filles ou risquais-je plus tard de le regretter ? D'aucuns estiment qu'en cas de doute mieux vaut se débarrasser de tout, mais j'imaginais Hester et Claudia à quelques années de là, peut-être droguées, en tout cas gogo danseuses aux seins nus, résolues l'une comme l'autre à ne jamais remettre les pieds chez nous ; je m'accrocherais alors à ces cartes de fête des Mères comme à une planche de salut. Le temps que je me torture, les emballeurs avaient une fois sur deux pris l'initiative à ma place. C'est ainsi que toutes mes chaussures furent expédiées en Afrique.

Nous fîmes nos adieux à Hari et Meena, à leurs fils, à notre maisonnette, aux mendiants postés au feu de signalisation (si j'avais eu vent d'une organisation baptisée « Les Amis des humains », j'aurais été tentée de faire appel à elle pour nous soulager tous de notre chagrin), avant d'aller passer notre dernière semaine indienne à l'hôtel.

La situation se trouva légèrement compliquée par notre tailleur qui, n'ayant pas terminé à temps les dernières commandes que je lui avais passées, dut venir s'installer avec nous. La direction de l'hôtel ne tarda pas à découvrir que je faisais travailler un artisan dans ma chambre – c'était pire, semblait-il, que d'y cacher un amant –, et l'on exigea que je le congédie. Mais les vêtements n'étant toujours pas prêts, je n'eus d'autre choix que de le faire monter en catimini chaque matin par l'escalier de service.

Nous vécûmes l'enfer dans cet établissement. Tout le monde nous prenait pour des touristes. Chaque fois que nous faisions une course en taxi, le chauffeur nous infligeait une surtaxe de son invention. Lorsque vint enfin l'heure de quitter le pays, nous nous sentions presque soulagés.

Mais l'heure avait beau être venue, nous ne quittâmes pas le pays pour autant : l'ordinateur de l'aéroport de Delhi ayant rendu l'âme, il fut impossible de procéder à l'enregistrement des passagers. AW et Claudia s'allongèrent paisiblement sur leur chariot, où ils s'endormirent, tandis que j'eus droit à une passionnante conversation sur le trafic d'êtres humains avec un charmant jeune membre de la brigade des mœurs de Hong-Kong.

Nous tendions le dos aux frais supplémentaires que n'allaient pas manquer de nous valoir nos montagnes de valises, mais l'ordinateur s'étant également révélé incapable de peser les bagages, le tout fila gratuitement dans les soutes. Il nous vint ensuite à l'idée que, vu les circonstances, le pilote ne connaîtrait pas le poids exact de sa cargaison, en conséquence de quoi l'appareil allait peut-être s'écraser au décollage. Mais le vol se déroula sans anicroches et nous renouâmes avec la grisaille anglaise. (Ma sœur Moira aimait à répéter que si l'Inde nous avait gratifiées d'une enfance en Technicolor, le retour au pays nous avait immergées dans un film en noir et blanc.)

En me rendant le lendemain au supermarché voisin pour faire des provisions, je fus frappée de plein fouet, quoique à rebours, par le choc des cultures. Je jugeai extraordinaire de pouvoir acheter de la viande rouge ou du poulet sans devoir plaquer un mouchoir sur mon nez, le cœur au bord des lèvres. Personne autour de moi ne crachait ni ne tordait le cou à quelque poulet hurlant ; il n'y avait pas de sang par terre, pas de seaux emplis de pattes jaunes, pas de cul-de-jatte mendiant dans la saleté. Mais on n'y voyait pas non plus de ces commerçants, pareils à des danseurs folkloriques frappés de folie, chassant les mouches de leurs éventaires au moyen d'un ballon fixé à une baguette ; on n'y voyait pas de ces tas d'épices, de ces jeunes pousses de légumes tendres cueillies le matin même ; on n'y entendait pas de palabres autour d'un prix, pas de rires. Était-ce là rendre service aux gens, me demandai-je, que de les protéger à ce point du monde réel ? Avait-on raison de nous autoriser à oublier que ces huit blancs de poulet débarrassés de leur peau et sous plastique avaient appartenu un jour à quatre poules ?

X

Nos gambades en Gambie

Lorsque je lus le compte rendu du Foreign Office consacré à la Gambie, un curieux détail retint mon attention : là-bas, indiquait-on, les femmes avaient du mal à faire refaire les hauts talons de leurs chaussures. « Si vous souhaitez apporter avec vous quelques talons de rechange, était-il précisé, un homme de service se fera un plaisir de vous les changer à l'ambassade. » Je n'avais pas prévu de clopiner à travers la Gambie sur des talons aiguilles, mais j'étais touchée que quelqu'un se soit soucié de la question. J'examinai ensuite le chapitre consacré aux « Activités proposées aux épouses », pour y retrouver la sempiternelle litanie ô combien exaltante : bridge, théâtre amateur, danse écossaise, madrigaux, etc. La tristesse s'abattit sur moi.

C'est plein de fierté qu'AW partit pour l'Afrique, prêt à prendre ses nouvelles fonctions d'ambassadeur, mais il ne fut pas immédiatement en mesure de me brosser un tableau de la vie qui nous attendait là-bas. Le diplomate sortant est censé avoir abandonné les lieux avant l'arrivée de son successeur, mais quand mon époux débarqua en Gambie, il apprit que son devancier, victime de certaine crise nerveuse, s'était retranché dans la chambre de sa résidence, refusant d'en sortir, et plus encore de quitter le pays…

Indécis quant aux dispositions à prendre, AW explora quelques jours durant la région au départ de son hôtel, s'autorisant de temps à autre un saut à la résidence où il s'entretenait à travers la porte de la chambre avec l'homme qu'il se préparait à remplacer pour tenter de le persuader de rendre les armes – en vain. De guerre lasse il prit le chemin de son bureau, sonna, se présenta à ses nouveaux subordonnés, manifestement confus, et se mit au travail sans plus de cérémonie.

L'ambassadeur ayant fini par décamper, AW s'installa à la résidence avant de nous appeler dans le Somerset pour nous faire son rapport.

« C'est comment ? C'est comment ? » glapis-je dans le combiné.

Il y eut un long silence.

« Disons que nous allons devoir nous mettre au golf. »

La situation prit un tour plus réjouissant lorsque, un ou deux jours plus tard, il découvrit que notre veilleur de nuit était armé d'un arc et de flèches.

En septembre 1988, Hester, Claudia et moi partîmes le rejoindre. La famille se retrouvait au grand complet car j'avais dû tenir ma promesse de retirer notre aînée du pensionnat si elle s'y trouvait trop malheureuse. Je crois qu'au fond elle n'était pas si accablée qu'elle l'avait prétendu, mais sans doute se sentait-elle exclue, et puis elle avait envie de découvrir l'Afrique avec nous. Je ne lui fis aucun reproche. Peut-être regretta-t-elle secrètement sa décision. Peu après notre installation, nous fêtâmes son treizième anniversaire et, comme nous ne connaissions encore personne, nous n'eûmes pas de meilleure idée que d'inscrire sur le sable de la plage JOYEUX ANNIVERSAIRE, HESTER ! en lettres gigantesques. Au sommet de la falaise où nous la conduisîmes pour qu'elle admire le spectacle d'en haut, elle fondit en larmes après y avoir jeté un coup d'œil.

Le bureau d'AW se trouvait à Banjul, la capitale, située sur une île reliée au continent par un pont, à une demi-heure de route environ de notre maison. Il s'agissait, dans la petite ville de Fajara, d'un bungalow biscornu et passablement délabré auquel on accédait par un chemin de terre. Il était surmonté d'un immense toit de tôle ondulée, tout rapiécé et rouillé, contre lequel la pluie rendait un bruit de tonnerre. Côté jardin s'étendait une grande véranda entourée de plantes tropicales, où nous passions le plus clair de notre temps.

Cette fois, nous inscrivîmes Hester et Claudia à l'école américaine, seul établissement conçu pour la poignée d'enfants d'expatriés du secteur. AW les y déposait en se rendant au bureau, conduit par son superbe chauffeur, Malik, un ancien champion de lutte (la lutte est le sport national gambien). Nous ne disposions pas d'un veilleur de nuit mais de deux ; ils étaient armés d'arcs et de flèches et travaillaient chez nous à tour de rôle. Le jour, Saneh les remplaçait, homme un peu lent qui affichait un sourire perpétuel – c'était vraiment par bonté d'âme que nous l'avions embauché. Nous employions aussi un jardinier, Bakari, ainsi qu'une femme de ménage, Sukai. Notre cuisine était pour sa part le royaume de Old Pa Momodou, un grand gaillard qui nous raconta avoir reçu une formation dans le Royal Army Catering Corps* – où et quand, nous le sûmes jamais. C'était AW qui avait engagé Momodou et, bien que ce dernier ne sût ni lire ni écrire, il était capable de réaliser n'importe quelle recette inédite pourvu que nous disposions pour lui, sur le plan de travail et dans l'ordre, l'ensemble des ingrédients nécessaires : une noix de beurre, une cuillerée d'huile, des oignons, de l'ail, une pincée de sel, des carottes, des morceaux de poulet, etc. Momodou possédait une toux effroyable (il fumait beaucoup) et crachait volontiers dans l'évier

---

* Chargé de nourrir l'armée britannique. *(N.d.T.)*

dès que j'avais le dos tourné, mais à part cela nous le trouvions charmant.

Le « personnage » de notre maisonnée, nous eûmes tôt fait de nous en rendre compte, était Ceesay, notre majordome. Il avait travaillé auparavant pour le prédécesseur d'AW, qui avait été son premier véritable employeur, le malheureux n'ayant guère joué jusque-là que les esclaves, exploité par une famille qui ne lui assurait que le gîte et le couvert ; il ne s'en était dépêtré que récemment pour décrocher enfin une place rémunérée.

Notre rencontre avec lui eut lieu au déjeuner, le jour de notre arrivée. Il entra d'un pas nonchalant dans la salle à manger pour nous servir, arborant un tee-shirt miteux pourvu de l'inscription ÊTRE À POIL C'EST PAS SALE, une casquette de base-ball portée à l'envers et une cigarette glissée sur l'oreille. Après l'avoir considéré froidement, AW lui dit : « Allez enfiler votre uniforme, s'il vous plaît. » Ceesay s'éclipsa une minute ou deux pour reparaître dans une impeccable tenue blanche. Je ne compris jamais pourquoi il avait défié mon mari de la sorte ; c'était comme s'il lui avait jeté son gant. AW ne parvint d'ailleurs pas à se prendre d'amitié pour lui autant que je pus le faire par la suite. (Notre majordome, lui, n'avait même pas eu conscience de frôler le licenciement. Après notre départ de Gambie, il se mettrait, par l'intermédiaire d'un écrivain public, à envoyer à mon époux des lettres qu'il signerait systématiquement d'un « Votre bon vieux Ceesay ».)

Personnellement, je l'adorais. La vie se révélait en sa présence pleine de petits imprévus. Peu après cet affrontement, je notai de nombreuses disparitions dans notre cuisine – des œufs, de la farine, du sucre… Je m'en ouvris à AW qui proposa à Valerie, la réceptionniste de l'ambassade, de venir jouer les interprètes afin que je puisse mener mon enquête. Ce ne fut pas long. Momodou affirma solennellement à

Valerie n'avoir rien volé. Puis vint le tour de Ceesay, qui avoua tout de go qu'il avait en effet emporté des tas de choses. Son honnêteté nous laissa sans voix.

« Pourquoi avez-vous fait cela ? finit par bredouiller la réceptionniste.

– Eh bien, rétorqua Ceesay, ces gens possèdent tellement d'affaires que j'ai pensé qu'ils ne s'apercevraient de rien. »

Sa remarque était frappée au coin du bon sens, à tel point que je n'eus pas le cœur de me fâcher.

Quelques mois plus tard, un matin, je prenais mon bain lorsque Ceesay s'adressa à moi à travers la porte :

« Madame, votre père est ici. »

Mon cœur cessa de battre. Mon père ? Chez nous ? En Gambie ? Il y avait forcément erreur.

« Mon père ? lançai-je avec anxiété. Vous voulez dire mon père d'Angleterre ? »

Ceesay me répondit gravement :

« Oui, madame, votre père d'Angleterre. »

La panique me submergea. Si mon père avait fait tout ce chemin pour me voir, c'est que quelque chose d'affreux était arrivé aux miens : ils étaient tous morts dans un accident de voiture... Ils avaient péri dans l'incendie de notre maison de famille... Papa avait pris la décision de venir en personne m'annoncer la terrible nouvelle. Je m'extirpai gauchement de la baignoire, j'enfilai ma robe de chambre en vitesse et rejoignis le salon d'une glissade, prête à me jeter au cou de mon cher papa, pour y trouver le prêtre catholique irlandais – un « père », bien sûr – paisiblement assis sur notre canapé. Il venait en toute simplicité, me dit-il, rendre une petite visite à ses nouveaux paroissiens.

Cet été-là, une amie vint séjourner dans notre bungalow pour se remettre de la mort brutale de son époux. Je racontai à Ceesay ce qu'elle venait de subir en lui demandant de la choyer de son mieux. C'est ce qu'il fit. À sa façon. Le premier matin, je le trouvai près d'elle sur la véranda : « Alors comme ça... votre mari, il est mort, hein ? Il vous a laissée toute seule... »

À quelque temps de là, ma sœur Tessa s'annonça avec mes parents. Papa, âgé maintenant de quatre-vingt-dix ans, manqua succomber à un coup de chaleur, de sorte que Ceesay me tança : « Dans notre pays on ne laisse pas les vieux papas voyager, ça n'est pas bon pour eux. On les garde à la maison. » Il fut aux petits soins pour lui, allant jusqu'à lui donner le bain quand celui-ci refusait que ma sœur ou moi nous chargions de la besogne. Je jugeai ses attentions très touchantes.

Valerie m'avait conseillé, si nous ne réussissions pas à mettre la main sur le coupable au terme de notre investigation en cuisine, de consulter un marabout. Ces sorciers africains comptent parmi les personnages les plus redoutés de la communauté gambienne, bien que le pays soit majoritairement musulman. Le marabout, capable de guérir les maladies, de débarrasser son client du mauvais œil, de lui donner de la force ou de faire venir à lui la chance, s'avérait souvent plus efficace que la police en matière d'enquêtes criminelles. Mais l'on pouvait encore faire appel à lui pour jeter un sort à un ennemi, ce qui valait à ce dernier d'être au minimum frappé par la déveine – dans les cas les plus sérieux, lui ou un membre de sa famille y laissait parfois la vie. Les autochtones y croyaient ferme. Charmes et talismans étaient donc partie intégrante de la vie quotidienne. Sur le tronc du grand avocatier qui se dressait dans notre jardin, on avait ainsi cloué une vieille paire de tongs. « Pour quoi faire ? » demanda AW à Bakari, qui finit par lâcher qu'il s'agissait là de « bonne médecine ». En Gambie survivaient des rituels exécutés par des hommes masqués et vêtus d'étranges costumes qui personnifiaient les esprits. Un beau jour, quelqu'un – ou quelque chose – qu'on appelait le Kankouran se présenta chez nous. Ce n'était guère qu'un homme caracolant de droite et de gauche, couvert d'herbes sèches de la tête aux pieds, mais il émanait de lui une manière de sinistre puissance qui nous donna la chair de poule, et nous étions pressés de le voir déguerpir. Il nous vint la même idée : Carmo aurait adoré.

Ceesay nous conseilla de ne jeter dans la corbeille à papier ni les cheveux que nous perdions en nous coiffant ni nos rognures d'ongles, car dès qu'il disposait de ce genre de fragment, un marabout était en mesure de préparer contre l'individu concerné un sort singulièrement puissant. Je suivis son conseil – pourquoi prendre des risques ? Et après que j'eus vu le boulanger local enrouler ma baguette dans une lettre de mon amie Sandy dont je m'étais débarrassée des semaines auparavant, je pris garde à tout ce que j'abandonnais dans la poubelle. Quelque temps plus tard, AW et moi fûmes épouvantés de trouver cette fois autour de notre pain du jour les résultats du test HIV de l'un de ses collègues ; Dieu merci, ils étaient négatifs, et nous ne soufflâmes mot de l'incident à personne, mais nous nous demandâmes ce que les autres gens pouvaient bien avoir appris sur notre famille en se bornant à fréquenter la boulangerie locale.

Les Homan, couple charmant dont le fils avait sympathisé à l'école avec Hester et Claudia, furent ici les premiers à nous inviter. La proposition était alléchante : une journée de pique-nique en bateau sur le fleuve Gambie. Nous nous retrouvâmes sur l'embarcadère munis de nos paniers à provisions, mais ayant avisé, alors que nous nous apprêtions à grimper à bord, un marabout en train de bénir un groupe de pêcheurs, nous nous précipitâmes pour observer la scène. Lorsque j'exprimai une certaine gêne à me mêler de leurs affaires, mes compagnons d'excursion répliquèrent : « Mais non, regarde ! Il ne fait pas du tout attention à nous. » Pas si sûr…

Une demi-heure plus tard environ, notre bateau, qui se faufilait dans la mangrove pour rejoindre les eaux libres du fleuve, se retrouva piégé par un banc de sable. Nous passâmes là toute la journée – sous un soleil torride d'abord, puis, à la tombée de la nuit, au milieu d'un dévorant nuage de moustiques. Il fut décidé qu'une partie des femmes (dont je n'étais pas) ainsi que les plus jeunes enfants prendraient place dans le canot de l'embarcation pour aller chercher du secours. À ma grande surprise, AW sauta dans l'esquif avec ces dames et leurs bambins.

« Qu'est-ce que tu fabriques ? m'exclamai-je.

– Il faut que quelqu'un les accompagne pour assurer leur protection », me répondit-il d'un air important – avant de me décocher un sourire faussement radieux.

J'étais folle de rage. Je savais bien, moi, que s'ennuyant à périr il avait saisi la première excuse venue pour s'échapper, mais pour lui épargner le déshonneur je dus faire mine de croire à sa bravoure chevaleresque. Je ne lui ai jamais tout à fait pardonné : nous dûmes patienter sur ce bateau pendant encore quatre heures. Je continue de soupçonner le marabout de l'embarcadère d'avoir été à l'origine de notre mésaventure. Si tel fut bien le cas, au moins ne nous infligea-t-il qu'une journée assommante. Quelques années plus tard, nous devions nous trouver confrontés pour de bon aux terrifiants pouvoirs d'un sorcier africain.

Nous éprouvions une sensation étrange à habiter cette Gambie d'où appareillaient jadis les vaisseaux négriers, nous qui avions passé quatre ans aux Antilles, leur destination finale. La différence matérielle entre les deux rives de l'Atlantique se révélait considérable. Aux Antilles, le sable était blanc, les eaux turquoise, et le long de la plage se succédaient les palaces ; ici, on observait un sable gris ainsi qu'une mer noire du limon charrié par les eaux du fleuve Gambie. On trouvait certes une poignée d'hôtels de vacances, mais en ce pays l'authenticité l'emportait encore sur les billets de banque. Le long du littoral s'égrenaient de petits villages de pêcheurs dont les hommes à demi nus prenaient la mer à bord de pirogues creusées dans d'énormes troncs d'arbres, rapportant leur prise du jour au marché ou à la fumerie de poisson. Une alléchante odeur de maquereau fumé flottait dans l'air, qu'hélas la saveur du *bonga* (poisson fumé local) était loin d'égaler. À compter du jour où je contemplai sur un marché de pleines palanquées de requins-marteaux sans doute pêchés aux abords du rivage, je renonçai à la natation. Pour me distraire, j'allais plutôt marcher. Cela n'avait rien d'une épreuve ; les plages étaient immenses et quasi désertes, baignées d'une vive lumière d'un gris argenté.

Même le tourisme sexuel prenait un autre visage. Les garçons qui fréquentaient les plages barbadiennes affichaient leur beauté et leur décontraction, à l'instar des Blanches en quête d'aventures qui, de surcroît, vivaient manifestement dans l'aisance ; en Gambie, ces dames venues en voyage organisé étaient en général des Anglaises boulottes courtisées par de jeunes villageois un peu frustes.

Il ne nous fallut pas longtemps pour récupérer un chien, qui dès lors nous accompagna dans nos promenades au bord de la mer. Ç'avait été le scénario habituel : des amis qui nous avaient téléphoné pour nous annoncer qu'ils venaient de trouver dans un fossé un pauvre chiot famélique nous demandèrent si nous souhaitions le voir ; bien sûr nous le souhaitions, bien sûr nous le vîmes – et il revint bien sûr avec nous à la maison. Mais l'adoption de Toy, ainsi que l'avaient déjà baptisée ceux qui l'avaient recueillie, constitua en la matière notre plus belle réussite. Cette chienne bâtarde au pelage noir et blanc, au caractère bien trempé, se révéla d'une incomparable drôlerie, au point que la tristesse nous gagne encore en songeant qu'il fallut nous en défaire lorsque nous quittâmes le pays quatre ans plus tard. Toy avait une peur bleue d'AW, mais comme elle désirait malgré tout se faire aimer de lui, dès qu'il entrait dans la pièce où elle se trouvait elle lui offrait en claquant des dents un sourire obséquieux.

Et puis un jour, au marché de Banjul, je tombai sur un perroquet vert qu'on avait fourré dans une cage si petite qu'il pouvait à peine s'y tenir droit. Je connaissais les mille raisons qui m'interdisaient en principe de l'acheter : après lui on en vendrait un autre, puis un autre et un autre encore, mais je l'achetai tout de même ; impossible pour moi de l'abandonner à son sort. À peine rentrée, plutôt contente de moi, je fis sortir le volatile de sa cage, mais Toy, fonçant à travers la pièce, s'en empara aussitôt. Nous dûmes mettre la main sur la chienne et lui écarter les mâchoires pour libérer le perroquet. Il était indemne, mais je pouvais presque entendre ses récriminations : « Pourquoi diable cette pauvre cruche ne m'a-t-elle pas laissé sur ce marché où mes jours n'étaient pas en danger ? »

Nous donnâmes au perroquet le nom de Ziggi, et une fois que la chienne eut compris qu'elle devait le laisser tranquille, nous l'autorisâmes à circuler à son aise dans la maison aussi bien que dans le jardin. Il était incapable de voler car on lui avait rogné les ailes. Ceesay l'aimait tout spécialement, et tandis qu'il vaquait à ses occupations, Ziggi se tenait sur sa tête, les griffes fermement arrimées dans son épaisse chevelure. Nous tentâmes de lui apprendre à parler mais tout ce qu'il parvint jamais à imiter fut l'effroyable toux de Momodou, que d'ailleurs il reproduisait si parfaitement que quiconque pénétrant dans notre bungalow nous demandait si nous nous étions rendu compte que notre perroquet était malade.

Les plumes des ailes de Ziggi repoussèrent en quelques semaines, si bien que par une belle ou triste journée, selon le point de vue où l'on se place, il s'élança pour rejoindre un vol de perroquets sauvages qui passait au-dessus de notre jardin. Nous ne le revîmes jamais.

Nous menions en Gambie une existence douce et extraordinairement paisible. La plupart du temps, il ne se passait strictement rien. Je me sentais parfois si indolente dans l'air humide et chaud que j'en venais à soupçonner le pharmacien de m'avoir vendu du Valium en guise de comprimés contre la malaria. Personne ne s'étonna d'ailleurs, lorsque le mur de la prison principale s'effondra, sapé par les pluies, qu'aucun détenu ne profite de l'occasion pour essayer de s'enfuir. On pouvait les observer tous, vêtus de leur uniforme en tissu batik, calmement occupés à faire de l'exercice dans la cour, indifférents aux tentations de cette brèche immense qui béait maintenant là où naguère s'était dressée l'enceinte de l'établissement.

Nous n'étions pas davantage emportés par le tourbillon de la vie mondaine : en plus de AW, le corps diplomatique ne comptait ici qu'une poignée de membres – les ambassadeurs du Nigeria, des États-Unis et de Sierra Leone (celui-ci était un ancien boxeur), ainsi que le haut-commissaire britannique, Alec Ibbott, et son épouse, tous deux d'une exquise aménité.

L'ambassadeur des États-Unis se trouvait en Gambie pour une fort étrange raison : le pays se situant sur la même trajectoire que Cap Canaveral, il pouvait faire office de piste d'atterrissage d'urgence si une navette spatiale venait à rencontrer des ennuis. C'est pourquoi, avant même que le moindre engin n'ait décollé du sol américain, la Gambie se trouva quasiment prise en charge par les États-Unis, qui mirent en place à l'aéroport d'immenses filets destinés à retenir l'appareil au cas où il devrait abandonner sa mission et regagner précipitamment la Terre. De temps à autre, un astronaute ou une personnalité de marque rendait à la nation ouest-africaine une visite d'amitié. Tous faisaient halte à l'école américaine pour y rencontrer les enfants, Hester et Claudia nous livrant ensuite des comptes rendus enthousiastes. Demander à un astronaute comment on s'y prenait pour faire ses besoins dans l'espace représentait à leurs yeux un événement majeur. Nos filles furent moins impressionnées par un certain George W. Bush, gouverneur du Texas. « Supergonflant », asséna Claudia. Elle obtint néanmoins son autographe – autographe sur lequel, comme de bien entendu, elle n'a jamais réussi à remettre la main, alors que sa valeur a dû grimper en flèche. Ma mère, elle, ne crut pas un traître mot de ce que je lui rapportai au sujet des filets conçus pour stopper la navette spatiale à l'aéroport, à tel point qu'en écrivant ces lignes j'ai moi-même de la peine à y croire, me soupçonnant presque d'avoir rêvé toute l'histoire.

Près de notre maison se trouvait un terrain de golf, ainsi qu'un club – existe-t-il un seul endroit au monde qui ne possède son groupe de danse écossaise et ses Hash House Harriers* ? La Gambie n'échappait pas à la règle ; nous parvînmes à éviter les coureurs buveurs mais, piégés par les danseurs écossais au cours de notre première année dans le pays, il nous fallut célébrer avec eux la Burns' Night**. Nous passâmes un bon moment, mais l'ascendance

---

* Les membres de cette confrérie (présente dans le monde entier) privilégiant l'amitié, la course à pied, les chansons paillardes et les boissons alcoolisées organisent des sortes de jeux de piste ponctués de pauses au cours desquelles on se ragaillardit avec un verre de bière.

** Fête écossaise à la gloire du poète Robert Burns.

demi-néerlandaise d'AW, mes propres origines irlandaises et notre commun manque de zèle nous persuadèrent de ne pas renouveler l'expérience l'année suivante.

En Gambie, le nombre d'expatriés s'avérait si restreint que nous n'osions jamais prétexter d'« autres engagements » pour décliner une invitation – tout le monde nous aurait immédiatement percés à jour. Nous nous creusions donc les méninges pour nous dérober à notre deuxième Burns' Night, quand nous apprîmes par le journal que le pape allait dire une messe en Guinée-Bissau. Nous sautâmes dans la voiture pour nous y rendre (il nous fallut toute la journée), assistâmes à la célébration, passâmes la nuit chez un confrère d'AW puis regagnâmes nos pénates le lendemain. C'était une façon comme une autre de voir l'Afrique, à défaut du souverain pontife, minuscule silhouette perdue à l'autre bout du stade. Quelque temps plus tard, néanmoins, il vint en Gambie et, ayant pris place dans la rangée de fidèles venus l'accueillir à l'aéroport, nous baisâmes son anneau, impressionnés tous deux par son extraordinaire aura.

Puisque AW avait été promu ambassadeur, je m'efforçais maintenant d'organiser des réceptions sans crise d'angoisse ni cuite à la clé. Je m'améliorais, mais la Gambie m'opposait un obstacle supplémentaire : la plupart des hommes prospères étaient polygames. Si l'on souhaitait que monsieur vous rende visite avec l'épouse pour qui l'on s'était plus particulièrement pris d'amitié, il convenait d'abord de découvrir quelles nuits de la semaine lui étaient réservées, puis de s'assurer que le dîner serait bien donné l'un de ces soirs-là. L'expérience nous avait prouvé que, sinon, c'était une femme que vous ne connaissiez ni d'Ève ni d'Adam qui se présentait chez vous au bras du convive.

Beaucoup de gens portant en outre le même nom de

famille, on avait vite fait de confondre et de ne pas inviter les bons N'gum, les bons Jallow, les bons N'jie... Là encore, je parle en connaissance de cause. Nous recevions ce jour-là le ministre délégué au Tourisme. AW m'ayant informée de la passion de ce dernier pour les arbres, je savais pouvoir par ce biais me raccrocher aux branches si la conversation venait à s'enliser. Toute la soirée, je palabrai donc dendrologie avec feu, sans cesser de m'interroger sur les curieux regards qu'AW me lançait. Ce n'est qu'après le départ des invités qu'il put s'expliquer : il n'avait aucune idée, m'avoua-t-il, de l'identité de l'homme qui venait d'honorer la réception de sa présence, mais assurément il ne s'agissait pas du ministre délégué. (L'inconnu se moquait sans doute éperdument des arbres, j'avais dû l'ennuyer à mourir.)

En Inde, une femme d'expérience m'avait révélé les deux règles essentielles au bonheur d'une expatriée : s'arranger d'abord pour avoir toujours quelque chose à faire le lundi, puis s'occuper avant tout d'apporter à son intérieur la touche personnelle qui permettra de s'y sentir chez soi. Résolue à suivre son conseil, je m'étais empressée, dès mon arrivée en Gambie, d'obtenir d'un couturier local qu'il confectionne de nouveaux coussins et retouche nos rideaux apportés d'Inde – rideaux préalablement retouchés, déjà, lors de notre installation à Delhi –, afin que, malgré ces canapés et fauteuils tendus de tweed fournis par la Communauté européenne, règne dans notre maison une atmosphère accueillante. Je ne pouvais faire davantage. Je ne nourrissais pas non plus de projet d'écriture. On s'apprêtait à publier mon livre sur le Cachemire – et *Punch* avait renoncé à ma chronique, ce qui n'était pas plus mal car je me demande bien avec quelle matière j'aurais pu la remplir chaque mois. Je cherchais donc désespérément à quoi occuper mes journées.

C'est alors que l'on me proposa d'intégrer un

groupe d'épouses expatriées qui apprenaient à sculpter les légumes. Que les choses soient claires : sculpter un légume ne revient nullement à l'éplucher, il ne s'agit en aucun cas d'une activité utile – ça non ! Je vous parle, moi, de donner à une igname les allures d'un homard ou de tailler une carotte en forme de rose. Shirley Conran a écrit que la vie était trop courte pour farcir un champignon. Je fulminais, jugeant que pour asséner de telles vérités elle n'avait probablement jamais été contrainte de suivre un époux à l'étranger, dans le genre de pays où le temps s'écoule parfois avec une telle lenteur que l'idée peut fort bien vous venir de tailler un Taj Mahal en miniature dans un radis blanc. Je songeais aux brillantes situations de mes amis journalistes, à la carrière que Sandy menait en Angleterre, si bien qu'avant de me rendre au fameux cours j'arpentai lourdement notre bungalow, distribuant des coups de pied aux meubles et invectivant AW : « C'est génial ! Sculpter des légumes ! Voilà donc la raison qui a poussé mes parents à économiser toute leur vie pour m'offrir des études dans le privé… Voilà bien la belle carrière intellectuellement stimulante dont ils rêvaient pour moi… Et voilà pourquoi je suis venue en Afrique. » Au bout du compte, la jeune Thaïlandaise qui nous dispensait ses leçons se révéla d'une habileté stupéfiante. On se permettra néanmoins de regretter qu'elle n'ait pas plutôt choisi de travailler le marbre ou le granit.

En bavardant avec Joko, qui vendait aux touristes des vêtements en tissu batik sur notre marché, il m'apparut que je pourrais peut-être à mon tour dessiner mes propres motifs. Si je les mettais sur papier, m'encouragea mon amie, le sculpteur sur bois en ferait des pochoirs à partir desquels elle pourrait travailler. En quête de motifs aussi éloignés que possible de toute influence africaine (marguerites et taches diversement déclinées), de manière à me démarquer du travail de Joko, j'obtins des résultats étonnamment satisfaisants. Copiant ensuite le kimono d'une amie, je disposai bientôt d'un échantillon de peignoirs réalisés avec mes tissus, et à l'occasion d'un séjour à Londres je les présentai chez Liberty, sur Regent Street, qui me passa commande. Non loin de chez nous se trouvait une usine chinoise spécialisée dans la confection de djellabas à destination du monde arabe et dont les responsables acceptèrent de se charger de mes kimonos. Quelques mois plus tard, j'honorai ma première commande avec le sentiment d'être devenue une véritable femme d'affaires. Hélas ! le projet tourna court : la Chine suspendit ses envois de coton blanc, me privant d'étoffe à imprimer, et le temps que les livraisons reprennent, AW avait appris qu'on le mutait en Syrie.

Le premier exemplaire de mes *Travels in Kashmir (Voyages au Cachemire)* me parvint par la poste : je le trouvai affreux et pleurai de dépit sur l'épaule d'AW lors d'une promenade sur la plage. La couverture de l'ouvrage, censée reproduire une aquarelle évoquant le printemps cachemirien, arborait des teintes automnales à cause d'une impression médiocre. Cela dit, les pages intérieures étaient impeccables et nous organisâmes au club une petite séance de signatures. De fidèles amis m'honorèrent de leur présence, ce dont je leur fus extrêmement reconnaissante – à ceci près que, dans l'émotion du moment, j'oubliai leurs noms… Ils se présentèrent les uns après les autres afin que j'écrive un petit quelque chose dans l'exemplaire qu'ils venaient d'acheter, mais ma main demeurait paralysée : comment s'appelaient-ils donc ?

En désespoir de cause, j'élaborai un subterfuge : « Quelle idiote ! m'exclamai-je auprès de chacun. Impossible de me rappeler l'orthographe exacte de ton prénom.

– J-O-H-N, me répondit complaisamment celui-ci.

– M-A-R-Y, épela celle-là.

– Tiens donc, on ne met pas plutôt un I ? » m'étonnais-je crânement pour tenter de sauver la face.

Le jour où je versai des larmes sur le sable gambien, AW me gratifia de son sempiternel : « Ne t'en fais pas, tout ira bien. » Comme d'habitude, il avait raison. Quelques mois plus tard, la branche britannique d'Oxford University Press acheta mon livre à la filiale indienne pour le publier au Royaume-Uni. Cela constituait en soi une excellente nouvelle, mais j'y vis de plus une revanche glorieuse, OUP-UK ayant à l'origine refusé mon manuscrit. Voilà qu'à présent la maison d'édition payait pour l'obtenir, sans plus se rappeler son rejet initial. Lorsqu'une séance de dédicace fut organisée chez Liberty, à Londres, on m'installa en compagnie de ma pile d'exemplaires derrière l'une des immenses vitrines du rez-de-chaussée. Une bande de crétins imbibés de bière m'ayant repérée depuis le trottoir, ils se mirent à rire et à me huer à travers la vitre. J'en fus fort marrie.

Rien ne se déroule jamais comme on l'a prévu, surtout si l'on est doué d'une imagination dans le genre de la mienne. Je voyais déjà grimper en flèche les ventes de mes *Voyages au Cachemire*, les droits d'auteur affluaient, je croulais sous les récompenses… En fait, peu après la sortie anglaise de mon livre, les troubles redoublèrent au Cachemire, dissuadant les touristes de toute incursion dans les parages. Je garde pourtant l'espoir qu'un jour cette région du monde retrouvera enfin la paix.

AW disparaissait de temps à autre en amont du fleuve pour inspecter quelques jours durant les projets en cours dans le bush. Nous souhaitions lui et moi convertir l'une au moins de ces excursions en escapade familiale, mais les filles ne manifestaient nulle envie de se séparer de leurs amis. Je m'efforçai une première fois de stimuler leur enthousiasme en leur décrivant la jungle à la tombée de la nuit – jungle que je n'avais, pour être honnête, jamais contemplée.

Emportée par mon délire, j'allai jusqu'à leur faire miroiter des rituels tribaux étourdissants de pagnes, de torches et de pattes d'éléphant. « Quoi ? s'offusqua Hester. Ne me dis quand même pas qu'ils en sont encore aux pattes d'ef ? »

Un groupe de « conjointes accompagnatrices » dont je faisais partie se réunissait de temps à autre au club pour aller nager un peu, prendre un café ou papoter. Un jour, nous prîmes hardiment l'initiative d'organiser un goûter en l'honneur de la plus jeune épouse du président gambien. Celle d'entre nous qui devait recevoir confectionna pour l'occasion un superbe gâteau au chocolat qui trônait, en véritable joyau de la réception, sur la table vers laquelle nous convergeâmes, l'eau à la bouche, en attendant l'arrivée de Lady Jawara. Dès qu'elle fut parmi nous, on découpa l'alléchante pâtisserie. Chacune en prit un morceau, mais la première à mordre dans sa part s'aperçut que notre hôtesse avait confondu le sucre avec le sel. Un murmure pressant circula parmi l'assistance, l'une de nos camarades se trouvant aussitôt chargée de tenir le gâteau hors de portée de Lady Jawara pour le remplacer habilement par des sablés. Des mois plus tard, nous en riions encore.

À l'exception du haut-commissaire britannique qui succéda à l'adorable Ibbott, nous nous prîmes d'affection pour tous ceux dont nous fîmes la connaissance en Gambie, mais c'est une femme extraordinaire du nom de Janis Carter qui fit de notre séjour ouest-africain une aventure unique. Je me trouvais encore en Angleterre lorsque j'entendis parler d'elle pour la première fois – dans une émission de radio consacrée à la faune et à la flore. Sitôt installée en Gambie, je fis des pieds et des mains pour la rencontrer. On m'informa qu'elle était d'un abord difficile et vivait en recluse, mais que si j'étais prête à me faire arracher la tête d'un coup de dent, je la trouverais sans doute sur la plage où il lui arrivait de faire gambader ses chiens.

Dès lors, chaque fois que j'avisais au bord de la mer une femme accompagnée d'un toutou, je m'en approchais vaillamment pour lui demander si elle était Janis Carter. Un jour, enfin, la promeneuse répondit par l'affirmative et, bien que méfiante, elle épargna ma tête, allant bientôt jusqu'à devenir l'une des plus proches amies de notre famille.

Janis, Américaine dont la beauté évoquait celle d'une Sigourney Weaver, s'était initialement rendue en Gambie avec une femelle chimpanzé baptisée Lucy, qu'elle souhaitait réintroduire dans son milieu naturel. Dans le cadre d'une expérience scientifique menée aux États-Unis, Lucy avait été élevée à la manière d'un authentique enfant par un couple désireux d'observer de quelle manière elle évoluerait au sein de leur environnement. Mais si elle disposait certes de sa propre chambre, d'un téléviseur personnel, d'animaux de compagnie et de vêtements, si elle était citée dans plusieurs encyclopédies pour ses capacités exceptionnelles à communiquer en langage des signes, voire à saisir les concepts humains de bien et de mal (elle avait avoué un jour avoir menti à propos de saletés découvertes dans l'entrée), en grandissant elle était devenue puissante, dangereuse et plus simienne, au fond, qu'anthropoïde. Dépassé par les événements, le couple qui l'avait « adoptée » avait souhaité s'en défaire. Mais qu'allait-il advenir de la guenon ? Sa personnalité semi-humaine la rendait inapte à intégrer un zoo.

Janis étudiait la psycholinguistique dans une université américaine quand on lui parla de Lucy, qu'elle entreprit d'emmener en Gambie où avait été mis en place un programme de réintroduction de chimpanzés ayant souffert aux mains des hommes. La jeune femelle, qu'on installa à son arrivée dans une cage déjà occupée par d'autres congénères, s'empressa de signifier à Janis qu'elle n'aimait pas ces singes crasseux et qu'elle voulait rentrer chez elle pour boire du Coca-Cola. Aussi incroyable que cela puisse paraître, l'Américaine passa ensuite cinq longues années en compagnie de Lucy sur une île du fleuve Gambie, où elle lui apprit à se comporter en chimpanzé. La guenon habitait la forêt, revenant de temps à autre vers son amie en quête de conseils. Au terme d'un lent processus, Lucy redevint bel et bien un primate, elle fit même la connaissance d'un compagnon. C'est alors que la tragédie eut lieu : des braconniers ayant un jour débarqué sur l'île, la jeune femelle, familière des humains, se précipita vers eux pour les accueillir. Terrifiés, ils l'abattirent. Le chagrin dévasta Janis, qui n'en demeura pas moins en Afrique de l'Ouest pour y participer à d'autres projets en faveur des chimpanzés. Elle y vit toujours.

Elle nous fit visiter son campement forestier et nous montra des photographies la figurant auprès de Lucy – quiconque avait vu ces clichés ne pouvait plus tenir les chimpanzés pour des bêtes pareilles aux autres. Puis nous sympathisâmes avec un gorille des plaines, une femelle venue du Cameroun et prénommée Julia, qui n'était encore qu'un bébé lorsqu'on l'avait recueillie après l'assassinat de sa mère et qui, désormais, comptait parmi les candidats à la réintroduction. Julia vivait dans la cage naguère occupée par Lucy, dans la réserve naturelle d'Abuko dirigée par Eddie Brewer, un adorable vieil Anglais.

Claudia, qui avait alors onze ans, se lia aussitôt d'amitié avec Julia au travers des barreaux. Elles se poursuivaient, s'asseyaient l'une en face de l'autre pour se dévisager, chahutaient comme des enfants. Notre fille brûlait de rencontrer le gorille pour de bon, c'est-à-dire à l'extérieur de la cage, et comme j'étais tombée sous le charme que semble exercer sur les hommes la proximité des bêtes sauvages, je conduisis un matin notre cadette à Abuko, à l'heure où le soigneur de Julia allait la promener dans les bois. Ce fut assurément la plus sotte des idées sottes que je conçus jamais dans toute mon existence. La guenon flânait sans sa laisse. Elle empoigna Claudia pour l'asseoir sur ses genoux au beau milieu d'un sentier forestier, examina sa chevelure puis son visage, après quoi elle se saisit de ses doigts, qu'elle plia délicatement un à un. C'est en contemplant les petits doigts blancs de ma fille entre les mains puissantes de Julia que je mesurai toute l'ampleur du risque qu'elle courait. Ces petits doigts blancs, le gorille aurait pu les briser les uns après les autres ; il aurait pu tout aussi bien rompre la nuque de Claudia. J'étais morte de peur.

Le soigneur et moi nous tenions immobiles, aussi épouvantés l'un que l'autre. Julia s'amusa un petit moment avec ma fille, puis elle échangea les rôles pour prendre place à son tour sur les genoux de Claudia, et enfin, Dieu merci, la nouveauté perdit de son attrait. Le gorille parut lassé, et quand le soigneur lui suggéra avec douceur de reprendre leur balade, il le suivit gaiement. Ma fille et moi tombâmes dans les bras l'une de l'autre, quoique Claudia n'ait pas éprouvé une terreur aussi intense que la mienne. Il me fallut longtemps pour me résoudre à avouer autour de moi – et surtout à AW – quelle folle absurdité j'avais commise ce jour-là. Julia, elle, ne fut jamais rendue à la vie sauvage : on pensait qu'elle ne s'acclimaterait qu'à condition de tenter l'aventure auprès d'un compagnon, mais aucun mâle n'était alors disponible. Elle finit par rejoindre le zoo de Jersey.

Ceesay me demanda un jour s'il pouvait s'ouvrir à moi d'un souci. « Bien sûr », répondis-je, et s'ensuivit une histoire compliquée à laquelle je ne compris pas grand-chose. Elle se rapportait, me semblait-il, à un mécanisme au fonctionnement défectueux. Croyant qu'il souhaitait m'informer d'une panne de réfrigérateur, je hasardai : « Ceesay, ce serait tout de même plus simple si nous allions tous les deux dans la cuisine pour que vous me montriez ça, non ? » Il laissa échapper un cri d'horreur et je finis par saisir que le dysfonctionnement concernait notre majordome lui-même : il tentait de me confier qu'il était impuissant. Une fois venu à bout de ses révélations, il m'exposa la cause de son problème. À la mort de son père, son épouse n'avait pas pratiqué le sacrifice idoine, c'est pourquoi il souhaitait une avance sur salaire pour avoir de quoi la renvoyer en Guinée-Bissau, d'où elle était originaire, afin qu'elle y accomplisse le rituel obligé. « Parlons-en d'abord au docteur Peters », proposai-je. Lenrie Peters, notre médecin, qui comptait également parmi nos amis, était gambien et à ce titre, estimai-je, il pourrait se révéler de bon conseil. Lenrie fut d'avis que, la source de ces problèmes se nichant la plupart du temps dans la tête, la notion de sacrifice en valait une autre. Je versai donc à Ceesay son avance sur salaire et son épouse regagna son village natal.

Quelques mois plus tard, notre majordome nous annonça que sa femme attendait un enfant. Ravie, je déclarai à AW : « Tu vois, les choses sont différentes en Afrique. En Angleterre, on se serait moqué de cette histoire de sacrifice, et pourtant ça a marché. » Mais la situation n'était pas si simple. Lorsque Ceesay nous amena sa conjointe pour que nous la félicitions, nous nous trouvâmes face à une jeune et belle personne qui n'était pas celle que nous connaissions jusqu'alors.

« Ceesay, m'étonnai-je, ce n'est pas votre épouse… Que s'est-il passé ? »

Il me fit un large sourire.

« Non, madame. Pendant que ma femme était en Guinée-Bissau, j'ai fait la connaissance de celle-ci. C'est ma nouvelle épouse. »

Le rituel avait porté ses fruits, mais certes pas selon le processus prévu, et j'ignore ce qu'il est advenu de la malheureuse ex-femme de Ceesay.

Hester avait le couteau sur la gorge : le GCSE ne pouvait plus attendre. Elle venait de passer auprès de nous une année en Gambie, elle fêterait bientôt son quatorzième anniversaire, il lui fallait regagner l'Angleterre. Notre prochaine séparation me navrait, mais l'heure était venue. Claudia et elle jouissaient en compagnie des autres enfants d'expatriés d'une liberté totale. Elles nageaient dans le bonheur, bien que nous n'ayons qu'une idée fort vague de ce que la petite bande pouvait bien manigancer. Nous trouvâmes une école à Wells, dans le Somerset. L'endroit paraissait agréable et Hester l'aimait bien, aussi l'y inscrivîmes-nous à partir de septembre.

Trois bosses mystérieuses étaient entre-temps apparues sur l'une de mes cuisses, pareilles à trois énormes furoncles. J'aurais de très loin préféré des furoncles : il s'agissait de vers de Cayor. En Gambie, à une certaine période de l'année, une mouche appelée *Cordylobia anthropophaga* se met à pondre sur des surfaces humides, y compris sur le linge en train de sécher au grand air. À moins qu'un repassage soigneux n'en soit venu à bout, les œufs ne tardent pas à éclore. Il en sort de minuscules vers qui se fraient un chemin sous votre peau et y élisent domicile, se nourrissant de votre chair jusqu'à atteindre la taille d'un gros asticot ; ils sont alors prêts à décamper. Voilà ce qui se logeait dans ma cuisse. Pis, il est impossible d'extirper les vers de Cayor de leur antre tant qu'ils ne sont pas parvenus à maturité. Un cratère se creuse au sommet de la protubérance, qu'alors on presse pour en expulser les bestioles ; en attendant, il faut composer avec ce chatouillis qui vous indique que les vers sont occupés à vous grignoter de bon appétit. Je finis par m'en débarrasser mais ne tardai pas à constater que ces asticots qui m'avaient dévorée vivante ne constituaient guère qu'un prélude aux jours sombres qui nous attendaient…

Tout commença le soir où nous nous rendîmes à un

souper en laissant les filles à la maison avec une amie qui devait passer la nuit chez nous. En rentrant vers minuit, nous remarquâmes d'abord que le veilleur de nuit, que nous avions laissé quatre heures plus tôt en parfait état, tant physique que mental, portait à présent sur la tête deux casquettes ainsi qu'un sac en plastique. Agitant frénétiquement son arc et ses flèches, l'homme nous conseilla de vite, vite regagner la maison car il s'y passait de drôles de choses. Légèrement hébétés, nous entrâmes pour découvrir que Hester et son amie avaient razzié le bar : notre fille aînée titubait comme une pocharde de théâtre tandis que sa camarade gisait, inanimée, dans la salle de bains. Quoique consternés, nous couchâmes les deux demoiselles en tâchant de ne pas nous faire trop de souci, nous raccompagnâmes à son domicile le veilleur de nuit et, le lendemain, eûmes avec Hester la première d'une longue série de conversations solennelles.

Cet automne-là, nous laissâmes notre fille aînée dans sa nouvelle école de Wells et ce furent de nouveau les appels téléphoniques en série – à ceci près que cette fois ils émanaient moins d'une Hester mal dans sa peau que de ses professeurs : elle s'était teint les cheveux en rose, elle se montrait insolente, elle jetait le règlement aux orties... J'en vins à craindre de décrocher le combiné, surtout lorsque se faisait entendre ce que nous avions surnommé le « clic international », qui nous indiquait que l'appel provenait de l'étranger.

Bientôt, le téléphone n'y suffit plus. Quelqu'un devait rentrer en Angleterre pour s'entretenir de vive voix avec les enseignants. Ce fut bien sûr moi qui m'y collai, AW étant retenu par son travail. Le directeur de l'école dut penser que Hester avait grandi dans une famille à problèmes car pas une fois je ne parvins à me présenter à nos rendez-vous dans une tenue décente : j'avais laissé la plupart de mes vêtements en Gambie ;

en outre, mes visites étant toujours motivées par quelque nouvel incident, elles se faisaient toujours dans l'urgence. Je me revois lors d'un de nos entretiens, affublée d'un pantalon de harem sur des chaussures de randonnée.

Je passai de moins en moins de temps en Gambie avec AW et Claudia, et de plus en plus en Angleterre... Et puis survint un autre drame. Lorsqu'il se présenta à sa visite médicale annuelle, mon mari apprit qu'il lui fallait subir un pontage. Cela signifiait au moins que nous allions passer quelques mois au pays tous ensemble. Nous inscrivîmes Claudia dans la même école que sa sœur et, une fois AW prêt à retourner en Gambie après sa convalescence, il nous parut judicieux de l'y laisser comme pensionnaire.

C'est ainsi que les années suivantes se comparèrent pour nous à la traversée d'un champ de mines. Imaginez-vous le tableau. L'herbe est verte, le soleil brille, les oiseaux chantent et les explosions retentissent. Votre fille a été temporairement exclue pour avoir été surprise à fumer ! Votre fille vient d'être appréhendée pour vol à l'étalage ! Votre fille s'est fait prendre en train de revendre des amphétamines ! La meilleure amie de votre fille a été définitivement renvoyée de son école pour avoir fumé de la marijuana dont VOTRE FILLE lui avait fait cadeau ! Je vous en conjure, retirez vos filles de notre établissement !

Je pensai à ces lettres de Noël que des amis vous envoient : « Phoebe entame sa huitième année de piano et nous sommes très fiers de Louise, dont les brillants résultats scolaires lui ont ouvert les portes d'Oxford. Quant à Matthew, il a passé, avant d'entrer à l'université, une année à travailler dans un camp de réfugiés en Jordanie, dont il nous revient avec une parfaite maîtrise de l'arabe. » Nos lettres auraient été d'un autre tonneau : « Nos filles ont renoncé au piano, à la flûte, au violon, à la lecture, au travail, à tout centre d'intérêt hormis la musique pop. La direction de leur école les ayant suppliées de quitter à jamais l'institution, notre cadette se réjouit de se voir accorder cette année de liberté provisoire. »

Le choc était épouvantable. Nous avions formé jusque-là une famille ô combien unie, et jamais je n'aurais cru que mes propres enfants me causeraient un jour de tels tourments. Je me rappelai un déjeuner chez des amis, en Inde, au cours duquel j'avais été outrée par le comportement de leur gamine de seize ans, agressive et grossière. Sur le chemin du retour, dans la voiture, j'avais contemplé d'un air fat nos deux petits anges installés sur la banquette arrière en déclarant à AW : « Je n'arrive pas à comprendre pourquoi ils la laissent se comporter de cette manière ; moi, je ne saurais le tolérer, ça non ! » Je saisissais à présent que nos amis devaient avoir jeté leurs dernières forces dans la bataille, que la présence de leur fille au déjeuner avait déjà tenu du miracle et qu'ils n'avaient sans doute pas même espéré qu'elle puisse s'y montrer affable.

Comment en étions-nous arrivés à de telles extrémités ? Je m'interrogeais. Comment – du jour au lendemain, semblait-il – nos délicieuses fillettes s'étaient-elles muées en adolescentes bourrues aux oreilles plusieurs fois percées, chaussées d'énormes bottes sans proportion avec leurs jambes grêles ? Et pourquoi le destin s'avère-t-il à ce point cruel qu'il s'arrange pour faire coïncider exactement les orages traversés par vos enfants et les turbulences subies par vos parents, broyant quelque part entre les deux celles qui sont à la fois mères et filles ? Maman avait en effet sombré dans une angoisse perpétuelle (on découvrit plus tard qu'elle souffrait de la maladie d'Alzheimer) qui l'avait conduite à s'installer avec mon père dans une maison de retraite où tous deux se heurtaient à de nombreuses difficultés. J'avais l'impression de passer le plus clair de mon temps sur la route pour gagner tantôt l'école du Somerset, tantôt l'hospice du

Hampshire. Nous vivions tous de douloureux moments que rien ne paraissait en mesure d'apaiser. J'en vins à penser, dans un instant d'égarement, que ma mère et ma fille auraient bien fait d'échanger leurs drogues et traitements respectifs : maman se serait trouvée galvanisée par l'ecstasy, tandis que le Valium aurait calmé les ardeurs de Hester.

Je peinais à me rappeler l'existence douce et placide que nous menions naguère en Gambie, quand il ne s'y passait pratiquement rien, quand nous ne redoutions pas les appels en provenance d'Angleterre. Dire que j'avais déploré alors cette monotonie excessive ! Maintenant, j'aurais tout donné pour retrouver ces heures paisibles dénuées du moindre tracas.

Mais la Gambie elle-même vivait à l'époque des heures rien moins que paisibles. Tout juste rentrée de Grande-Bretagne, j'étais en train de taper un matin mon journal à la machine quand AW me téléphona pour m'annoncer qu'une mutinerie avait éclaté au sein de l'armée et que je devais me tenir prête à m'enfuir sans lui en Casamance, dans le sud du Sénégal, au cas où la situation tournerait au vinaigre. Je lui donnai du « Oui, chéri », du « Bien sûr, chéri », mais jamais je n'aurais filé seule. De toute façon, j'en aurais été incapable.

AW tenait ses informations de première main. Il craignait ce jour-là d'être en retard à une réunion organisée à l'hôtel Senegambia ; le président du pays devait en être et mon mari, qui tenait à ne pas arriver après lui, commanda à Malik, son chauffeur, lorsqu'il se vit bloqué au bout d'une longue file de voitures se dirigeant vers le pont Denton, de fixer le drapeau sur l'automobile, d'allumer les phares et de dépasser toute la queue. Malik s'exécuta et l'engin bondit vers l'avant, mais une fois à l'entrée du pont les deux compères, saisis d'effroi, se trouvèrent nez à nez avec les canons des fusils que brandissaient plusieurs dizaines de soldats excédés. « Faites demi-tour ! »

ordonna AW à Malik, ajoutant par-devers lui : « Et tirez-nous de là le plus vite possible. » Ils firent promptement marche arrière, remontèrent la file des voitures à l'arrêt pour trouver refuge dans une usine de transformation de l'arachide d'où AW me téléphona. Sur ce, le gouvernement versa de l'argent aux soldats et la mutinerie tourna court, temporairement du moins. Quelques années plus tard – nous avions alors quitté le pays –, un coup d'État eut lieu et l'armée prit le pouvoir.

Puis un drame épouvantable se produisit. Penny, une Anglaise qui gardait en son absence la maison d'Eddie Brewer, le responsable de la réserve naturelle d'Abuko, fut sauvagement assassinée. Eddie ayant été contraint de regagner l'Angleterre pour y subir une opération de la hanche, Penny lui avait proposé de venir s'occuper de ses chiens. Puisque j'étais moi-même loin de la Gambie – pour changer un peu –, c'est à AW qu'Eddie avait confié la tâche de veiller sur notre compatriote et de s'assurer que ses obligations ne lui pesaient pas trop. Mon mari l'appelait chaque jour pour vérifier que tout allait bien. Un matin, la bonne décrocha, inquiète que miss Penny ne se trouve pas dans la maison. Comme elle promenait volontiers les chiens en début de journée, AW ne s'alarma pas ; il tenterait de la joindre plus tard, dit-il à son interlocutrice. Moins d'une heure après, cette dernière téléphona, bouleversée : les chiens étant rentrés sans leur maîtresse, les autres employés de la demeure étaient partis à sa recherche pour découvrir dans le bush son corps décapité ; la tête gisait quelques mètres plus loin, comme si l'assassin l'avait jetée là dans sa fuite.

Il n'y avait aucun mobile apparent, mais les autochtones estimaient pour la plupart que le meurtrier était un lutteur qu'un marabout avait poussé à agir. Selon eux, l'homme ayant réclamé au sorcier un charme susceptible de lui assurer la victoire au terme de tous ses combats, ce dernier lui avait affirmé que s'il lui fournissait une tête humaine, il serait en mesure de concocter pour lui le plus invincible et le plus puissant des sortilèges. Mais mon époux s'inquiétait que les autorités, tant gambiennes que britanniques, n'enquêtent pas avec tout le zèle dont elles auraient dû faire preuve ni ne s'efforcent vraiment de mettre la main sur le lutteur qui, selon la rumeur, avait fui vers la Casamance. Je consacrai au sujet un article dans le *Sunday Express* pour tenter de réveiller un peu les consciences. En vain.

Eddie finit par proposer une récompense et AW se rendit à plusieurs reprises en Casamance pour s'y entretenir avec le chef de la police. Celui-ci nous apprit un jour que l'on avait retrouvé l'assassin. Mort, tué par des villageois qu'il avait menacés. Mais nous ne réussîmes pas à obtenir la preuve que les choses s'étaient bel et bien déroulées de cette manière ni la moindre révélation sur ce qu'il était advenu du marabout. Force est de reconnaître que personne ne saura jamais dans quelles circonstances exactes l'innocente Penny a trouvé la mort. C'était là une affaire tragique, une sale affaire, qui ternit les derniers mois que nous devions passer en Afrique de l'Ouest.

Car AW avait appris que l'on allait le muter en Syrie. Nous étions très enthousiastes mais un nuage assombrissait notre horizon : à Damas on nous attribuait un appartement, et Toy n'était pas une citadine. Pour son confort personnel, décréta mon mari, la chienne devait demeurer en Gambie. Je tentai de le faire revenir sur sa décision en lui amenant un jour Toy au bureau afin de lui prouver qu'elle était parfaitement capable de se débrouiller dans un cadre officiel. À peine la porte fut-elle ouverte que la chienne se rua dans les locaux en aboyant, patinant sur le sol ciré. Valerie, la réceptionniste, poussa un hurlement, Toy devint hystérique – un beau charivari ! Je venais de confirmer haut la main qu'il nous fallait en effet nous séparer d'elle. Nous lui trouvâmes un foyer accueillant chez un jeune vétérinaire anglais, mais elle continue de nous manquer à tous quatre.

AW devait prendre ses nouvelles fonctions en Syrie au printemps 1993. Les filles et moi le rejoindrions pour les vacances de Pâques, puis nous regagnerions l'Angleterre, Hester et Claudia pour reprendre les cours, moi pour tenter de réparer les dégâts. Peu avant, les problèmes que nous posaient nos enfants atteignirent leur paroxysme ; on aurait cru un énorme furoncle parvenu à maturité. Le plus simple est encore de reproduire ici les pages du journal que je consacrai alors aux « pires semaines de toute mon existence ».

Premier jour.

Appel de la Westminster School : Hester, à qui l'on n'a pas permis de passer le *A level* blanc, s'est volatilisée. Passé la journée à téléphoner à ses amis pour tenter de la localiser. Chou blanc.

Deuxième jour.

La Millfield School a appelé : Claudia persistant à se balancer d'avant en arrière sous un arbre depuis trois jours, ils me la mettent dans un train à destination de Londres.

Troisième jour.

Récupéré Claudia à la descente du train.

Quatrième jour.

Appel de la Westminster School : Hester a fait sa réapparition, mais elle se voit provisoirement exclue de l'établissement. Puis-je venir la chercher ? Un détail cependant : il lui faut terminer d'ici samedi (nous sommes jeudi) une dissertation d'histoire de l'art de cinq mille mots, sinon elle ne sera pas autorisée à se présenter aux épreuves du *A level*. Récupéré Hester à l'école, rentrées à l'appartement. Je me fais l'impression de jouer les saintes : sourires (forcés), nulle remarque ni récrimination, les spécialistes m'ayant affirmé que cela ne servait à rien.

Cinquième jour.

Tenté de persuader Hester de se lever pour bûcher sur sa dissertation. En vain. Nouvelle tentative. Obtenu qu'elle sorte du lit, mais elle m'annonce qu'elle s'en va rejoindre des amis. Je vois rouge.

« Tâche donc de te projeter au-delà de la prochaine nanoseconde et mets-toi au travail.

– Fiche-moi la paix ! » me rétorque-t-elle en enfilant son manteau.

Un je ne sais quoi se rompt à l'intérieur de ma cervelle. Je me rue sur Hester pour l'étrangler. Elle saisit mes mains ; s'ensuit une pathétique empoignade, de nouveau quelque chose se rompt, non plus dans mon cerveau mais dans ma main. Direction l'hôpital.

On prétend que qui est en train de se noyer voit défiler sa vie. Lorsqu'on se brise un doigt, c'est l'avenir qui jaillit soudain devant vos yeux : plus moyen de se laver les cheveux, de conduire, d'attacher son soutien-gorge...

AW est attendu dans deux semaines en Syrie. Les filles et moi sommes censées le rejoindre pour les vacances. Par quel prodige faire mes valises avec un seul bras ?

« Comment vous êtes-vous fait cela ? m'interroge le médecin en me plâtrant.

– J'ai tenté d'étrangler ma fille.

– Je vois, répond-il sans s'alarmer. C'est une adolescente ? »

Sixième jour.

Fête des Mères. Ah ! ah ! ah ! Coïncide avec la fin du trimestre. Mes deux filles, censément logées dans des pensionnats qui nous coûtent chaque année plusieurs milliers de livres, se trouvent toutes deux à la maison avec moi, et j'ai un doigt cassé.

Septième jour.

Hester passe la journée avec des amis, ça mange, ça fume, ça regarde la télé. Ça ne travaille pas une seule seconde. Je lui fais remarquer qu'elle n'est plus qu'à quelques semaines de ses examens. Dispute. Hester prend la clé des champs.

Huitième au quinzième jour.

Aucune nouvelle de Hester. Stress. Tension. Angoisse. Je dors les mâchoires serrées. Va-t-elle reparaître à temps pour nous accompagner au Moyen-Orient ? Suspense.

Hester resurgit deux nuits avant notre voyage. Vient-elle avec nous ? Elle n'en sait rien.

Levée à l'aube le matin du départ. Nous sommes le 1er avril – quelle bonne blague ! Hester accepte de nous emboîter le pas jusqu'à Damas, mais elle compte n'y passer qu'une semaine. « Nous en discuterons plus tard », temporise AW qui rentre à peine de Bruxelles.

Nous nous soumettons aux formalités à l'aéroport d'Heathrow, grimpons dans l'avion et bouclons nos ceintures. Sidérée, je vois Hester quitter l'appareil. Je me lève pour la suivre, mais l'hôtesse m'arrête : « Je suis navrée, madame, mais vous ne pouvez pas descendre maintenant. » Je lui explique que je viens pourtant de voir ma fille passer la porte. Elle reste bouche bée. « Votre fille a quitté l'avion ? Vous devez la rattraper immédiatement. » Sinon, me dit-elle, tous les passagers se verront contraints de débarquer pour aller identifier leurs bagages, le contretemps risquant de nous coûter plusieurs milliers de livres.

AW se lance à sa poursuite, les services de sécurité de la zone des départs lui ont déjà mis le grappin dessus, il la persuade de remonter dans l'avion. D'accord, à condition qu'elle puisse rentrer en Angleterre au bout d'une semaine. AW accepte (il ment comme un arracheur de dents). Père et fille regagnent l'appareil. Je jette un coup d'œil dans la direction d'AW, lui découvre un visage plus ratatiné qu'un cerneau de noix – le mien ne vaut pas mieux. Les puissants de ce monde rencontrent-ils le même genre de problèmes chaque fois qu'ils s'en vont rejoindre une nouvelle affectation ? La fille de Chris Patten a-t-elle aussi tenté de fuir l'appareil à bord duquel son père comptait s'envoler avec elle pour l'Asie, où il s'apprêtait à devenir gouverneur de Hong-Kong ?

Seizième au trentième jour.

Nous voilà à Damas. Nous sommes descendus dans un hôtel moderne érigé entre deux autoroutes et un autopont, tout cela parce que l'individu qu'AW doit remplacer n'a pas encore libéré son logement. Les filles n'ont rien à faire. Une vague de chaleur s'est abattue sur la ville, mais la piscine de l'hôtel est vide : officiellement, on n'est pas encore en été. Des tonnes de sites historiques à visiter, mais les enfants n'en ont cure. Je ne vois pas à quoi les occuper, je leur prends mille et un rendez-vous à l'institut de beauté de l'établissement pour des épilations – d'ici la fin du séjour, il ne leur restera plus un poil sur le corps. Je les envoie se faire laver les cheveux et subir des brushings, mais à leur retour elles boudent et démêlent de concert leurs volumineuses chevelures flambant neuves. Les circonstances se révèlent vraiment pénibles, nous ne connaissons pas âme qui vive, nous tentons sans succès de dénicher un appartement et à deux reprises Hester m'a jeté des fruits à la figure. Mais j'y pense : le fait est que notre quatuor tient bon et qu'il nous est même arrivé de rire ensemble. Dans l'ascenseur est ainsi accrochée une pancarte : « En cas d'arrêt, composez la standardiste pour une conversation. » Quant à la brochure de l'hôtel, elle indique que ce dernier met à la disposition de ses plus « effluents » visiteurs des chambres de luxe. Il reste une chance pour que la situation s'améliore.

Hester nous quitta certes au bout de deux semaines et demie (en nous laissant à l'hôtel une facture de téléphone de cent livres), mais elle avait changé : à l'occasion de ces retrouvailles familiales, elle semblait s'être rapprochée de nous. Cette année-là, après avoir réussi ses examens, elle s'inscrivit à l'université d'Édimbourg.

Claudia et moi regagnâmes l'Angleterre juste avant la fin des vacances ; nous devions préparer ses bagages en vue de son retour à la Millfield School, dont la direction lui avait accordé une dernière chance de s'assagir. Le jour de son départ pour l'école, elle monta dans sa chambre pour mettre de l'ordre dans sa malle. Comme elle ne redescendait pas, je grimpai à mon tour pour m'enquérir de ce qu'elle était en train de faire. Je me cassai le nez contre sa porte fermée à clé de l'intérieur. Je l'appelai ; elle ne répondit pas. Je cherchai dans toute la maison, j'inspectai le jardin – et découvris enfin sur le seuil un mot m'annonçant sa fuite et son espoir de me revoir un jour.

Je sautai dans la voiture pour parcourir toutes les routes aux alentours du village. Elle demeurait introuvable. J'appelai Millfield pour exposer la situation et prévenir que nous arriverions en retard. On me répondit de ne pas même nous donner la peine de nous présenter là-bas.

Le soir, après que j'eus prévenu la police, un charmant inspecteur vint s'entretenir avec moi. J'étais en train de lui fournir une description de Claudia quand la sonnerie du téléphone retentit. C'était un ami de ma fille qui me conseilla de ne pas m'inquiéter. Notre cadette allait bien, m'assura-t-il. S'emparant du combiné, le policier persuada le jeune homme de nous révéler où elle se trouvait : elle campait dans un champ, non loin de l'école dont elle avait été exclue avant d'entrer à Millfield. L'inspecteur la ramena chez nous.

Je n'étais pas en colère, simplement soulagée que, par la force des événements, une décision ait été prise concernant Millfield. Nous n'avions plus qu'à nous mettre en quête d'un autre établissement scolaire. Nous jetâmes notre dévolu sur Frensham Heights, dans le Surrey, où malgré un démarrage incertain – Claudia joua de nouveau les filles de l'air avant même d'avoir atteint le seuil du bâtiment –, elle finit par prendre ses marques avec bonheur.

À l'automne, la majeure partie de nos soucis semblait derrière nous. Il ne me restait plus qu'à expédier Hester en Inde. Elle allait y passer son année précédant l'entrée à l'université, en pension chez le couple Singh. Je déposai notre fille aînée dans les locaux de British Airways pour qu'elle y subisse les vaccins nécessaires, puis j'allai faire quelques courses. Bien me prit de ne pas m'attarder : Hester, qui est hypocondriaque, avait composé son menu immunitaire, chaque injection s'élevant à plus de vingt-cinq livres. Elle n'était pas loin de craquer pour l'encéphalite japonaise (trente-cinq livres de plus) lorsque je la rejoignis ; j'annulai la commande. Néanmoins, entre les seringues hypodermiques, les cathéters en vue d'éventuelles transfusions sanguines et le filtre à eau muni d'une paille permettant de se désaltérer dans le courant d'une rivière impure, la facture atteignit presque le prix du billet d'avion. (Je doute que, logeant chez les Singh, Hester ait jamais eu besoin de s'abreuver à un cours d'eau sale, mais elle sait se montrer très persuasive.)

Je la conduisis à l'aéroport pour la voir s'envoler vers sa grande aventure. Elle paraissait si fluette au beau milieu du Terminal 4, écrasée sous son énorme sac à dos, que j'en éprouvai une profonde émotion. Je l'adorais mais me sentais soulagée à l'idée que des milliers de kilomètres nous séparereraient bientôt : j'allais pouvoir m'occuper un peu de ma propre vie.

XI

Mon chemin de Damas

La ville de Damas s'est développée en couches successives, comme un oignon – ou peut-être devrais-je dire en cernes, à la manière d'un arbre, car ces anneaux de croissance en révèlent l'âge. Au cœur de la cité s'élève la Grande Mosquée, édifiée entre les murs d'un temple romain qui fut lui-même bâti sur un lieu de culte millénaire fondé par les Araméens. L'endroit est ceinturé par le labyrinthe de la vieille ville ponctué de vestiges romains, de cours intérieures, de hammams et de caravansérails. Au-delà se dressent les remparts d'origine romaine, objets de restaurations, ajouts et consolidations incessants depuis l'époque de Saladin. À l'extérieur des murs sont des mosquées des XIIIe et XIVe siècles, ainsi que des écoles et des bains de l'époque mamelouke, aux parois rayées de noir et de blanc ; plus loin se donnent à voir des édifices d'inspiration occidentale, construits au XIXe siècle, lorsque l'Empire ottoman se prit de passion pour tout ce qui venait d'Europe. Au-delà se distribuent, le long de rues plantées d'arbres, de jolies villas datant de l'entre-deux-guerres – lorsque la Syrie était sous mandat français –, qui à leur tour cèdent la place aux premières banlieues modernes aujourd'hui tenues pour des quartiers chics, puis à une horrible zone hérissée de tours en béton.

Dès que nous apprîmes qu'AW était muté en Syrie, je demandai à mon cousin Simon, le seul autour de moi à avoir jamais mis les pieds dans ce pays, à quoi nous devions nous attendre. « Eh bien… commença-t-il. Damas m'a fait penser… » Il s'interrompit. J'attendais qu'il me dise : « … au paradis. » « Damas m'a fait penser à Berlin-Est. »

Je retrouvai AW en septembre ; il avait déballé depuis belle lurette tout ce que nous avions rapporté d'Afrique dans la résidence attribuée par la Communauté européenne, un appartement passablement sombre situé dans la « couche » française de l'oignon damascène. Il était parvenu à en faire un lieu accueillant aux murs duquel il avait accroché tous nos tableaux, mais l'extravagance des vêtements que je trouvai suspendus dans ma garde-robe me laissa perplexe – j'y repérai même une tunique indienne en daim ornée de franges. Je me creusais la cervelle pour tenter de me rappeler où et comment j'avais pu m'accoutrer en squaw, quand il m'apparut que j'avais sous les yeux le contenu de la malle à déguisements de nos filles, le tout soigneusement lavé puis repassé par la bonne. Cette dernière avait dû se demander à quoi diable allait bien pouvoir ressembler l'épouse de son nouveau patron tandis qu'elle donnait un coup de fer à une tenue de sorcière, à un minuscule uniforme d'infirmière et à une série de vieilles robes défraîchies dont Hester et Claudia avaient fait en leur temps les guenilles de Cendrillon. Je constatai qu'il y avait eu le même genre de méprise sur ma lime indienne pour les pieds que je découvris à côté de la râpe à fromage, dans un placard de la cuisine.

Cet appartement était le premier des trois logements que nous devions successivement occuper au cours de nos cinq années et demie en Syrie. À quelques mois de là, le propriétaire ayant décidé de vendre au terme de notre bail, nous emménageâmes à Mezze, l'une des luxueuses banlieues modernes de la capitale, dans un somptueux appartement en rez-de-chaussée dont les robinets, dorés à la feuille, figuraient des cygnes. Moins d'un an plus tard, notre vie y était devenue un véritable enfer car l'influent général qui occupait l'étage avait entrepris de développer son logis à la manière du chapeau d'un champignon, élevant des piliers qu'il plantait dans notre jardin pour s'offrir quelques mètres carrés supplémentaires, et c'est ainsi que nous refîmes nos valises pour nous installer cette fois dans une jolie maison située deux ou trois rues plus loin.

Comme à l'accoutumée, j'éprouvai durant les douze premiers mois de cette nouvelle vie un sentiment de solitude et d'abandon d'autant plus intense que la Syrie constituait le premier pays dans lequel je m'étais installée sans nos enfants ; elles me manquaient – je me surpris à regretter jusqu'aux mauvaises passes. Ces regrets s'évanouirent dès que les fax expédiés d'Inde par Hester affluèrent sur le bureau d'AW : « Je déteste cet endroit… L'Angleterre me manque trop… Je ne peux pas encadrer les Singh… Je me sens prisonnière… Je n'ai même pas le droit d'aller me balader en ville. » Puis : « Les Singh sont adorables… Je les aime bien… Nous avons des conversations enrichissantes. » Un peu plus tard : « Les Singh comprennent parfaitement combien il est difficile de traverser l'adolescence en ces années 1990. » Plus tard encore : « Si seulement j'avais eu des parents aussi géniaux que les Singh. » Et ainsi de suite.

L'hiver syrien se révéla bien plus froid, bien plus humide que je ne l'avais imaginé, et je ne comptais pas un seul ami. Pour ne rien arranger, le bras droit d'AW et sa séduisante épouse vivaient depuis fort longtemps dans le pays et tout le monde les aimait beaucoup ; nous semblions par comparaison un couple d'imposteurs saugrenus. Quant à notre existence sous le champignon du général, elle devenait une perpétuelle source de stress. Je disposais d'un petit bureau dont la porte-fenêtre donnait sur le jardin, mais je n'osais jamais en franchir le seuil de crainte de me faire occire par un bout de métal brûlant ou un morceau de ciment tombés de l'étage. Un matin, je vis du coin de l'œil choir un homme. Je me ruai dans le jardin, redoutant par avance la masse informe et démantibulée que je n'allais pas manquer d'y trouver, mais quoiqu'il ait fait une chute de quatre étages, l'ouvrier paraissait miraculeusement indemne, et c'est très paisiblement qu'il avala les cachets d'aspirine que je lui remis puis la tasse de thé que je lui préparai d'une main tremblante – la crise de nerfs était pour moi.

Je rédigeais à l'époque mon journal sur une machine à écrire électronique et, pour ajouter aux frustrations quotidiennes, chaque fois que, sentant venir l'inspiration, je posais le bout des doigts sur le clavier, une panne d'électricité me coupait la chique. Aussi, quand nous pliâmes boutique une nouvelle et dernière fois pour nous installer dans la jolie maison toute proche, je décidai, suivant la coutume locale, d'effectuer un sacrifice propre à nous assurer une existence heureuse dans nos nouveaux pénates. Puisque je ne pouvais m'ouvrir de mes plans à AW (qui s'était alors converti au bouddhisme), c'est Marcelle, la cuisinière, et moi (elle davantage que moi, il me faut l'avouer) qui tuâmes en secret deux poulets pour tamponner toutes les portes avec leur sang. Je confiai peu après mon initiative à un charmant collègue d'AW de passage en Syrie, qui en retour me rapporta qu'en Algérie où il avait travaillé un temps il avait sacrifié un bélier avant son emménagement ; au bout de quatre jours, un tremblement de terre avait eu lieu, qui avait décroché des murs tous les placards de sa cuisine. Pour nous, cependant, il semble que le rituel ait porté ses fruits : du jour au lendemain, on nous attribua un générateur qui me permit de taper à la machine toute la journée.

À force de séjourner dans des pays en voie de développement, on en vient à se comporter et à penser de façon un brin curieuse. Je constatai un jour en Syrie que l'une de nos plus belles plantes d'intérieur était en train de faner.

« Mince, fis-je à Bing, notre majordome, nous avons dû oublier de l'arroser.

– Oh ! non, me corrigea-t-il, une femme y aura touché alors qu'elle avait ses règles. »

Bing avait aussi coutume de déposer un œuf dans notre jardin, chaque fois que nous avions prévu d'y donner une réception, afin qu'il fasse beau le jour dit – ce fut toujours le cas. Et quand notre bonne philippine glissa dans l'escalier, elle m'expliqua qu'elle avait dû écraser plus tôt une petite fée dont toutes les compagnes s'étaient trouvées si furieuses qu'elles avaient tiré ses pieds pour se venger. « En effet, commentai-je, l'idée est intéressante. »

Je peine à me rappeler aujourd'hui ces premiers mois solitaires en Syrie car au terme de notre séjour la capitale était bel et bien devenue mon « chemin de Damas » : la ville avait changé ma vie. Mais cela devait venir plus tard ; d'abord, il me fallait apprendre à jouer les véritables épouses de diplomate. En Syrie, notre milieu s'avérait vaste et plein de componction, peuplé d'ambassadeurs intelligents et chargés d'expérience, sans commune mesure avec le petit monde tranquille que nous avions côtoyé en Gambie.

Il me faut ici préciser que les femmes de ceux qui œuvrent au sein de la Communauté européenne ne reçoivent aucune formation, nulle aide susceptible d'en faire des compagnes dignes de ce nom pour leur ambassadeur de mari. En Allemagne, les conjointes des diplomates perçoivent des appointements puis une retraite ; un employé du Foreign Office est tout spécialement chargé de veiller sur les femmes des chefs de mission ; la banque HSBC octroie aux épouses de ses salariés en poste à l'étranger une somme rondelette leur permettant de s'offrir un ordinateur, ou prend en charge un stage de reconversion qui leur ouvre les portes d'une activité professionnelle plus utile. En revanche, personne dans les bureaux de Bruxelles ne m'a jamais parlé de rien ; je me demande si ces fonctionnaires ont seulement conscience que j'existe. Pour nous, pas de cours où l'on nous enseignerait à dresser correctement une table en vue d'un dîner officiel, où nous saurions enfin quoi faire de ces sous-assiettes en argent dont notre nécessaire est pourvu, où nous apprendrions qui, du nonce apostolique ou de l'ambassadeur des États-Unis, doit occuper la place la plus importante, où l'on nous dirait comment s'adresser à un premier ministre ; au lieu de quoi nous nous en remettons à notre bon sens et à notre présence d'esprit, volant sans pilote à notre propre secours.

Par exemple, j'ignorais totalement à mon arrivée en Syrie que j'étais censée rendre des « visites de courtoisie » aux épouses des autres diplomates – que Dora, la secrétaire d'AW, soit ici remerciée, qui, forte de son expérience, me mit au courant de ces subtilités. Les visites de courtoisie durent en principe une vingtaine de minutes, mais l'une de ces dames, venue un jour chez nous, y resta trois bonnes heures qu'elle occupa à me raconter ses rêves. Comment la faire déguerpir ? Je frisais la crise de claustrophobie lorsque AW, me voyant rouler des yeux à son retour du bureau, prétendit qu'il nous fallait filer sur l'heure à un rendez-vous capital.

Mais je suis fort mal placée pour émettre des critiques. Lors de ma première réunion officielle, dont l'objet était la vente de charité européenne annuelle, je repérai, trônant en face de nous à la place d'honneur, sur le bureau de la présidente, un œuf d'autruche posé sur un support délicatement ouvragé. « C'est un peu dangereux, me dis-je. Quelqu'un va forcément finir par le flanquer par terre. » Quelqu'un le renversa en effet, moi. Je m'approchai du bureau pour consulter le plan figurant les dimensions et l'emplacement des stands attribués à chaque pays dans la salle de bal de l'hôtel. « Un mètre et demi, ça représente quelle longueur ? À peu près ça ? » Ce disant, j'écartai les bras et, d'une pichenette, expédiai l'œuf d'autruche sur le sol, où il vola en éclats.

Avec un bel ensemble, les autres épouses d'ambassadeurs lâchèrent un hoquet de stupeur, mais notre présidente était la délicatesse faite femme : « Ne vous tourmentez pas, je vous en conjure. J'en ai d'autres. Ce n'est rien, ce n'est rien du tout. Cela ne m'affecte pas le moins du monde. » Quelques semaines plus tard, cependant, alors que je me trouvais dans une échoppe du souk, l'artisan me confia : « On m'a commandé un travail incroyablement difficile. Un œuf d'autruche brisé en mille morceaux. » Lors d'un bref séjour en Angleterre, je découvris dans notre grenier un vieil œuf d'autruche – Dieu seul sait comment il avait atterri là – que je décrassai vigoureusement pour l'offrir à la présidente dès mon retour.

Puis vint le moment de donner notre premier dîner. Nous avions bien du mal à sélectionner nos convives, notre prédécesseur ne nous ayant pas laissé de liste d'invités. (Aucun de nos devanciers ne l'a d'ailleurs jamais fait, contrairement à nous.) AW et moi souhaitions avoir à notre table l'ambassadeur des États-Unis et sa femme, que nous appréciions beaucoup, seulement à qui devions-nous proposer de se joindre à eux ? Nous ignorions qui étaient leurs amis au sein du corps diplomatique damascène. J'eus alors une idée de génie : nous allions demander au chauffeur d'AW de mener l'enquête. Ces hommes, pensai-je, à force de passer ensemble leurs soirées à attendre que leurs employeurs se décident à quitter telle ou telle réception, se connaissent tous et, bien entendu, chacun d'entre eux sait chez qui il emmène son passager le plus souvent, sans compter qu'il bénéficie des commentaires émis ensuite par ce dernier depuis la banquette arrière. Le chauffeur d'AW, Syrien des plus efficaces qui fut donc chargé de s'enquérir auprès de son homologue de l'ambassade américaine du petit comité qu'il convenait de réunir pour l'occasion, nous revint avec la réponse suivante : il nous fallait inviter l'ambassadeur de Russie ainsi qu'un couple d'Arméniens des plus exquis.

Le dîner se déroula à merveille. Ce qui me surprit le plus fut la bonhomie qui régna entre le diplomate russe et les autres convives. Jusque-là, dans la carrière internationale d'AW, les Russes avaient toujours représenté l'ennemi et nous n'avions jamais eu d'accointances avec aucun. Mais avec l'effondrement de l'Union soviétique nous avions maintenant tout loisir de sympathiser. D'ailleurs, l'homme qui succéda à l'ambassadeur de Russie que nous recevions ce jour-là devint l'un de nos meilleurs amis, même si, plus que nul autre avant lui, il mit au cours d'une soirée mes talents diplomatiques à rude épreuve…

Nous recevions cette fois encore l'ambassadeur des États-Unis et son épouse, pour l'anniversaire de ce dernier. Huit personnes qu'il avait lui-même choisies seraient là : les deux Arméniens, le nouvel ambassadeur de Russie et sa femme ainsi qu'un couple américain que nous ne connaissions pas. Nous conversions poliment avec les premiers invités lorsque les Russes firent leur apparition en titubant, visiblement éméchés, et nous demandèrent de leur servir un whisky. Bing s'approcha avec les verres, l'ambassadeur but une rasade puis s'écria : « Qu'est-ce que c'est que cette merrrrrde ? Apportez-moi du Black Label ! » Dès lors, la soirée se délita. Je me demande encore comment elle parvint à son terme avec un ambassadeur russe portant toutes les trois minutes un nouveau toast pour déclarer sa flamme à son homologue américain. « C'est pas seulement que je vous apprrrrrécie, beuglait-il, je vous aime ! Non, je suis amourrrrreux de vous ! » Ce disant, il coulait à son confrère embarrassé des regards langoureux. La soirée s'acheva en apothéose, l'ivrogne nous conviant tous, sur un ton chargé d'émotion, à la réception qu'il organisait la semaine suivante – tous sauf l'autre couple américain inconnu dont il révéla à haute et intelligible voix qu'ils étaient des « pourrrrris de la CIA ».

Je ne possède pas la mémoire des noms (un défaut majeur pour une épouse de diplomate), surtout lorsque j'ai affaire à des Wojtaszek, des Dimirikipoulios ou des Djangotchian, autant de patronymes que je ne suis même pas capable de prononcer. Je pris donc l'habitude en Syrie d'étudier les plans de table en tâchant de retenir le nom de mes voisins immédiats. La tactique s'avérait en général payante, sauf ce soir où j'éprouvai tant de fierté à me rappeler que le dîneur assis à côté de moi s'appelait M. Shukri que je glissai son nom dans chacune de mes phrases – M. Shukri par-ci, M. Shukri par-là, « Qu'en pensez-vous, M. Shukri ? » L'homme me dit tout à coup : « M. Shukri est assis de l'autre côté. Moi, je m'appelle Hamid. »

Je ne me débrouillais pas mieux avec les titres. Nous participâmes à un dîner où se trouvait le patriarche d'Antioche et de tout l'Orient. Après quelques verres de vin, je ne savais plus si je devais lui donner du « Votre Béatitude », du « Ma Béatitude » ou du « Sa Béatitude ». Il me fallut ensuite contenir une irrépressible et puérile envie de lui lancer : « Ne trouvez-vous pas qu'il s'agit là d'une platitude, Votre Béatitude ? »

On m'a appris durant l'enfance qu'il était de mon devoir d'entretenir une conversation au cours d'un repas et de combler ces épouvantables silences qui s'abattent parfois sur une table. En Syrie, auprès de convives qui parfois maîtrisaient mal l'anglais, voire ne le parlaient pas du tout, l'éducation que j'avais reçue se révéla d'une certaine utilité. Cela dit, les choses pouvaient aussi déraper. Un soir que je me trouvais parmi un groupe d'Européens de l'Est peinant à s'exprimer en anglais, pour mettre un terme à l'un de ces blancs dans la discussion je leur racontai – j'ignore aujourd'hui pour quelle raison, mais j'espère au moins que sur le moment mon intervention avait un sens – la légende du joueur de flûte de Hamelin*. Hélas ! mes compagnons s'imaginèrent qu'il s'agissait là d'un fait divers récent et que ces cent enfants avaient disparu quelques jours plus tôt, victimes d'un horrible pédophile. « Non ! s'écrièrent-il. Terrible... Arrive pas à croire... Police ne rien fait ? » Il me fallut des siècles pour leur faire comprendre que je n'avais fait qu'évoquer une vieille légende connue de tous. Sans doute rentrèrent-ils chez eux totalement déconcertés.

Lors d'un dîner organisé par le charmant ambassadeur de Chypre, on me plaça à la même table que son homologue indien. Personne ne soufflait mot, c'était abominable, aussi eus-je l'idée de briser la glace en parlant des marchés – tout le monde a son mot à dire sur le sujet. Je décrivis les marchés antillais, les marchés africains, les marchés indiens... mais pas un seul convive n'entra dans la danse. Je m'obstinai pourtant, jusqu'à ce que je remarque que l'ambassadeur d'Inde s'était endormi. En désespoir de cause, je fis comme si de rien n'était et poursuivis de plus belle. J'avais entrepris de causer pommes de terre – patates douces, pommes de terre nouvelles, grosses pommes de terre, petites pommes de terre – lorsqu'il s'éveilla soudain. « Fascinant ! » commenta-t-il d'une voix puissante avant de sombrer de nouveau dans le sommeil.

Si nous voyions certes peu de monde en Gambie, en

* N'ayant pas été payé après avoir débarrassé la ville des rats qu'il avait attirés jusqu'à la rivière par sa musique, il était revenu chercher les enfants par le même moyen. *(N.d.T.)*

Syrie nous en voyions trop. Pratiquement chaque soir était organisée une réception où l'on croisait toujours ou peu s'en faut les mêmes personnes – les mêmes diplomates, bien entendu, et autour d'eux le même cercle de Syriens : AW et moi les avions surnommés les Groupies. Nous adorions les Groupies, diversement chrétiens ou musulmans, en toutes circonstances élégants, chaleureux, accueillants et pleins d'humour – certains d'entre eux devinrent d'excellents amis –, mais pourquoi systématiquement eux ? Nous demeurions perplexes : les autres n'étaient-ils pas autorisés à nous rencontrer ? Avaient-ils, nous concernant, des comptes à rendre à la police secrète (Mukhabarat) ? On nous avait dit que la plupart des gens se livraient ici à cette activité... Je ne crois pas qu'en tant qu'étrangers en Syrie nous ayons jamais saisi grand-chose à ce qui se jouait sous la surface, et c'est probablement ce qui contribua plus tard à notre perte.

Nous supposâmes que notre téléphone avait été placé sur écoute et que nous étions surveillés par l'une ou l'autre branche du Mukhabarat, mais nous n'en eûmes jamais la preuve. Seuls les attachés militaires et l'ambassadeur des États-Unis faisaient ouvertement l'objet d'une filature dès qu'ils quittaient Damas, au point que la situation finit par tourner à la plaisanterie. Un jour que l'émissaire américain traversait le désert pour se rendre à Palmyre, il constata que le véhicule des services de sécurité ne se trouvait plus derrière le sien. « Il a dû se passer quelque chose, dit-il à son chauffeur. Faisons demi-tour pour aller voir si tout va bien. » Les suiveurs avaient un pneu crevé. Le chauffeur les aida à réparer, après quoi les deux voitures reprirent leur périple en tandem.

L'attaché militaire britannique nous fit parcourir quant à lui des kilomètres et des kilomètres de désert pour aller pique-niquer sur un site archéologique isolé. Nulle route n'y menant, nous nous égarâmes. Nous aurions été ravis que les services secrets nous fassent pour une fois un brin de conduite mais, fait étrange, personne ce jour-là ne s'était lancé à nos trousses. On ne nous suivit, nous sembla-t-il, qu'en une occasion, lorsque nous nous rendîmes dans le nord-est du pays, près des frontières irakienne et turque. Comme nous étions perdus dans la ville de Qamishli, AW effectua dix fois le tour d'un rond-point pour repérer la bonne sortie, les malheureux agents de la sécurité faisant la toupie à notre suite. Quand enfin nous sûmes quelle route emprunter, ils en étaient tous à rire de bon cœur.

En Angleterre, une femme entre deux âges comme moi passe en général complètement inaperçue. Combien de fois m'avait-il fallu supporter de ces conversations au cours desquelles aucun homme n'avait daigné jeter le moindre coup d'œil dans ma direction, les jeunes femmes sachant seules susciter l'intérêt ? En Syrie, au contraire, on me lançait des regards admiratifs qui me mettaient en joie, jusqu'à ce que je lise dans une brochure destinée aux Américains récemment installés dans le pays : « Peu nous importent votre âge ni votre embonpoint, en Syrie nous ne manquerons jamais de vous remarquer. »

Cela aurait dû me remettre les idées en place, mais je continuai de me sentir à mon aise là-bas – plus vivante, en quelque sorte –, et puis j'y étais comme chez moi. Je mis cela sur le compte de mes origines irlandaises. Il était évident (en tout cas pour moi) qu'Arabes et Irlandais possédaient de nombreuses caractéristiques communes : d'une part ils étaient colériques, vengeurs et jaloux, de l'autre ils avaient pour eux le charme, l'émotivité, la chaleur, le goût des amis et l'amour des mots – nous étions à Damas lorsqu'un célèbre poète s'éteignit, et AW et moi fûmes stupéfaits du nombre d'anonymes qui assistèrent aux obsèques.

J'entendis un jour l'ambassadeur des États-Unis expliquer à un groupe de touristes anxieux tout droit venus du Smithonian Institute de Washington que le plus grand péril menaçant ici le visiteur était la suralimentation, en raison de l'hospitalité dont les Syriens faisaient preuve. Il avait raison : nulle part ailleurs on ne se montre aussi soucieux de l'accueil qui vous est réservé, nulle part ailleurs on ne fait si bonne chère. En Syrie, le temps consacré par une maîtresse de maison à concocter ses plats – hachant, fourrant, taillant, éminçant, concassant, roulant (la cuisine locale exige une énergie considérable) – s'allonge à proportion de son désir d'honorer ses hôtes et de leur manifester sa sympathie. Dans les dîners auxquels nous eûmes l'occasion d'assister, les tables croulaient sous la nourriture et les invités ne tardaient pas à en faire autant : qui aurait pu résister aux minuscules pousses de légumes garnies de viande et d'épices, aux tout petits *kebbeh* juteux fourrés de pignons de pin, à l'agneau servi avec une sauce au coing, au bar empoissé de sauce aux amandes, aux noix confites avant que leurs coques n'aient eu le temps de durcir, aux aubergines miniatures farcies de pistaches, au mets le plus exquis, enfin, qu'il m'ait été donné de déguster, des crêpes sur lesquelles venait mousser un mélange de sirop d'eau de rose et de « crème » confectionnée à partir de la peau du lait ? On nous proposait en outre des tonnes de sucreries, de délicieuses bouchées aux fruits secs et… d'éblouissants chocolats réalisés par Ghraoui (AW et moi ne nous attendions pas à découvrir en Syrie des chocolats d'une telle qualité).

Un proverbe arabe dit : « Si tu m'aimes, alors mange. » Nous regagnions parfois nos pénates avec l'impression d'avoir été jaugés en fonction de ce que nous venions d'ingurgiter. Partout également on vous offrait du café ou du thé. AW et moi bûmes du café sous des tentes bédouines, avec des soldats en bivouac (à qui nous demandâmes en y mettant les formes de bien vouloir déplacer leur kalachnikov qui visait désagréablement ma cuisse), en compagnie de joyeuses familles druses habitant à Bosra d'antiques demeures romaines et byzantines, et puis bien sûr dans les souks de Damas et d'Alep, entre ces murs surchargés de tapis dont les multiples épaisseurs, en étouffant les bruits du dehors, conféraient aux lieux une atmosphère ouatée.

Pour ce qui est de notre maisonnée, nous héritâmes de la cuisinière indienne de notre prédécesseur, mais à notre arrivée, ayant déjà trouvé ailleurs un emploi, elle s'empressa de nous signifier sa hâte de partir. Nous balancions sur la suite à donner aux événements lorsqu'une pétulante et jolie Philippine sollicita un entretien. Marcelle avait jusqu'alors joué les bonnes, mais elle souhaitait devenir cuisinière ; nous lui apprendrions, espérait-elle, son nouveau métier. « Oh ! non, fis-je à AW. Je ne me sens pas la force de tout redémarrer à zéro. » Rien à ses yeux ne comptant davantage qu'aider son prochain à acquérir un savoir-faire, il m'exhorta à tenter néanmoins l'aventure.

Les choses se déroulèrent à merveille. Marcelle était née pour les fourneaux ; elle apprenait si vite que notre atroce premier dîner, prévu pour cinquante convives, ne fut bientôt plus qu'un lointain souvenir. Nos liens tenaient davantage du compagnonnage d'armes que de la relation entre une patronne et son employée.

Quelques mois après qu'elle fut entrée à notre service, notre majordome sri-lankais se volatilisa ; nous le remplaçâmes par Bing, le conjoint de Marcelle. Je pourrais consacrer un livre entier à Bing – n'est-ce pas au fond ce que je suis en train de faire ? C'était un personnage extraordinaire, petit, robuste, maniaque, méticuleux et soigné. La première initiative qu'il prit fut d'accrocher dans la cuisine un écriteau indiquant : NETTOIE COMME TU TRAVAILLES, TRAVAILLE COMME TU NETTOIES. Cherchant un tournevis, AW découvrit bientôt que l'on avait rangé tous ses outils par ordre de taille, du plus petit tournevis au plus gros marteau.

Meriel, qui vint passer quelques jours chez nous, demanda à Bing d'où lui venait son nom. Sa mère, lui confia-t-il, était en train de jouer au bingo lorsqu'elle avait ressenti les premières contractions. Tous nos invités adoraient Bing : il les fascinait et représentait pour eux une source intarissable d'anecdotes. William Dalrymple alla jusqu'à l'évoquer dans *À l'ombre de Byzance*.

De toutes les histoires concernant notre majordome, ma préférée est la suivante : un ami d'AW lui avait proposé de venir voir son usine où l'on travaillait le papier sous toutes ses formes – serviettes de table, mouchoirs, papier hygiénique… Au terme de la visite, on lui en offrit de pleins cartons qu'il rapporta chez nous en ordonnant à Bing de les répartir équitablement entre Marcelle et lui, Nabila (notre bonne palestinienne), Khaled le jardinier et nous-mêmes. Quelques heures plus tard, AW et moi prenions un verre au salon avec un ami quand Bing ouvrit brusquement la porte. « Je vous prie de m'excuser, madame, lança-t-il d'une voix vibrante. Vous arrive-t-il encore d'utiliser des serviettes hygiéniques ? »

AW dut se rendre à Alep pour y rencontrer le gouverneur, personnage de la plus haute importance. Depuis qu'à la Barbade je lui avais par mégarde apporté au bureau, à quelques minutes de l'ouverture de la session parlementaire, son smoking à la place de son costume noir, il ne m'avait plus jamais fait confiance en matière de bagages. En Syrie, c'était Bing qu'il chargeait de les préparer. Arrivés à Alep au terme d'un long voyage, nous trouvâmes à la réception le message suivant : « Le gouverneur d'Alep vous attend. » AW se rua dans la chambre pour se changer. Bing avait omis de glisser une cravate dans la valise. Panique à bord ! Nous fonçâmes à la boutique de l'hôtel pour acheter le seul modèle disponible, une horreur aux tons criards qu'AW noua avant de filer à son rendez-vous. Le soir, nous dînâmes avec des amis puis rejoignîmes l'hôtel vers vingt-trois heures, pour trouver notre majordome paisiblement assis dans le hall avec sur les genoux une série de cravates. Dès qu'il s'était rendu compte de son oubli, il avait grimpé dans un taxi et roulé quatre heures durant afin de venir présenter cet assortiment à son employeur. Bien entendu, AW dut régler sa course au chauffeur de taxi avant de fourrer Bing en ronchonnant dans un autocar pour la capitale.

Peu après l'épisode de la cravate, à la fin d'un week-end consacré à la visite de sites archéologiques, AW et moi, regagnant Damas, fûmes accueillis par un Bing toujours aussi impeccable dans son uniforme blanc – à ceci près qu'il arborait deux yeux au beurre noir ainsi qu'un volumineux pansement sur le nez. Il s'était battu avec un autre Philippin, et AW dut assurer sa défense au tribunal.

C'étaient alors des temps de bonheur et d'espoir. Bill Clinton vint s'entretenir avec le président Hafez el-Assad. La paix entre Israël et la Syrie paraissait tout près d'être signée ; la restitution des hauteurs stratégiques du Golan était pour demain, semblait-il, les Syriens débordaient d'enthousiasme et de joie. Chacun appelait de ses vœux la fin des hostilités, le retour à la normale. Les hommes d'affaires locaux entreprirent d'acheter des terrains le long de cette route entre Damas et Jérusalem que l'on se prit à surnommer la « route de la paix ». Leurs parcelles vaudraient bientôt de l'or, songeaient-ils ; on y érigerait les hôtels, les restaurants et les stations-service nécessaires aux touristes qui ne tarderaient pas à affluer depuis l'État hébreu. C'est alors que le 4 novembre 1995 survint la catastrophe : l'assassinat du premier ministre israélien, Yitzhak Rabin. Les pourparlers de paix tournèrent court. La grisante euphorie qui s'était emparée de tout un peuple s'évanouit. La Syrie sombra dans une mélancolie sans fond. Elle vivait une tragédie.

En dépit de notre abattement et de notre déception, le pays continuait d'exercer sur nous sa magie. Même la cérémonie du souvenir organisée chaque année au cimetière militaire britannique de notre banlieue de Mezze avait quelque chose de poignant. D'une part, le service était célébré par un mollah, un pasteur anglican, un prêtre orthodoxe et le nonce apostolique ; d'autre part, l'endroit avait été le théâtre de l'une des batailles les plus affligeantes de la Seconde Guerre mondiale, vichystes et Forces françaises libres s'entretuant dans les vignes et les vergers pour le contrôle de Damas. Les soldats britanniques, indiens et australiens soutenaient les résistants français ; les Africains des colonies s'étaient rangés du côté des pétainistes. La pensée que des Indiens et des Africains soient venus mourir en Syrie dans le cadre d'un conflit européen m'était presque insupportable et je rédigeai à ce propos un petit article pour le *Daily Telegraph*.

AW et moi aimions nous asseoir dans la Grande Mosquée de Damas à la fin de la journée, durant la prière du soir ; nous fréquentions l'endroit avec une telle assiduité que j'avais fini par me faire faire un tchador afin de m'éviter d'en louer un lors de chacune de mes visites, à l'entrée des touristes. Il émanait de ces lieux une paix exceptionnelle aussi bien qu'une profonde spiritualité issue à n'en pas douter des prières qui s'amassaient entre leurs murs depuis plus de trois mille ans : les Araméens s'étaient d'abord recueillis là, puis les Grecs et les Romains ; l'édifice s'était ensuite mué en église chrétienne avant de devenir une mosquée. AW n'y trouva pourtant rien de bien relaxant le soir où, venu seul, il s'aperçut à la sortie qu'on lui avait volé ses chaussures. Il lui fallut dérober à son tour celles de quelqu'un d'autre – il ne trouva à sa pointure que de vieux souliers blancs à bouts effilés.

On pressentait qu'à Damas étaient susceptibles de se produire d'étranges et inexplicables événements, et c'est en effet là que j'eus vent d'une jeune fille à qui la Vierge Marie était apparue et dont l'icône qu'elle possédait exsudait de l'huile. J'allai l'interviewer pour l'*Independent*, passablement anxieuse à la perspective de m'entretenir avec quelqu'un se trouvant en contact direct avec Dieu, mais Myrna Nazzour était en fait une jeune femme de vingt-neuf ans des plus ordinaires, mariée à un coiffeur et mère de deux enfants.

Toute l'histoire de Myrna tenait dans la petite reproduction bon marché d'une icône russe figurant une Vierge à l'Enfant et glissée dans un cadre en plastique blanc de mauvais goût. Nicolas, qui en 1982 n'était encore que le fiancé de la jeune femme, en avait acheté une dizaine dans une boutique de souvenirs bulgare au terme d'un voyage en Europe de l'Est, avec l'intention de les distribuer aux membres grecs orthodoxes de sa famille. Il n'était pas religieux pour deux sous, mais il avait fait une affaire : les petites images ne lui avaient pratiquement rien coûté.

Il en offrit huit, deux lui restèrent sur les bras, et lorsqu'il épousa Myrna, le couple les posa sur leur table de chevet. Six mois plus tard, la jeune femme découvrit sur le meuble ce qu'elle prit d'abord pour de l'eau. Elle vit en l'essuyant qu'il s'agissait d'huile et que cette huile suintait de l'une des petites icônes. Elle plaça celle-ci dans un cendrier, mais bientôt l'huile déborda et Myrna dut troquer le cendrier contre un saladier. Effrayée par le mystère, elle ne tarda pas à constater que les paumes de ses mains sécrétaient elles aussi de l'huile (d'olive, selon les résultats des analyses pratiquées). La nouvelle se répandit dans tout Damas et l'Église grecque orthodoxe envoya des prêtres mener l'enquête – prêtres promptement suivis par deux sbires de la police secrète qui se présentèrent avec un médecin. Les policiers sortirent l'icône de son cadre afin d'en déchirer un coin qu'ils remisèrent pour le faire étudier ultérieurement, après quoi ils demandèrent à Myrna de se laver les mains, puis le docteur l'examina pour vérifier qu'elle ne dissimulait rien au niveau de ses bras. De même il frotta ses paumes au cas où elle y aurait caché quelque chose : nul artifice, et aussitôt l'huile se mit à dégoutter en abondance. Les policiers, un peu ébranlés malgré tout, replacèrent l'icône dans son cadre, et là aussi l'huile recommença à s'écouler. Ces messieurs décampèrent en affirmant : « Dieu est grand ! »

Les visiteurs se pressèrent bientôt vers le logis de Myrna afin de lui demander de prier avec eux. Nicolas m'avoua que la situation avait viré au cauchemar : ils n'étaient mariés que depuis six mois et voilà que des inconnus envahissaient leur maison, c'en était fini de leur intimité. Un beau jour, la jeune femme était en train d'étendre du linge sur le toit-terrasse lorsque la Vierge Marie lui apparut. Myrna me confia qu'elle en avait conçu une telle frayeur qu'elle avait d'abord songé à s'enfuir, et puis elle s'était agenouillée avant de poser ses mains sur les pieds de Marie – « Ils étaient chauds », m'affirma-t-elle. Je me dis que personne n'aurait eu l'idée d'inventer de toutes pièces ce détail extraordinaire.

Au cours des années suivantes, la Vierge se présenta à elle quatre fois. Son message ne variait pas : Myrna devait inviter ses semblables à prier pour la paix et la réconciliation de toutes les Églises chrétiennes, de tous les fidèles. (La Syrie se prête d'autant mieux à une telle tentative que le christianisme y prend mille visages : s'y côtoient Grecs orthodoxes, catholiques, anglicans, Syriaques, nestoriens, Arméniens catholiques...)

Je crus à cette histoire – je continue d'y croire. Je n'y comprends rien mais je sais qu'il ne s'agit pas d'une supercherie. Myrna et Nicolas n'en ont rien tiré de substantiel – les dons ne sont pas autorisés –, leur existence s'en est au contraire trouvée chamboulée de fond en comble. Ainsi que me le déclara le nonce apostolique quand je l'interrogeai à ce propos : « Ils n'étaient pieux ni l'un ni l'autre, et ils mènent à présent une vie de prière. On peut à la rigueur jouer la comédie pendant quelques mois, mais pas pendant douze ans. »

Longtemps après qu'ils m'eurent accordé cette entrevue, il m'arrivait encore de leur rendre une brève visite. Outre que leur expérience m'intriguait et que je les aimais bien, je goûtais en présence de Myrna un formidable sentiment de paix. Je suis d'ailleurs toujours en contact avec eux.

En Angleterre, nos filles s'épanouissaient enfin. AW et moi passions toutes nos vacances d'été dans le Somerset, souvent aussi nous y allions à Noël, mais chaque année Hester et Claudia nous rejoignaient en Syrie pour Pâques. Lors d'un de ces séjours nous allâmes skier au Liban, une autre fois nous visitâmes Petra en Jordanie. Hester suivait les cours de l'université d'Édimbourg et Claudia étudiait à mi-temps en vue du *A level*. (J'écris « à mi-temps » parce que depuis l'eau a coulé sous les ponts et que je connais les résultats qu'elle obtint finalement à l'examen.)

Mes pauvres chers parents, en revanche, se portaient bien mal : l'Alzheimer de ma mère s'était pleinement déclaré, mon père tentait de faire front. Je m'en voulais terriblement de n'être pas là pour les aider davantage ; c'était sur les épaules de ma sœur Tessa, qui pourtant habitait loin d'eux, à côté de Carlisle, que reposait tout le fardeau. Nous vivions en Syrie depuis deux ou trois ans lorsque la santé de ma mère se dégrada brusquement. Elle nous quitta aussitôt après. Rentrée trop tard pour l'accompagner dans ses derniers instants, j'en éprouve aujourd'hui encore tristesse et culpabilité. Elle fut inhumée le jour anniversaire des soixante-cinq ans de mariage de mes parents. Mon père la rejoignit huit mois plus tard. Tessa et moi nous sentions abandonnées. Après l'enterrement, elle et son mari nous suivirent en Syrie ; c'était le mois de février, le temps était épouvantable, mais au moins étions-nous pour une fois tous ensemble.

AW et moi sillonnions le pays de long en large. Nous nous perdîmes dans le souk d'Alep (où mieux vaut, comme le Petit Poucet, semer des cailloux blancs derrière soi si l'on ne veut pas courir le risque de n'en jamais sortir) ; nous dégustâmes des kebabs à Deir-Zor, le long de l'Euphrate ; nous arpentâmes certes les grands sites de Palmyre et d'Apamée mais en débusquâmes aussi de plus humbles que personne ne fréquentait. Il nous arrivait de faire nos propres trouvailles : la plus enthousiasmante reste sans doute ce tombeau romain que des enfants nous montrèrent dans le jardin de leur voisin. Des archéologues japonais ayant exhumé à Palmyre deux nouvelles tombes enfouies, nous nous précipitâmes pour les voir. Le sable avait comblé les caveaux pendant des siècles, de sorte que les sculptures récemment révélées paraissaient aussi neuves que si l'on venait tout juste de les achever.

Si nous prenions tant de plaisir à jouer les touristes, c'est qu'à l'exploration se mêlait un parfum d'aventure, voire de danger. Les sites n'étaient nullement sécurisés. Un mur en argile millénaire menaçait à Mari de s'écrouler sur votre dos, à Resafe on risquait de tomber par un petit trou, au fond d'une immense citerne souterraine dont on ne soupçonnait pas l'existence.

Le seul endroit que nous fréquentions peu à l'époque – cela revenait en somme à négliger la Tour de Londres lors d'une visite de la capitale anglaise –, c'était l'ancienne ville de Damas. Une année durant, je m'y rendis une fois par semaine afin de prêter main-forte aux religieuses de mère Teresa qui s'occupaient des femmes âgées, mais je rentrais aussitôt après, AW m'envoyant quelqu'un pour m'y récupérer. Je n'osais pas conduire dans ces rues. La classe moyenne syrienne ne s'y frottait pas non plus. Peu après mon arrivée dans le pays, quelques restaurants s'y étaient installés dans de vieilles maisons à cour intérieure, ce dont les Groupies s'étonnaient beaucoup. « Qui donc va s'amuser à faire tout ce chemin pour aller dîner ? » Les établissements ne désemplissaient pourtant pas, et bien d'autres ont ouvert depuis.

À l'église catholique, j'avais sympathisé avec une vieille Anglaise excentrique répondant au nom de Fatie Darwish. Fatie avait beau friser les quatre-vingts ans, elle débordait d'énergie et nourrissait toujours quelque projet d'envergure – collecte de couvertures pour l'orphelinat, réalisation de confitures pour la vente de charité européenne, recherche de logement pour un étudiant britannique sur lequel on lui avait demandé de veiller, visite de la vieille ville concoctée pour un groupe de touristes… Elle avait épousé un médecin syrien et vivait dans la capitale depuis de nombreuses années. Elle avait un temps joué les disc-jockeys dans une radio locale. Allez savoir pourquoi, ce n'est que dans des lieux comme Damas que l'on croise de telles personnalités !

Elle me proposa un jour d'aller voir avec elle une demeure de la vieille ville récemment mise en vente. N'ayant encore jamais pénétré dans aucune de ces maisons à cour intérieure, j'acceptai avec joie. J'ignorais alors, en quittant ma banlieue, que je m'engageais à plus d'un titre sur le chemin de Damas.

Des amis du propriétaire nous firent entrer, la porte marquant la transition entre la miteuse ruelle sombre dont nous émergions et une cour gorgée de soleil où trônait une fontaine ; des grappes de fleurs de jasmin dégringolaient en superbes cascades et, tout autour, des embrasures en pierre surchargées d'ornements donnaient sur des pièces mystérieuses et obscures. Mais Fatie me fit presser le pas : elle avait mieux à me montrer. Me prenant par le bras, elle m'invita à gravir un escalier crasseux puis à longer un couloir empoussiéré jusqu'à la fenêtre d'un palier offrant une vue sur le salon principal. Elle l'ouvrit et me poussa en avant. Mon regard se porta sur une pièce immense et richement décorée, brillant d'autant de feux qu'une boîte à bijoux. J'étais éblouie. Je n'avais jamais rien vu de tel. Murs gris-bleu garnis de frises exquisément découpées dans un bois doré dont on s'était mêmement servi, quoique en dentelles plus délicates encore, pour menuiser les portes des placards dans lesquelles étaient sertis des miroirs ; fresques figurant le détroit du Bosphore ; sol en mosaïque de marbre ; fontaine. C'était stupéfiant, mais à la fois plein de chaleur et de charme. Si une pièce avait le pouvoir de sourire, alors celle-ci me souriait, j'étais ensorcelée. Je tombai dès lors follement amoureuse de Damas.

Ma passion se trouvait attisée par le piètre état de la demeure ; comme la plupart de ces logis de la vieille ville, elle se délabrait. Les dynasties fortunées qui avaient jadis vécu dans ces palais les avaient presque tous délaissés au début du XXe siècle pour s'installer loin du centre, d'une part à cause des difficultés de la circulation automobile dans les ruelles étroites, de l'autre parce que ces immenses bâtisses étaient conçues pour abriter plusieurs générations d'une même lignée et que la mode n'était plus à ce genre de colonie. Les habitations, où se côtoyaient désormais plusieurs familles modestes, menaçaient ruine.

Je ne pouvais souffrir l'idée que cette magnificence soit sur le point de disparaître. Il fallait sauver cette maison. Je rentrai chez nous ventre à terre pour annoncer à AW que nous devions vendre tout ce que nous possédions afin de racheter l'édifice et de le restaurer. « Es-tu devenue complètement folle ? » Je n'avais plus qu'à chercher une autre solution. Je téléphonai à un milliardaire saoudien – nous ne nous étions jamais rencontrés – pour lui proposer de venir visiter la demeure ; il fit le déplacement mais n'engagea pas un sou. Je la montrai à une princesse koweïtienne qui n'en voulut pas davantage – elle avait déjà acquis une autre maison. Mon unique espoir résidait à présent dans l'article que je lui consacrai pour un magazine prestigieux, *The World of Interiors*, susceptible d'attirer un acheteur éventuel. Tim Beddow, un ami photographe, accepta de faire le voyage jusqu'en Syrie pour se charger du reportage. Quelque temps plus tard, Nora Joumblatt, l'épouse damascène du leader druse libanais, se mit en rapport avec moi : elle avait lu l'article et désirait voir la demeure.

Je m'étais brièvement entretenue avec la belle Nora une seule fois auparavant, et j'avais eu l'occasion de lui apprendre que ma fille Claudia préparait le *A level*. À son arrivée à Damas, huit mois plus tard au bas mot, elle me posa d'emblée cette question : « Claudia a-t-elle réussi ses examens ? » Je nourris depuis la plus vive admiration à son égard. Nora a acheté la maison et passé ces dernières années à la remettre en état pour en faire le plus bel endroit au monde.

L'épisode aurait dû tarir ma ferveur missionnaire, mais il n'en fut rien. J'exhortai intellectuels et fonctionnaires à agir afin que l'on vienne en aide au vieux Damas ; je passai des heures au téléphone avec le président de Shell pour le persuader de financer la rénovation d'un petit souk ; je devins dans toutes les réceptions la reine des casse-pieds, pressant les uns et les autres d'acheter des demeures puis de les restaurer. Je me vis répondre un beau jour : « Si c'est une aussi bonne idée, pourquoi ne vous lancez-vous pas vous-même ? »

La remarque était frappée au coin du bon sens : je savais à présent qu'il me fallait acquérir une maisonnette pour la remettre sur pied, c'était à moi de donner l'exemple. Je commençai à croire que j'avais été envoyée à Damas non par la Communauté européenne mais par Dieu Lui-même dans le but de sauver la vieille ville. Seulement, ainsi qu'AW me le fit remarquer à de multiples reprises, nous n'avions pas les moyens de nous embarquer dans un tel projet. (J'avais bien tenté de le convaincre d'abandonner notre logement de fonction pour prendre nos quartiers dans une bâtisse ancienne ; visiblement je l'excédais, ou alors il commençait à craindre que je n'aie perdu la boule.) J'avais beau savoir que nous ne disposions pas des fonds nécessaires, je consacrais mon temps libre à scruter tout ce qui se trouvait à vendre dans le vieux Damas. La maison la moins chère que je pus dénicher était un endroit minuscule situé derrière la mosquée des Omeyyades. Composée d'une cour grande comme un mouchoir de poche et de quatre pièces, elle me faisait terriblement envie et je passais des nuits entières à l'aménager en songe, mais c'était sans espoir.

C'est alors que survint un événement extraordinaire : ma sœur et moi héritâmes d'un lointain parent que nous n'avions même jamais croisé. Le fait qu'il ait exercé de son vivant la profession d'architecte me conforta dans l'idée que le hasard ne comptait pour rien dans mon histoire. Ma portion d'héritage me permettant de devenir propriétaire de la petite maison, AW demanda de ma part au gouvernement syrien l'autorisation de conclure la transaction, car à l'époque seuls les Arabes se voyaient en principe accorder le droit d'acquérir un bien immobilier en Syrie.

Le matin où l'on me remit les clés de ma nouvelle demeure se révéla le pire de toute mon existence. J'entrai, je me plantai dans la courette, considérai l'épaisse peinture grise qui engluait les murs, le lavabo taché dans le coin, avec son robinet mangé par la rouille, l'infect sol en ciment. Les écailles me tombèrent des yeux. J'éclatai en sanglots. Qu'avais-je fait, mon Dieu ? J'étais complètement folle ! Personne ne saurait redonner le moindre cachet à ces lieux, pas un seul Damascène ne reviendrait grâce à eux dans la vieille ville, jamais je ne parviendrais à revendre mon bien au prix auquel je l'avais payé (pour une étrangère de surcroît, me lamentai-je, on avait forcément ajouté quelques zéros à la facture). J'aurais voulu n'avoir jamais entendu parler de Damas, n'y avoir jamais mis les pieds, ne jamais avoir englouti mon argent dans cette masure.

Je grimpai à une échelle branlante pour atteindre le toit d'où je contemplai d'un œil morne le triste paysage de bâtisses décrépites qui s'y donnait à voir, quand je repérai soudain, dépassant d'une cour voisine, un drapeau noir que l'on agitait au bout d'un long bâton. Je pris peur : je devais être la seule chrétienne à emménager derrière la Grande Mosquée. Je me trouvais en plein quartier musulman, et de toute évidence l'étendard appelait à quelque action contre moi – une espèce de jihad pour s'opposer à l'intrusion d'une infidèle. C'est alors qu'une nuée de pigeons s'abattit sur la maison à la bannière, et je compris qu'un colombophile vivait ici : il balançait son oriflamme pour rappeler ses volatiles. Quel soulagement ! Il n'en demeurait pas moins que ma bicoque était affreuse et que je ne pouvais décemment pas m'en ouvrir à AW ni venir pleurer sur son épaule, puisqu'il m'avait déconseillé dès le début de tenter l'aventure.

Je proposai à Naïm, jeune architecte syrien de mes amis, de prendre en charge les travaux de restauration. Je tenais alors dans le *Sainsbury's Magazine* une chronique qui, avais-je calculé, me rapporterait au fil des mois de quoi couvrir les frais. Naïm et son équipe ayant d'abord entrepris de débarrasser les murs de leur atroce peinture grise, il me téléphona un jour pour me demander de le rejoindre au plus vite. Il refusa de m'en dire davantage mais tint à me préciser que j'allais avoir de quoi me réjouir. Je me précipitai pour découvrir qu'un nouveau miracle s'était produit : sous les sinistres couches de peinture et de plâtre qui avaient jusque-là étouffé les murs de la cour se discernaient toutes sortes d'ornements – entourages de fenêtre sculptés, éléments d'architecture mamelouke à motifs colorés, et une porte condamnée prouvant que ma cahute avait autrefois constitué l'avant-cour d'une vaste demeure attenante, dont on l'avait depuis longtemps séparée.

Le processus fut extrêmement long, et ralenti encore par de sérieux contretemps (les autorités vinrent démolir la nouvelle pièce que j'avais fait bâtir sur le toit sous prétexte que je ne disposais pas de permis de construire), mais l'on vint enfin à bout des travaux et de l'aménagement intérieur. Trois amis décorateurs, Kaffe Fassett, Candace Bahouth et Brandon Mably, qui séjournaient chez nous, firent leur tournée d'inspection. Le verdict fut unanimement favorable : « Une boîte à bijoux en miniature », jugea Kaffe. C'était exactement cela. Naïm avait accompli des merveilles.

Selon la coutume locale, j'organisai avec le boucher installé deux numéros plus loin le sacrifice d'un bélier, me gardant, petite nature que j'étais, d'assister au rituel. Nous distribuâmes la viande aux indigents du quartier, après quoi AW et moi donnâmes une fête à laquelle nous conviâmes les Groupies et nos amis du corps diplomatique. À la fin des réjouissances, nous emmenâmes nos derniers invités chez le vendeur de kebabs du coin.

« Qui sont tous ces gens ? demanda en arabe le patron à AW.

– Eh bien il y a là l'ambassadeur des Pays-Bas, l'ambassadeur de Suisse, l'ambassadeur de France…

– Je vois, l'interrompit le commerçant, et moi je suis Mickey Mouse. »

AW et moi emménageâmes bientôt dans notre maison, la quittant dès le lendemain pour cause de toilettes bouchées mais la regagnant quelques jours plus tard. Chaque matin, nous étions réveillés dès l'aube par l'obsédant appel à la prière lancé depuis la mosquée des Omeyyades, mais nous replongions immédiatement dans le sommeil. Un peu plus tard, deux assiettes en main, je longeais notre rue sur quelques mètres pour les remplir d'houmous, de *foul* (purée de fèves) et de pickles dont nous faisions notre petit déjeuner, achetant au retour du pain tout juste sorti du four, si chaud que j'avais du mal à le manipuler.

Soucieux de rattraper le temps perdu, nous explorions la vieille ville jusque dans ses moindres recoins – les anciens moulins le long de la rivière, les portes romaines qui se présentaient à nous dans des emplacements insolites, le souk de la laine, le souk de l'or, celui du cuivre… Nous observions avec la même avidité la vie qui s'y déroulait : des Iraniennes enveloppées dans leur tchador effectuant un pèlerinage sur la tombe de l'arrière-petite-fille de Mahomet, à deux pas de chez nous, de pudiques Syriennes vêtues d'imperméables et de foulards, de plus jeunes, pleines d'éclat, tout en jupes courtes et volumineuses chevelures. Nous croisâmes des vieillardes tatouées venues du Hauran, dans le sud du pays ; nous rencontrâmes un grand-père qui rapportait d'Afghanistan, au terme d'un voyage en autocar et en train, une pleine musette de lapis-lazulis ; nous vîmes des chevaux parés de colliers et de plumes d'autruche livrer du fioul. Sur un éventaire du souk d'Hamidiyyeh, je dénichai des culottes musicales dépourvues d'entrejambes – elles fonctionnaient avec de toutes petites piles, laissant échapper la mélodie du *Petit Renne au nez rouge*. J'en achetai deux afin de les offrir pour Noël, en manière de plaisanterie, à Hester et Claudia. Tandis que je m'éloignais de son étal, le vendeur me rappela : « Des piles en rab ! » me fit-il avec un grand sourire en me les fourrant dans la main.

C'étaient là autant d'éléments précieux à enregistrer (sauf les culottes) car le photographe Tim Beddow s'étant pris pour Damas d'une passion aussi vive que la mienne, nous avions décidé de faire ensemble un livre consacré aux maisons de la vieille ville. Nous nous organisâmes de la façon suivante : je repérai celles dignes d'être immortalisées, et une fois que j'eus obtenu l'accord d'un nombre assez important de propriétaires, Tim vint de Londres pour prendre les clichés pendant que je me mettais en quête d'une nouvelle fournée de lieux.

Il nous fallut plusieurs mois pour amasser les photographies. J'allais frappant aux portes des bâtisses aux allures prometteuses et, quand on me demandait qui était là, je répondais dans mon arabe tout neuf : « Je suis la femme d'un ambassadeur », sachant que piqué par la curiosité l'un de ses occupants – l'épouse en général – finirait par me laisser entrer. Un homme n'aurait pu se charger de la besogne à ma place car aucune Syrienne ne lui aurait ouvert, quelle que soit son identité, mais puisqu'en l'occurrence c'était moi qui prenais pour Tim tous les rendez-vous, il ne rencontra jamais le moindre problème ensuite.

Un après-midi que, fatigués tous deux, nous descendions une rue après avoir photographié quelques demeures du quartier chrétien, Tim et moi avisâmes un petit rassemblement. En passant, nous jetâmes un coup d'œil dans la direction suivie par le regard des badauds : c'était un aigle immense que l'on tirait d'un côté et de l'autre en lui écartant les ailes. Lorsque nous demandâmes autour de nous ce qui se tramait, on nous expliqua que l'un des hommes était taxidermiste, l'autre son client, et qu'ils étaient en train de choisir dans quelle posture l'animal serait empaillé une fois qu'ils l'auraient tué.

Consternés, nous convînmes de l'acheter ; je crois me rappeler qu'Eddie (ainsi que nous l'avions d'ores et déjà baptisé) nous coûta, après quelques négociations, environ douze dollars. La foule trouvait l'incident fort comique ; quelqu'un alla chercher un grand carton dans lequel fourrer le gigantesque rapace et, après un arrêt chez le boucher où nous fîmes provision de quelques côtes d'agneau, nous retrouvâmes le chauffeur qui devait nous ramener chez nous dans la Land Rover. Tim et moi étions si fiers de nous que nous filâmes d'abord au bureau d'AW pour lui présenter l'aigle le plus vite possible. Mon époux descendit, se pencha sur le carton et nous déclara : « Ce n'est pas un aigle, c'est un vautour ! »

Sitôt rentrés à la maison, nous vérifiâmes dans un guide. AW avait vu juste : l'animal était un vautour indien – le seul de toute la Syrie, semblait-il, car il ne s'agissait pas d'une espèce indigène. Ne me demandez pas pourquoi Tim et moi n'avions remarqué ni la tête chauve et bleue ni le cou rouge d'Eddie. Sans doute faut-il mettre sur le compte du harassement notre commune cécité.

D'abord, nous lui servîmes ses côtes d'agneau au jardin – comme il nous déplut de le voir déchiqueter la viande avant de l'engloutir ! Puis j'enfilai des gants en caoutchouc et m'enroulai les mains dans des serviettes – le bec d'Eddie s'avérait terriblement acéré – afin de trancher la ficelle qui lui liait les pattes. « Te voilà libre de t'envoler, Eddie. Va retrouver la nature sauvage à laquelle tu appartiens, ou plutôt à laquelle tu n'appartiens pas... » Mais Eddie demeurait là, épaules voûtées, nous fixant d'un œil torve chargé d'ingratitude. Nous comprîmes soudain qu'il ne savait pas voler.

Deux jours durant, il sautilla à travers la végétation, abandonnant d'énormes excréments sur nos meubles de jardin, saisissant dans son bec les cendriers en verre pour les jeter loin de lui ; il terrorisa si bien notre jardinier que ce dernier refusa de revenir travailler. AW décréta qu'il fallait nous débarrasser du rapace, et je lui donnai raison. Un vautour ne constitue pas, loin s'en faut, l'oiseau idéal propre à agrémenter la résidence d'un ambassadeur. Nous ne pouvions le conduire que dans le massif du Hermon, où nous effectuions nos plus belles promenades.

AW et moi – plus vingt-quatre côtes d'agneau ainsi qu'Eddie en personne fourré dans son carton à l'arrière de la Land Rover – prîmes donc la route et franchîmes le poste de contrôle pour gagner une grotte solitaire quelque part dans la vallée. Il n'y avait pas âme qui vive. Bras et mains de nouveau emmaillotés dans des serviettes, nous extirpâmes l'animal de sa boîte pour le déposer dans la grotte en compagnie de ses réserves de viande. Nous revînmes deux jours plus tard avec du poulet. Nous avions de quoi nous féliciter : perché sur un rocher, sa tête bleue baignée de soleil, le plumage gonflé par le vent, Eddie contemplait sa vallée. Lorsque nous reparûmes le surlendemain avec d'autres provisions de bouche, il s'était évanoui dans la nature. « Vous cherchez le gros oiseau ? interrogea un vieux berger. Il s'est envolé hier. » Je me demande souvent si l'instinct d'Eddie l'a finalement entraîné jusqu'en Inde. Je l'espère. Ou peut-être le vieux pâtre l'avait-il déjà ramené dans le souk.

Tim et moi avions presque fini de rassembler l'iconographie nécessaire à notre ouvrage, et les éditions Thames & Hudson avaient manifesté de l'intérêt pour notre travail à condition que quelqu'un nous apporte son soutien financier. C'est alors que se produisit un nouveau petit miracle, de ceux qui m'avaient soutenue dans mon projet de sauvegarde du vieux Damas. Mon amie Valerie Grove, dont le dalmatien avait englouti tous les bonbons lors de la première fête d'anniversaire de Hester, me conseilla de prendre langue avec Wafic Saïd, le milliardaire qui était en train de faire construire une école de commerce au sein de l'université d'Oxford. Elle venait de l'interviewer pour le *Times* et le courant entre eux était bien passé. « Demande-lui de l'aide. Il est né à Damas. Et tu n'auras qu'à te recommander de moi. » Elle avait eu du flair : Wafic Saïd se fendit d'une telle somme qu'il nous permit d'espérer une édition de luxe.

Théoriquement, nous aurions dû avoir déjà quitté la Syrie, mais l'année précédente AW avait manifesté le souhait de conserver son poste. Il l'avait fait pour moi afin que je vienne à bout de la rénovation de notre maisonnette et de la préparation de mon livre. On était maintenant en 1998 et l'année supplémentaire qui lui avait été accordée touchait à sa fin. À l'heure des vacances d'été, nous quittâmes Damas en sachant que nous n'y retournerions que pour peu de temps. Dans les aéroports syriens, les diplomates se voyaient dispensés d'un certain nombre de formalités. Tandis qu'à la suite de notre chauffeur nous remontions une longue file de touristes britanniques dont on était en train de fouiller les bagages, l'un d'eux nous considéra avec humeur. « Ça doit être agréable de ne pas être quelqu'un d'ordinaire », siffla-t-il sur un ton ironique. Je me remémorai l'incident dans l'avion. La vie des expatriés, avec ce qu'elle comporte de solitude et de nostalgie, de privilèges en tous genres, de hauts vertigineux et de bas profonds comme des gouffres, n'avait certes rien d'ordinaire. Et en ces instants où je me sentais le vent en poupe, la situation me convenait parfaitement.

Mais quelques semaines plus tard à Damas, le 8 septembre 1998 à 8 h 30 pour être précise, j'aurais tout donné pour redevenir Mme Tout-le-monde – être n'importe qui sauf moi. Après cinq années et demie de bonheur, après les succès professionnels accumulés par AW, après tous ces liens que nous avions noués, le ciel nous tomba sur la tête.

L'affaire avait débuté deux ans auparavant. Une enseignante américaine mariée à un Syrien avait supplié AW de jouer de son influence pour que le ministère syrien des Affaires étrangères sponsorise une école internationale ; AW avait accepté, l'établissement se révélant, dans toute la Syrie de l'époque, le seul de son espèce. Mais les problèmes s'étaient multipliés au point qu'une dispute avait éclaté entre la directrice américaine et son adjointe syrienne, menaçant de scinder le personnel de l'école en deux camps rivaux. En tant que président du conseil d'administration, AW avait réclamé la démission de l'adjointe. Au terme de nombreuses discussions et d'autant de querelles, elle avait fini par s'exécuter. À la fin de ces vacances d'été qui devaient être pour nous les dernières à nous ramener à Damas, tous les ennuis paraissaient résolus. On avait repeint l'établissement et embauché des salariés supplémentaires, dont une nouvelle adjointe très respectée ; les effectifs s'élevaient désormais à deux cent quatre-vingts élèves et il fallait ajouter des listes d'attente pour tous les niveaux proposés.

Aux premières heures de ce matin du 8 septembre, AW s'envola pour Bruxelles où il devait assister à une réunion de la Commission européenne. C'était aussi jour de rentrée à l'école internationale, mais il ne nourrissait à cet égard aucune inquiétude. À peu près au moment où les roues de son appareil quittaient la piste, je reçus un appel de la directrice américaine : la police venait de fermer son établissement. Je n'en croyais pas mes oreilles. Il ne pouvait s'agir que d'une regrettable erreur que l'on allait s'empresser de corriger. Je téléphonai à un ministre syrien influent qu'AW et moi connaissions bien et que nous appréciions, le suppliant d'intervenir. Ce n'était pas si simple, me répondit-il gravement : AW n'aurait jamais dû congédier l'adjointe, elle comptait parmi ses amis des personnages importants… Il allait tenter de nous venir en aide, mais peut-être demeurerait-il impuissant du fait des déclarations assénées par l'adjointe après sa démission forcée. Lorsque j'appris la nature de la rumeur colportée (personne ne vint jamais rien nous dire en face), je me sentis terriblement choquée : après avoir recopié toutes les références à Israël dans les manuels scolaires (qui pour la plupart étaient les mêmes que ceux dont usaient les enseignants de l'école américaine), l'adjointe en question s'était rendue dans les locaux de la police secrète, son dossier sous le bras, en nous accusant de je ne sais quelle collusion avec l'État hébreu. Je n'avais jamais rien entendu d'aussi grotesque. Hélas ! nombre de Syriens s'imaginaient alors que les étrangers occupaient le plus clair de leur temps à jouer les espions pour tel ou tel camp. Autant dire que les élucubrations de l'adjointe avaient trouvé là un terreau fertile.

Je n'entrerai pas dans le détail des six semaines suivantes, qui se muèrent pour nous en une véritable séance de torture aggravée par l'obligation où nous étions de débrouiller l'affaire avant notre départ définitif. Plusieurs centaines d'élèves se retrouvaient privés de cours ; leurs parents nous téléphonaient jour et nuit pour savoir ce qui se tramait… comme si nous avions été au courant de quoi que ce soit. AW fit appel à des gens haut placés dont certains avaient inscrit leurs enfants dans cette école ; il usa de tous les contacts qu'il avait noués ; nos chers Groupies déployèrent mille efforts pour se porter à notre secours. Mais personne ne réussissait à obtenir la réouverture de l'établissement. Les autres ambassadeurs firent preuve d'un comportement exemplaire et je leur voue à cet égard une reconnaissance éternelle : ils adressèrent une plainte officielle au ministre syrien des Affaires étrangères – en vain. Nous en avions perdu le sommeil, l'inquiétude nous dévorait ;

quant aux nerfs de la directrice, ils n'étaient pas loin de lâcher.

Une sombre nuée planait en permanence au-dessus de nos têtes. Officiellement, l'école avait été fermée pour non-conformité à toutes les règles imposées par le ministère de l'Éducation. J'ignore ce qu'il en était réellement, mais si tel avait été le cas, alors on aurait réglé la question en moins de temps qu'il n'en faut pour le dire et l'établissement aurait rouvert ses portes. Le ministre de l'Éducation refusa d'ailleurs de rencontrer mon mari.

AW avait travaillé d'arrache-pied et donné de sa personne sans compter pour intensifier les relations entre l'Europe et la Syrie ; à ses côtés œuvraient de merveilleux collaborateurs aussi chers à mon cœur qu'au sien. À leur tour, ils en vinrent pourtant à se retourner contre nous. Peut-être prêtaient-ils l'oreille à la rumeur qui circulait au sujet de l'école ; peut-être condamnaient-ils la sottise dont nous avions fait preuve en nous embarquant dans ce projet ; peut-être, tout bonnement, notre vulnérabilité suscitait-elle en retour leurs manifestations hostiles.

Il me faut confesser que je porte dans cette affaire une part de responsabilité. Je suis impulsive, je ne réfléchis pas. J'avais encouragé AW à soutenir l'école sur la seule foi de ma sympathie pour sa directrice et – quelle ironie – pour son adjointe ; et puis l'idée paraissait si judicieuse… Ce pénible épisode m'a servi de leçon. Je n'interviendrai plus jamais dans ce qui concerne de près ou de loin la vie professionnelle de mon mari. J'ajoute à ma décharge que cette vie professionnelle constituant précisément l'unique cause de ma présence en divers points du globe, il m'est quasiment impossible de ne pas m'en mêler un peu, au moins de m'y intéresser.

Au cœur de la tourmente, ma seule consolation était de songer à Isobel, l'épouse de Richard Burton (consul britannique à Damas en 1870), qui, un siècle avant moi, s'était prise pour la ville où elle s'était installée d'une passion identique à la mienne. Son mari s'était attiré les foudres des riches et des puissants par son refus de se laisser acheter et son obsession de l'équité. Il avait d'ailleurs été rappelé en Angleterre après que ses ennemis s'étaient plaints auprès des autorités londoniennes. Isobel avait décrit l'après-midi précédant l'annonce de leur retour forcé en Grande-Bretagne comme sa « dernière journée de bonheur ». J'aurais pu évoquer en des termes semblables la veille du jour où nous avions appris la fermeture de l'école, même si AW ne se voyait pas d'office rappelé à Londres, même si personne ne le contraignait à quitter prématurément son poste, même s'il s'apprêtait au contraire à s'envoler à la date prévue pour prendre ses nouvelles fonctions à Bruxelles.

Nous nous acquittâmes des formalités de départ – remises de cadeaux, fêtes d'adieu – comme si de rien n'était, mais nous savions tous qu'une épée de Damoclès restait suspendue au-dessus de nos deux têtes, et l'école n'avait pas rouvert. Dans l'avion, je pleurai durant tout le trajet. C'était la première fois de ma vie que je ne redoutais pas un crash, et pour tout dire je l'appelais presque de mes vœux. Je pleurais sur ce pays que j'avais aimé si fort, je pleurais sur l'injustice de notre situation, je pleurais surtout sur la piètre façon dont mon mari s'était vu récompensé du travail qu'il avait abattu et de l'affection sincère qu'il avait portée à la Syrie.

AW retrouva donc Bruxelles au bout de seize ans. Quant à moi, je m'installai en Angleterre pour terminer le livre sur Damas. Curieusement, j'éprouvais moins de colère que de chagrin et la Syrie me manquait assez pour que je laisse ma montre à l'heure damascène.

Je me rappelai la fable du scorpion demandant à une grenouille de l'aider à franchir un cours d'eau.

« Mais tu vas me piquer et je vais mourir, lui oppose la grenouille.

– Bien sûr que non, la rassure le scorpion. Dans ce cas, nous nous noierions tous les deux. Il faudrait que je sois fou ! »

Le batracien s'étant laissé convaincre, le scorpion grimpe sur son dos. Au beau milieu de la rivière, il pique la grenouille. Tandis qu'ils sont en train de se noyer de concert, celle-ci l'interroge :

« Pourquoi, mais pourquoi as-tu fait une chose pareille ?

– Je suis vraiment navré. Je n'ai pas pu m'en empêcher : telle est ma nature. »

Il existe de ce conte diverses versions que j'avais entendues ou lues au cours de mes séjours à l'étranger, des Antilles à l'Inde, de l'Afrique de l'Ouest à la Syrie. Ce qui venait de nous arriver à Damas, me dis-je, révélait mêmement le caractère imprévisible de la nature humaine. Quel dommage, néanmoins, qu'il nous ait fallu tenir le rôle de la grenouille.

Le beau livre sur Damas parut dix-huit mois plus tard*, et nous fûmes ravis autant que stupéfaits d'apprendre que l'ambassadeur de Syrie à Londres avait entrepris de donner une réception tout exprès pour en saluer la sortie. Puis l'on me gratifia d'un prodige supplémentaire : au cours d'une fête organisée par un magazine, je croisai Suzy Menkes, rédactrice en chef des pages mode de l'*International Herald Tribune*, femme ô combien influente qui consacra une critique à notre livre. Il y avait là de quoi s'étonner : s'étonner que l'on m'ait conviée à cette fête, s'étonner plus encore que je me sois trouvée à Londres à ce moment-là, et disponible, s'étonner enfin au plus haut

---

* *Damascus : Hidden Treasures of the Old City*, Londres, Thames & Hudson, 2000.

point de ma rencontre avec Suzy, que je n'avais pas vue depuis un quart de siècle (nous étions à l'époque de jeunes journalistes de mode et nous étions amies). Je ne vois guère que le destin pour avoir machiné toute l'affaire. Suite à son article, le World Monuments Fund* me proposa de donner une conférence sur la vieille ville de Damas à la Royal Geographical Society puis de guider quelques membres prestigieux de son administration à travers les rues de cette cité. Lors de ce séjour en Syrie, partout on nous accueillit à bras ouverts. En somme, je m'étais rachetée ; on m'accordait en contrepartie le droit de reprendre ma place.

Ainsi donc, nos plaies cicatrisaient, mais dois-je supposer qu'en haut lieu elles demeuraient un brin douloureuses ? Faut-il voir une pure coïncidence dans le fait qu'AW, lorsqu'il renoua quelques années plus tard avec les postes à l'étranger, ait été nommé au Kazakhstan, terre des goulags soviétiques ? Je m'égare... Toujours est-il que c'est bel et bien là que nous vivons à présent, et mon cher mari s'y sent comme un poisson dans l'eau.

---

* Organisation privée à but non lucratif fondée en 1965 pour la protection au niveau mondial des monuments menacés. *(N.d.T.)*

XII

Éden kazakh

Almaty, 20 avril 2002.

Je suis rentrée hier au Kazakhstan. À l'aéroport d'Heathrow, une employée de la sécurité a confisqué en bougonnant mon coupe-ongles et ma pince à épiler, avant de dépouiller mon voisin immédiat de son tire-bouchon. Nous nous imaginions déjà tous deux, par manière de plaisanterie, en train de détourner un avion au moyen d'un coupe-ongles et d'un tire-bouchon miniature lorsque, ayant surpris notre échange, l'employée à la mine impassible nous a chanté pouilles.

« Vous vous trouvez peut-être drôles, mais tout cela est on ne peut plus sérieux. »

Elle a en revanche autorisé un passager à embarquer avec une photographie dans son cadre. M. Tire-Bouchon et moi sommes convenus qu'il suffisait d'en briser le verre pour utiliser les tessons en guise d'armes, mais nous n'en avons soufflé mot.

À mon arrivée, il tombait des cordes sous un ciel sombre, mais il me semble découvrir ce matin un univers tout différent de celui que j'ai quitté le mois dernier. Le monde se déclinait alors en noir et blanc, le voilà qui s'expose en couleurs. Cerise sur le gâteau : Nina m'a débité au petit déjeuner une phrase entière en anglais.

En effaçant toute trace de neige, la pluie a en

revanche mis au jour le dépotoir sur lequel nous vivons. Toutes ces bosses que j'avais prises sous leur manteau blanc pour de pittoresques rochers, des monticules herbus, se sont muées en récipients rouillés, blocs de béton hérissés de tiges métalliques ou carcasses de voiture.

Dans la ville s'est produit un phénomène inverse : les misérables immeubles dont on voyait se détacher ici et là des fragments se dissimulent à présent derrière l'épais feuillage des arbres récemment reverdis. Les Russes en ont planté dans la région un nombre considérable. Au début du XXe siècle, pas moins de six millions de plants furent expédiés à Tachkent par le chemin de fer transcaspien afin d'agrémenter les cités récemment fondées dans les parages. Et l'on ne s'est pas contenté d'essences traditionnelles : à Almaty se côtoient platanes orientaux, ormes, tilleuls, érables, peupliers, chênes et marronniers, sans oublier, cela va de soi, l'arbre symbole de la Russie : le bouleau argenté. Les vieilles rues en sont intégralement bordées, au point qu'on a du mal à se croire encore en ville. Cela dit, le spectacle n'est peut-être pas destiné à durer. On murmure que les Kazakhs, parce qu'ils viennent de la steppe, se soucient peu des arbres et les abattent volontiers. Toujours est-il que pour l'heure Almaty verdoie, et si je regarde par la fenêtre de mon grenier, je vois la steppe verdoyer aussi. Je reprends du poil de la bête.

AW, qui s'apprête à accueillir des fonctionnaires venus de Bruxelles, donne ce soir une réception en leur honneur. Quatre-vingts personnes ont été invitées. Après avoir appris la nouvelle au beau milieu de la nuit, j'ai failli sauter aussitôt dans l'avion pour repartir, mais Nina semble contrôler parfaitement la situation ; il ne me reste qu'à arranger les fleurs dans leurs vases et à sourire. À Londres, des amis m'ont raconté que si je me morfonds à Almaty, une jeune femme en fait autant. Elle se nomme Lucy. Il y a quelques années, elle a visité l'Asie centrale avec un groupe de camarades d'université, à dos de cheval et de chameau ; elle y est revenue pour apprendre le russe. Je l'ai invitée à se joindre à nous ce soir ; elle est ravie, me dit-elle, à condition que nous acceptions de la recevoir en tennis – elle n'a rien d'autre à se mettre aux pieds.

Plus tard. La soirée s'est fort bien déroulée. J'admire la manière dont Nina a su confectionner les canapés et autres amuse-bouches sans manifester le moindre signe de stress. Je vais désormais la suivre comme son ombre afin d'apprendre à mieux m'organiser.

Lucy est une jeune femme charmante, originale et pleine d'humour. Je pourrais m'en faire une amie malgré notre différence d'âge. À la réception se trouvaient deux archéologues avec lesquels AW a sympathisé durant mon absence. Après avoir travaillé en Inde et en Chine, Jean-Marc (un Belge) et Renato (un Italien), sont venus ici voilà quelques années pour y étudier l'âge du bronze tardif. Ils sont bouddhistes l'un comme l'autre, l'un comme l'autre petits, maigres, nerveux et pauvres comme Job. En voilà bien deux pour qui les chaussures n'ont strictement aucune importance. Pour tout dire, lorsqu'ils se sont présentés à notre porte, j'étais à deux doigts de leur déclarer, polie mais ferme, qu'ils s'étaient trompés de maison, quand AW s'est précipité vers eux pour leur donner l'accolade. Ils lui ont déjà fait visiter quelques sites et il m'assure que ces deux garçons vont transformer notre vie.

22 avril.

Hier dimanche, guidés par Jean-Marc et Renato, nous avons emmené nos visiteurs officiels sur la steppe pour leur faire découvrir ce qu'il convient de ne pas manquer lors d'une visite au Kazakhstan : les pétroglyphes. Il s'agit de dessins primitifs aux traits rudimentaires représentant des animaux ou des humains, gravés sur des rochers par les tribus qui arpentaient la région à l'âge du bronze. Ceux que nous avons admirés hier à Tamgaly, à cent vingt kilomètres d'Almaty, sont les plus célèbres du pays. Renato avait pris des dispositions pour que nous puissions ensuite nous restaurer dans un village voisin dont les Russes avaient dû faire jadis un kolkhoze. Nous nous sommes assis par terre autour d'une table basse recouverte de plastique, dans la maison en bois du chef, pour déguster une délicieuse pâte à pain tout juste frite accompagnée de beurre, de crème, de confiture... La version kazakhe, en somme, des copieux goûters cornouaillais.

Les fleurs sauvages – de ravissantes petites tulipes jaunes en particulier – pointent le bout de leur nez et s'il s'arrêtait de pleuvoir un moment, le cadre se révélerait enchanteur.

Bichkek, 23 avril.

Hier, AW, Gainee son assistante, les fonctionnaires bruxellois et moi-même nous sommes rendus à Bichkek, capitale du Kirghizstan située à environ trois heures de route d'Almaty. Je ne sais quelle lubie m'avait portée à imaginer que la ville ressemblerait à certaine bourgade pittoresque de la Forêt-Noire allemande : je n'ai pas été loin de fondre en larmes en m'apercevant qu'à l'instar d'Almaty la cité se déclinait au contraire en immeubles de style soviétique menaçant ruine et vilains centres commerciaux, quoique en moins grand et plus décrépit. J'affichais de toute façon un moral catastrophique : pour AW, il s'agit d'un voyage d'affaires, il n'a donc pas une minute à me consacrer ; ma présence est totalement superflue.

Après une journée de flânerie solitaire, peut-être

aurais-je intérêt, me suis-je dit, à réviser mon jugement sur Bichkek. La ville est plus verte encore qu'Almaty, elle regorge d'arbres et de parcs, hélas terriblement mal entretenus – l'herbe vous arrive au niveau du genou. On semble en outre nourrir ici une véritable obsession pour les lilas. Ceux qui poussent dans les parcs ont été systématiquement dépouillés de leurs fleurs et une personne sur deux se promène avec un énorme bouquet de grappes mauves pillé ici ou là.

J'ai visité le musée, colossal édifice d'inspiration soviétique assorti d'une vaste place pavée agrémentée de fontaines, mais le revêtement en marbre de la façade se détache, les pavés se fendent sous la poussée des mauvaises herbes, il y a des détritus plein les fontaines à sec. Dans les grandes salles, la pluie, s'infiltrant à travers le toit, tombait sur les bâches en plastique jetées sur les vitrines. J'ai discuté avec une ancienne employée. Elle m'a révélé que depuis l'indépendance les caisses du gouvernement kirghiz sont vides. Elle-même, a-t-elle ajouté, pourtant diplômée d'une université moscovite, ne gagne que six dollars par mois.

Devant le musée se dresse une gigantesque statue en bronze de Lénine qui, dans un mouvement théâtral, étend le bras vers les montagnes et, au-delà, vers l'Afghanistan. J'ai observé ceux qui se faisaient prendre en photo au pied de la statue : tous imitaient la pose du révolutionnaire. À l'intérieur du bâtiment se trouve un second Lénine immortalisé dans la même posture, mais celui-ci exhibe au bout de son bras une main en plâtre brisée dont les doigts pendent lamentablement – comme s'il avait pressenti la manière dont l'armée soviétique allait se comporter en Afghanistan plusieurs décennies après sa mort…

AW et moi sommes descendus à l'hôtel Hyatt. Autrefois, les clients ne s'y bousculaient pas, mais depuis le 11 septembre et la guerre en Afghanistan, les Américains ont posté trois mille soldats au

Kirghizstan de sorte que l'établissement ne désemplit pas. Étrange spectacle que ces grands militaires survitaminés déambulant dans le hall parmi les petits Kirghiz. Cela m'a rappelé le Vietnam pendant la guerre. (Je travaillais alors au *Sunday Times* et m'y étais rendue pour tenter de me faire un nom dans l'univers des correspondants à l'étranger ; inutile de préciser que je fis un four, mais ceci est une autre histoire.) AW a dévoré tous les biscuits dont la direction avait fait déposer une pleine assiette dans notre chambre, ce qui n'a fait que rendre plus noire encore mon humeur.

Au lieu de me languir de Londres, de nos filles, de nos amis et de l'existence que je mène là-bas, je ferais mieux d'accepter ma présence ici, la perspective d'y demeurer un bon moment, et de jouir de la vie tant que j'en ai la capacité. Après tout je suis formidablement privilégiée. Nina, Ira et Youri se chargent de tout dans la maison. Pourquoi ne pas goûter les avantages de ma situation plutôt que de nourrir cette perpétuelle envie d'être ailleurs ? AW, lui, se plaît en Asie centrale, persuadé qu'il est d'avoir joué, dans une vie antérieure, les cavaliers mongols galopant à travers la steppe. J'ai pour ma part la certitude de ne pas m'être trouvée auprès de lui à l'époque, et il faut à tout prix que je cesse de me plaindre ou il va finir par regretter que je me tienne à ses côtés dans cette existence-ci.

Almaty, 25 avril.

Nous voici de retour à Almaty, où il continue de pleuvoir… La manie du lilas semble s'être propagée jusqu'ici, tout le monde déambule avec de pleines brassées, et à la sortie du marché de petites vieillardes en vendent des branches qu'elles ont dû dérober. Je leur en ai acheté plusieurs dont, sans me vanter, j'ai fait hier soir un magnifique arrangement à l'occasion du dîner que nous avons offert à Jean-Marc, Renato et quelques collègues d'AW. J'ai d'ailleurs été ravie de constater, en entrant dans la salle de séjour, que tous les convives gardaient les yeux rivés sur mon bouquet. Je m'apprêtais à jouer les modestes pour recevoir leurs compliments, mais leurs regards n'avaient rien d'admiratif : tous cherchaient des fleurs munies de plus de quatre pétales, dont on dit ici qu'elles portent bonheur. Si l'on en trouve une, on la mange en formulant un vœu. J'avoue que jamais je n'aurais cru devoir un jour livrer bataille pour empêcher des visiteurs de dévorer mes compositions florales.

Il a tellement plu que j'en viens à craindre que notre maison ne dévale pour de bon la colline ou que l'immense tour de télécommunications qui se dresse derrière chez nous ne s'effondre. Je passe mon temps à tenter de visualiser la scène afin de déterminer si elle risque de s'abattre sur notre toit ou juste à côté, sur celui de la résidence de l'ambassadeur d'Allemagne.

26 avril.

Mon Dieu ! Hester vient de nous appeler du Caire, où elle travaille, pour nous annoncer que l'un de nos meilleurs amis, l'écrivain égyptien Ahdaf Soueif, lui a proposé de lui louer son appartement ; elle emménage après-demain. Si j'en crois mon expérience, cela risque de mettre un terme à notre belle amitié. Il y a quelques années, Hester se rendit en Australie et, comme nous n'y connaissions personne d'autre, je lui confiai le numéro de téléphone de David Malouf, illustre écrivain qu'AW et moi avions eu l'occasion de croiser une fois en Syrie. Je mis en garde notre fille : elle ne devait l'appeler qu'en cas d'urgence – pour des questions de vie ou de mort, s'entend. Elle prit l'avion et nous téléphona vingt-quatre heures plus tard pour nous annoncer qu'elle était arrivée sans encombre.

« C'est formidable, chérie. Et maintenant, où es-tu ?

– Chez David Malouf. »

Je poussai un hurlement.

« Mais qu'est-ce que tu fabriques là-bas ? Je t'avais dit : uniquement en cas d'urgence vitale.

– C'était une urgence, me répondit Hester. Personne n'est venu me chercher à l'aéroport, on était en pleine nuit, je ne savais pas où aller, alors j'ai appelé M. Malouf qui m'a proposé de venir chez lui. »

Après quoi elle me rapporta que, ce matin-là, parce qu'elle avait ouvert ses rideaux à la main au lieu d'utiliser le cordon prévu à cet effet, la cantonnière était tombée par terre, mais, m'assurait-elle, M. Malouf ne lui en avait nullement tenu rigueur. J'eus beau présenter par fax mes plus plates excuses à David Malouf, je n'entendis plus jamais parler de lui.

Notre fête de l'Europe annuelle approche. Elle se tiendra le 24 mai. Mon mari et moi souhaitions à l'origine qu'elle se tienne à l'Opéra récemment rénové, mais les frais se révélaient beaucoup trop élevés. Coup de chance, un collègue d'AW appartient à la famille d'un des meilleurs amis du directeur de l'établissement : les prix vont être revus à la baisse. Nous sommes aux anges.

27 avril.

Ma mâchoire continuant de me causer quelques soucis, Elena, un médecin qui travaille au bureau d'AW, m'a pris rendez-vous chez le dentiste. La consultation a eu lieu à l'hôpital où, après m'avoir examinée, le praticien a fait appel à une spécialiste qui m'a conseillé la thermothérapie. Sitôt dit, sitôt fait. Me voici allongée sur un vieux canapé dans le cabinet plutôt miteux de la doctoresse. Elle approche de mon oreille un énorme cigare composé « de plantes sauvages et d'herbes médicinales », mais on ne me la fait pas : je sais reconnaître l'odeur de la marijuana lorsque je hume la chose. J'entends bien grésiller le duvet sur mes joues, mais les fumées qui passent en flottant au-dessus de mon visage me rendent indifférente à ce menu désagrément. Aussi étrange que cela puisse paraître, ma mâchoire me semble plus docile depuis la séance, mais peut-être la situation se serait-elle améliorée de toute façon.

Les traitements médicaux que l'on prescrit ici ont quelque chose de moyenâgeux. Le médecin du bureau d'AW lui a suggéré les sangsues pour lutter contre l'hypertension. Mon mari a répliqué qu'il possédait déjà une grosse sangsue, moi, et qu'il ne désirait pas frayer avec d'autres spécimens. La masseuse qui officie non loin de chez nous et que l'on m'a recommandée pour mes maux de cou et mes tracas maxillaires donne quant à elle dans les ventouses. Elle n'y a pas encore fait allusion devant moi, mais lors de ma première visite, voilà quelques jours, elle m'a exhortée à boire des infusions de *kalina* car, m'a-t-elle affirmé, elle avait repéré au premier coup d'œil que ma vésicule biliaire ne fonctionnait pas correctement. J'ai trouvé ces baies de viorne au marché Vert. Elles sont rouges et juteuses – mortelles, dirait-on –, mais le remède ayant eu l'air des plus familiers à Nina et Ira, je vais faire une tentative.

À l'hôpital, j'ai été éberluée de voir sur la tête des médecins et infirmières russes s'élever de grandes toques blanches de chefs. Je trouve infiniment troublant de se laisser examiner par un homme ou une femme déguisé en cuisinier. Cela me rappelle qu'avec AW, sur le chemin de son bureau, nous avons repéré il y a peu une grande école hôtelière. Sur un panneau planté à l'entrée s'étalent des affiches représentant un groupe de chefs en train de manipuler divers ustensiles de cuisine. Ils sont rassemblés autour d'un four à micro-ondes tandis que, bouche ouverte, un homme paraît attendre que l'un d'eux y fourre un morceau de pizza. Nous avons été impressionnés par la capacité d'Almaty à accueillir de tels établissements, mais hier, après ma visite chez le dentiste, tandis que j'observais les affiches de plus près, j'ai compris qu'il s'agissait en réalité d'un hôpital. Les hommes en toque sont des médecins, les couteaux à découper des scalpels, le micro-ondes figure un scanner, et le malheureux attend bouche bée qu'on le soigne.

29 avril.

Chaque fois que je vais me promener aux alentours de la maison, j'en reviens avec les mollets couverts de boue et intoxiquée par le plomb contenu dans les gaz d'échappement qu'exhalent les antiques poids lourds qui, chargés de briques ou de ciment, gravissent la colline à grand-peine. Une frénésie de construction s'est emparée d'Almaty, phénomène un brin surprenant si l'on se rappelle qu'elle a perdu son statut de capitale. Dans notre quartier, dix logements sont en train de sortir de terre, et au centre-ville plusieurs immeubles d'habitations et de bureaux à parois vitrées semblent avoir surgi en quelques semaines. L'air est empli des stridences des scies à métaux et des gerbes d'étincelles produites par les soudeurs.

Le Kazakhstan est en plein essor. Il ne ressemble plus guère au pays découvert peu après son indépendance par l'écrivain voyageur Colin Thubron, qui y avait alors croisé un peuple désorienté ne sachant plus qui il était. Gainee elle-même, l'assistante d'AW, affirme son identité kazakhe. Récemment encore, elle se teignait les cheveux en roux et s'efforçait de paraître aussi européenne que ses pommettes hautes et ses yeux bridés le lui permettaient ; elle arbore désormais une chevelure noire et accentue ses traits asiatiques, arrondissant par exemple d'un trait de rouge à lèvres l'arc de Cupidon (les Kazakhes possèdent une bouche exquise).

La fille du président de la République participe très activement au jeu de construction en cours. Elle a déjà ouvert un immense centre commercial baptisé « La Route de la soie » et se lance à présent, non loin de chez nous, dans la reproduction du grand temple de Karnak, hiéroglyphes compris. (Il s'agit, je crois, d'un établissement thermal qu'on appelle ici « sanatorium ».) En huit ou dix semaines ont ouvert deux restaurants aux décors singulièrement tapageurs : un établissement thaï dont les murs s'ornent de deux énormes dragons et un ouzbek aux mirobolantes allures de mosquée, tout en tuiles bleues et blanches. Pour ce que j'en connais, la gastronomie ouzbèke se résume à des kebabs de viande nerveuse et grasse, ainsi qu'au *plov*, viande nerveuse et grasse accompagnée de riz : qui aura jamais l'idée de sortir de chez soi pour se nourrir de tels mets ? Peut-être les propriétaires comptent-ils justement sur l'extravagance architecturale de leur bâtiment pour appâter la clientèle.

L'autre jour, Lucy et ses amis nous ont emmenés dans le restaurant sans doute le moins cher d'Almaty, le Govinda, tenu par les Hare Krishna (nombreux dans les parages). C'est là qu'il convient de se rendre les jours de déprime : la traduction de leur menu est à mourir de rire. Je sais combien la critique est aisée, je sais aussi qu'aucun d'entre nous ne parle un traître mot de kazakh... et puis peut-être étions-nous ce soir-là d'humeur particulièrement joyeuse. Toujours est-il que « patte de bœuf avec abattis » nous a fait exploser.

Ma mâchoire continue de craquer quand je mange, mais j'ai l'impression que les massages pourraient finir par porter leurs fruits. Je ne peux réprimer un accès de culpabilité chaque fois que Milada, qui ne doit pas mesurer son mètre cinquante mais possède la force de six hommes, me pétrit avec vigueur, à ceci près que ces manipulations ne sont pas ici affaire de luxe mais qu'on les considère comme d'authentiques traitements médicaux. La masseuse profite de nos séances pour évoquer à mon intention l'ère soviétique. Comme beaucoup de gens, elle ne se trouve au Kazakhstan que parce que les sbires de Staline y ont jadis exilé sa famille ; deux de ses grands-parents ont trouvé la mort dans un goulag.

9 mai.

Youri m'a taillé un superbe bâton propre à repousser les attaques des animaux, mais je dois avouer que les balades autour de la maison me paraissent bien monotones. On peut, au choix, rester sur la route et susciter les aboiements de tous les chiens en embuscade derrière les hautes palissades de tôle ondulée qui se dressent autour des habitations ou bien, depuis que la neige a fondu, escalader un énorme tas d'ordures pour suivre le sentier herbu qui, derrière notre demeure, mène au sommet de la colline. Hélas ! les agréments de la promenade n'excèdent pas les deux cents mètres car on se trouve bientôt pris entre le dépotoir et la musique assourdissante s'échappant des restaurants établis là-haut.

14 mai.

À peine avais-je fini de déplorer dans ces pages l'impossibilité de s'offrir de jolies balades, que nous avons croisé l'ambassadeur d'Allemagne et son épouse de retour d'une randonnée en compagnie de leur labrador. Nous leur avons demandé dans quel coin ils étaient allés marcher et, Dieu merci, nous voici avec de nouveaux secteurs à explorer. L'un de ces endroits se situe non loin d'un ruisseau dont nous ignorions l'existence, au pied de notre colline. Certes, des bouteilles vides de bière et de vodka jonchent le sol – dans ce pays, on n'échappe jamais aux déchets –, mais au moins le lieu possède-t-il un certain charme et l'on n'y inhale pas de gaz d'échappement. On peut aussi suivre une vieille route bordée de maisonnettes en bois. En fin d'après-midi, des groupes d'enfants y jouent au jeu de puce, à la marelle, bref à tous ces jeux que dans les années 1950, avant l'avènement de la télévision, pratiquaient dans la rue les bambins anglais. À la tombée de la nuit, on croise sur cette même route de vieilles gens ramenant leurs vaches depuis les parcelles où ils les ont fait paître dans la journée, ou alors de jeunes filles reconduisant de petits troupeaux de chèvres.

Si l'on dispose d'un peu plus de temps – il faut effectuer un court trajet en voiture pour se rendre sur place –, on peut encore traverser des vergers de pommiers à l'abandon pour rejoindre le sommet d'une crête d'où l'on contemple les cimes blanches des montagnes. Mon mari et moi, qui avons déjà joui par deux fois du spectacle, en éprouvons un commun sentiment de liberté.

15 mai.

AW a organisé aujourd'hui un déjeuner pour plusieurs journalistes locaux. J'y ai fait la connaissance de deux charmantes Kazakhes qui se virent accorder une entrevue avec George W. Bush lorsqu'il n'était encore que gouverneur du Texas. On les fit entrer dans son bureau après lui avoir annoncé qu'elles venaient du Kazakhstan.

« C'est où ? demanda-t-il. À côté de la Chine ? »

Elles lui répondirent que oui, précisant que leur pays s'étendait entre la Russie et l'empire du Milieu.

« C'est un grand pays ? s'enquit-il.

– Oui, un très grand pays.

– La Chine a un immense avenir devant elle », leur déclara-t-il, sur quoi elles comprirent que l'interview était terminée.

20 mai.

Nous sommes repartis au Kirghizstan où AW devait cette fois inaugurer le Festival du film européen. C'est une production espagnole qui a fait l'ouverture de la manifestation. L'ambassadeur d'Espagne était au bord de la crise de nerfs : non contente de mettre en scène deux homosexuels, l'œuvre traite aussi de l'euthanasie... AW a présenté ce long métrage à Bichkek. L'enthousiasme soulevé par la perspective de visionner une production étrangère quelle qu'elle soit s'est révélé tel que personne n'a seulement songé à s'offusquer de son thème. On aurait pu aussi bien montrer de la peinture en train de sécher, la salle minuscule du Cinema Paradiso kirghiz n'en serait pas moins restée pleine comme un œuf.

AW ayant appris à dire « Bienvenue au public » en kirghiz, il a eu droit en retour à une *standing ovation.* Le propriétaire du petit cinéma était au septième ciel. Festivités très touchantes. Les Kirghiz m'ont l'air nettement plus affables et beaucoup plus amènes que les Kazakhs.

23 mai.

C'est demain que se tient notre fête pour la journée de l'Europe. AW et moi cédons à la panique. Nous y avons certes convié quelque cinq cents personnes mais ignorons totalement si une seule d'entre elles va daigner se montrer. Ce que nous redoutons par-dessus tout, c'est de voir arriver une douzaine d'hôtes, la nouvelle de notre humiliation se répandant ensuite dans *le tout Almaty**. C'est à ce stade des opérations qu'AW perd la tête chaque année, invitant au hasard tel ou tel quidam croisé dans la rue...

Comme la réception se tient à l'Opéra, d'aucuns

* En français dans le texte. *(N.d.T.)*

nous ont appelés pour nous demander quel genre de spectacle nous avons prévu. Nous serions ravis de le savoir nous-mêmes.

25 mai.

Plusieurs centaines de personnes ont honoré la manifestation de leur présence ; nous avons eu tort de nous affoler. En dépit du fait que le directeur de l'Opéra avait précisément choisi ce jour-là pour mettre sens dessus dessous l'ensemble du parking, la fête a remporté un vif succès, au point que les réjouissances duraient encore à vingt et une heures trente, soit une heure au-delà de la clôture prévue. C'est alors qu'un groupe de policiers surgi de nulle part a mis tout le monde dehors. Nous avons quitté les lieux sans regimber, résolus que nous étions déjà à réquisitionner de nouveau l'Opéra l'an prochain.

3 juin.

Jean-Marc et Renato nous ont entraînés sur la steppe (« nous », c'est-à-dire AW et moi, Lucy et quelques-uns de ses camarades), à plusieurs kilomètres d'Almaty, pour nous faire découvrir un site où ils ont mis au jour une habitation datant de l'âge du bronze. Nous avons vécu une journée merveilleuse. La steppe étant devenue le siège d'une gigantesque explosion de coquelicots, le paysage tout entier, pareil à un tableau fauve, abandonne jusqu'à l'horizon le vert pour le rouge. Aux dires de Renato, le jardin d'Éden se situait au Kazakhstan (après tout, c'est ici que sont apparues les premières pommes), et j'avoue que lorsque les conditions sont favorables comme elles l'étaient hier, même quelqu'un comme moi, peu sensible au charme des vastes étendues désertiques, est bien forcé de se laisser conquérir.

Sur la piste de terre que nous suivions au retour, notre 4×4 s'est soudain embourbé jusqu'aux portières. Nous nous trouvions à des kilomètres de tout, la nuit tombait. Jean-Marc et Renato, retroussant les jambes de leur pantalon, se sont mis à creuser la boue à mains nues tandis que nous apportions des pierres pour constituer une surface dure à laquelle les roues pourraient peut-être adhérer – en vain. Par bonheur, l'un de nos compagnons circulait à bord d'une Toyota haut de gamme équipée d'un treuil électrique. Il lui a suffi de crocheter notre véhicule, d'appuyer sur un bouton et, le treuil émettant un gémissement à peine audible, nous nous sommes extirpés de notre ornière.

Pendant que nous reprenions la route d'Almaty, j'ai commencé à dresser un inventaire d'objets de première nécessité sans lesquels nous ne devrons plus jamais nous aventurer sur la steppe. Le treuil, bien sûr, figure en tête de liste. Des listes comme celle-ci, j'en établis depuis que nous sommes mariés. J'en ai rédigé au Népal, en Éthiopie, en Inde, en Afrique, en Syrie, mais nous n'avons jamais rien acheté de ce que j'y avais inscrit. Nous ne possédons pas même une lampe électrique digne de ce nom ! Cette fois, j'ai chapitré AW : il nous faut deux jerrycans de diesel, un autre à emplir d'eau potable, quelques planches à glisser sur le sable ou la boue en cas d'enlisement, une tente, des sacs de couchage, un réchaud Butagaz… Coupant court à mon interminable énumération, la voix de Lucy s'est élevée depuis le siège arrière : « Pourquoi n'achetez-vous pas plutôt un camping-car ? »

4 juin.

Mon cœur bat à tout rompre. Hester vient de téléphoner de Jérusalem. Elle avait depuis longtemps prévu, avant de quitter le Moyen-Orient, d'aller travailler à Ramallah auprès d'un avocat palestinien spécialiste des droits de l'homme, et la voilà dans la place. Elle m'a paru un peu nerveuse, mais elle a trouvé un logement et un moyen d'effectuer chaque jour la navette entre la capitale israélienne et Ramallah en dépit des postes de contrôle.

Dans l'avion qui la menait du Caire à Tel-Aviv, elle était assise à côté d'un Philippin qui a fièrement exhibé devant elle son passeport israélien. « Pourquoi un passeport israélien ? » s'est enquise Hester. Il lui a expliqué que toute sa famille désirait quitter les Philippines : sa sœur tentait de s'installer en Australie, son frère avait opté pour l'Angleterre, mais c'était lui qui s'était montré le plus malin en se convertissant au judaïsme pour rejoindre Israël. Notre fille ne décolérait pas : les Palestiniens ne sont pas en mesure de regagner leur propre pays, mais n'importe quel Philippin peut se voir accorder le droit de s'établir en Israël, et bénéficier en outre de toutes les allocations possibles et imaginables.

9 juin.

Au téléphone, Hester m'a semblé perturbée. Elle passe le week-end à Bethléem avec l'un de nos amis. Hier soir, ils dînaient dehors lorsque les portables de tous les convives se sont mis à sonner en chœur pour les prévenir de l'arrivée des Israéliens dans la ville. Chacun s'est précipité dehors pour déplacer son véhicule – les chars de Tsahal ont coutume d'écraser les voitures – puis est rentré chez soi avant le couvre-feu. Ce matin, les Israéliens avaient mis les voiles.

12 juin.

Hier, les Israéliens ont envahi Ramallah. Pauvre Hester, à qui l'avocat pour lequel elle a tenté de travailler a déclaré qu'elle devait partir, dans la mesure où nul ne peut prédire la suite des événements. Puisqu'elle se retrouve les mains liées, elle a résolu de rentrer en Angleterre par le premier avion disponible. L'initiative était courageuse et je l'admire sincèrement d'avoir essayé d'agir à son échelle.

14 juin.

Il fait chaud, maintenant, et Nina a abandonné ses collants pour se promener jambes nues. « Nues » n'est assurément pas le terme idoine… La quantité de poils que certaines femmes arborent ici s'avère proprement stupéfiante : on croirait presque des bas en mohair brun clair. Cela dit, la pilosité demeure affaire de culture. En Inde, l'employée de l'institut de beauté que je fréquentais ne laissait pas de s'étonner que nous, Européennes, qui nous faisions régulièrement épiler les jambes, exhibions des bras pareils à ceux d'un singe, selon ses propres termes.

16 juin.

Branle-bas de combat. AW part pour Douchanbé, capitale du Tadjikistan, avant de se rendre à Samarkand, en Ouzbékistan, et puisque depuis des semaines je me plains qu'au train où vont les choses je passerai probablement ces quatre années en Asie centrale sans jamais contempler Samarkand, il a jugé bon de m'emmener avec lui.

22 juin.

Je me suis sentie passablement soulagée de regagner Almaty. Je m'en voudrais de jouer les ingrates, mais il me faut avouer que notre escapade a davantage tenu de l'épreuve que de l'excursion touristique. J'ai même découvert à Douchanbé une nouvelle façon de mourir dont je vais avoir désormais tout loisir de nourrir mes angoisses.

Mes premières craintes ont vu le jour dans l'appareil de la compagnie aérienne tadjike, tandis qu'il survolait des pics déchiquetés. AW m'avait assuré que tout se déroulerait au mieux car nous embarquerions à bord d'un « gros avion », ayant simplement omis de me préciser qu'il n'était gros qu'en comparaison avec un tout petit. Ledit avion grouillait de Tadjiks grimpés à bord avec tous leurs ballots. Terrorisée, je n'ai eu d'autre choix que d'avaler sans répit de grandes lampées de cognac qu'AW avait eu l'excellente idée d'emporter pour moi. (Ayant échoué à débusquer une petite bouteille adéquate, il en avait empli un bocal jadis réservé à la pâte de piment : mes lèvres étaient en feu.)

À bord d'un avion, je ne puis m'empêcher d'imaginer qu'en cas d'urgence c'est à moi qu'il incombera d'organiser l'évacuation méthodique de l'appareil, si bien que lorsqu'il paraît évident – et c'était en l'occurrence le cas – qu'aucun passager ne saurait comprendre ni suivre mes instructions (encore moins entonner avec moi *Plus près de toi, mon Dieu*), mon malaise ne fait qu'empirer.

Nous avons volé dans un épais brouillard qui se déchirait par intermittence pour m'offrir le loisir de contempler, glissant à quelques mètres sous notre fuselage, l'un des fameux pics déchiquetés, après quoi nous avons foncé sur Douchanbé à travers des trombes d'eau. Dans l'aéroport, un homme charmant nous a accueillis pour nous conduire à l'hôtel par des rues ressemblant davantage à des rivières qu'à des voies de circulation terrestre. C'est alors – elle était là, cette nouvelle façon de mourir – qu'il nous a prévenus, au cas où nous aurions souhaité flâner un peu dans la ville, que de nombreuses plaques d'égout avaient été emportées par le courant ; la semaine précédente, a-t-il ajouté, une femme avait sombré dans une bouche d'égout et personne ne l'avait revue.

Le lendemain, pendant qu'AW vaquait à ses affaires professionnelles, j'ai visité le marché local puis déambulé dans les rues de Douchanbé, ravissante petite ville érigée dans les années 1920, offrant aux regards des édifices de diverses couleurs construits dans un mélange de styles russe, oriental et classique. Une gigantesque maison de thé *(tchaikhana)* domine la route principale, et partout dans l'air flotte le fumet de la viande que l'on fait griller dehors.

On se sent davantage d'affinités avec les Tadjiks qu'avec les Kazakhs. Les premiers sont d'ascendance iranienne : élégants et affables. Et puis, quel bonheur de constater qu'ici on continue, en matière de bâtiment, de faire la part belle aux techniques ancestrales – peinture et sculpture – plutôt que de s'en remettre aveuglément aux vertus du béton.

Ce soir, le président a donné un banquet pour célébrer le cinquième anniversaire de la fin de la guerre civile qui a déchiré le pays. Il y a mis à l'honneur les officiels russes et iraniens, de même que les fonctionnaires de l'ONU ayant pris part à l'époque aux pourparlers de paix. Le dîner s'est déroulé de façon on ne peut plus protocolaire, jusqu'à ce que le chef de l'État, après s'être jeté une ou deux vodkas derrière la cravate, n'entreprenne de transformer sa réception en véritable rave party.

On a alors ordonné à ces messieurs de tomber la veste, tandis que le président en personne prenait possession de la vaste piste de danse, seul aux côtés d'une artiste de cabaret. On sentait poindre dans l'assistance un certain embarras. Puis la catastrophe est survenue : le chef de l'État a foncé droit vers notre table pour m'inviter à danser. Ce genre de drame se produit d'ordinaire dans des cauchemars dont on se réveille couvert de sueur en songeant : « Mon Dieu ! Je viens de faire un rêve abominable. Je dansais avec le président du Tadjikistan, nous évoluions au milieu d'une gigantesque piste de danse vide, face à deux cents personnes. »

Ma mère nous a plusieurs fois narré un épisode. Lors d'une garden-party organisée par un rajah, ce dernier lui propose d'échanger quelques balles avec deux vainqueurs de Wimbledon, Borotra et Cochet. Elle a beau tenter de faire valoir que son tennis n'est décidément pas à la hauteur de l'enjeu, le rajah lui reproche son excès de modestie, ajoutant qu'il ne saurait essuyer un refus de sa part. Elle se change, puis se dirige vers le court en priant pour qu'un prodige la tire de ce mauvais pas, et bientôt c'est chose faite : une guêpe la pique.

Alors que je m'avançais au bras du chef de l'État, je priais quant à moi pour qu'un tremblement de terre survienne, une tentative d'assassinat, une crise cardiaque, n'importe quoi pour m'épargner ce supplice, mais je n'ai pas eu autant de chance que ma mère. Mon unique consolation était d'avoir mis ce soir-là mes plus belles chaussures. (J'avais failli en choisir de toutes dépenaillées, songeant que sous la table personne ne les remarquerait.) Le président, qui dans son genre colosse soviétique se révèle plutôt bel homme, est aussi bon danseur. Je me suis lancée pour ma part, les bras en l'air, dans une chorégraphie vaguement arabe tout en implorant le ciel de mettre un terme à mon calvaire.

Une demi-heure plus tard, j'ai enfin pu regagner ma place. J'étais encore tremblante de terreur, ce qui me paraît expliquer pourquoi ma main, prise d'une convulsion soudaine, a expédié le contenu intégral de mon verre de vodka sur l'élégant représentant de l'ONU assis à côté de moi. « C'est à cause de ce que je viens de dire ? » a-t-il plaisanté avec indulgence.

Le lendemain soir, nous partions dîner avec tous les employés du bureau de Douchanbé, qu'AW avait invités, lorsque Lucy a fait son apparition. Sac au dos, elle voyageait dans la région avec un ami et avait retrouvé notre trace. Assise près d'elle, je lui ai demandé pour quel plat elle avait opté. « Des escalopes de poulet. Et j'espère qu'ils les accommodent avec des fruits secs, sinon je me demande bien ce qui est en train de craquer sous mes dents. »

Pour gagner Douchanbé, Lucy avait suivi la voie qu'à notre tour nous avons empruntée le jour suivant. J'ai horreur de l'altitude ; les routes de montagne bordées de précipices comptent parmi mes phobies les plus tenaces. Avant le départ, j'ai donc fait subir à mon amie un interrogatoire serré sur la question. Elle ne m'a pas appris grand-chose, sinon qu'on n'était nullement contraint de s'y reprendre à trois fois pour négocier les virages…

J'aurais mieux fait de regagner Almaty dans la seconde. Jamais je n'ai eu aussi peur de toute ma vie (sauf quand il m'avait fallu, durant la guerre du Vietnam, voler en compagnie de soldats américains à bord d'un hélicoptère aux portes grandes ouvertes). J'en fais encore des cauchemars.

Tahir, le chauffeur tadjik du bureau, s'est installé derrière le volant. Les premiers kilomètres ont été splendides : nous serpentions, heureux comme des rois (Gainee, Tahir, AW et moi), à travers de belles vallées verdoyantes en dégustant les pêches achetées la veille au soir sur le marché. Mais bientôt la route s'est mise à grimper dangereusement en longeant le vide. Nous n'avons pas tardé à atteindre des hauteurs où nulle végétation ne poussait plus. De temps à autre, AW s'extasiait : « Regarde un peu cette vue ! » Mais j'avais fermé les yeux et rejeté mon corps à l'opposé du précipice, comme si mon seul poids et ma seule volonté pouvaient suffire à garder notre voiture sur cette piste creusée d'ornières.

Il nous a fallu plusieurs heures pour atteindre le col couvert de neige puis amorcer notre descente, le seul point positif de l'aventure résidant dans la quasi-absence de circulation en sens inverse – nous avons appris plus tard qu'un camion en panne bloquait la route dans l'autre direction.

Au début de notre périple, je récitais joyeusement

les vers de James Elroy Flecker* qui ont fait la renommée de Samarkand :

Nous ne voyageons pas pour le seul négoce.
Un feu plus brûlant avive nos cœurs fougueux.
Désireux d'apprendre ce qui ne devrait être su,
Nous empruntons la route d'or de Samarkand.

À présent, je tentais de chasser loin de moi les images répétitives de notre automobile versant dans un précipice.

Au terme du martyre, j'ai demandé à Tahir s'il arrivait que des voitures tombent pour de bon dans le vide. « Bien sûr que oui ! m'a-t-il répondu. Durant les trois mois d'été au cours desquels la route est ouverte, cela se produit sans arrêt... »

Dans un café de Pendijkent où nous avions fait halte pour visiter les ruines d'une cité sogdienne, le même Tahir m'a suggéré très humblement de bien vouloir traiter mon pain avec plus d'égards. Au Tadjikistan, il se présente sous la forme d'une galette que l'hôte rompt pour en offrir ensuite un morceau à chacun de ses convives. Je m'étais contentée de récupérer ma part et de la poser à côté de mon assiette.

« Oh ! mon Dieu ! Qu'ai-je fait de mal ?

– Désolé, *khanum* [« madame » en farsi], mais vous avez posé votre pain à l'envers, ce qui est très irrespectueux. »

Je me suis empressée de le retourner.

Impossible au Tadjikistan d'avaler une tasse de thé sur le pouce. Lorsque la théière arrive, le maître ou la maîtresse de maison emplit une tasse avant de reverser le liquide dans la théière – et cela trois fois de suite. Puis, ayant rempli une nouvelle tasse qu'il met

---

* Poète, dramaturge et diplomate anglais (1884-1915). Il est l'auteur du *Voyage doré à Samarkand* (1913). *(N.d.T.)*

de côté pour la déguster plus tard, il se décide enfin à servir ses invités.

Ceux qui s'y sont rendus aiment à dire que Samarkand est une ville décevante à cause des excès de rénovation auxquels on s'y est livré, ajoutant que l'œil est blessé par le contraste entre le lumineux bleu magique des vieilles tuiles et les tons ternes des matériaux employés par les restaurateurs. Tout cela est exact, mais pour moi, si heureuse de n'avoir pas péri en route, Samarkand constituait le plus bel endroit au monde. La cité elle-même n'a rien d'exceptionnel, mais elle abrite d'immenses marchés et des monuments spectaculaires. AW et moi avions peine à croire à la chance qui nous était offerte de nous trouver là, après le grand désert culturel auquel nous faisions face au Kazakhstan. Hélas ! les édifices religieux se sont mués en vastes boutiques pour touristes. De la seule mosquée de Shah-i-Zinda, érigée sur le tombeau d'un cousin du Prophète, émane encore un parfum de spiritualité. Lors de notre visite, des familles et des groupes de pèlerins y imploraient le mollah de prier pour eux. Nous lui avons demandé à notre tour de prier pour notre famille.

24 juin.

Presque tous les dimanches, nous partons en expédition avec Jean-Marc et Renato, souvent flanqués d'une Lucy traînant avec elle une légère gueule de bois, d'un charmant couple du British Council, de Brian (un collègue d'AW) et de quiconque se présente au bureau des deux archéologues à dix heures du matin. Renato, la cinquantaine, est un homme à la peau mate, aussi passionné que débordant d'énergie. Jean-Marc, qui doit avoir un peu plus de trente ans, est un garçon aussi espiègle qu'angélique. Après s'être rencontrés à Hanoi voilà environ sept ans, ils ont élu domicile en Asie centrale dont ils connaissent les moindres recoins.

AW avait vu juste : ils ont changé notre vie. Chaque semaine nous apporte une nouvelle aventure. Sans eux, jamais nous n'aurions visité les élevages d'autruches et de chameaux installés sur la steppe (le yaourt au lait de chamelle fait fureur), non plus que ce sinistre lieu de pèlerinage au cœur des sombres forêts de pins proches d'Almaty, où jadis les bolcheviks abattirent trois prêtres.

10 août.

Le premier membre de la famille à nous rendre visite, Claudia, passera ici une partie des vacances. Je la soupçonne certes de trouver n'importe quelle excuse pour éviter de chercher du travail, mais je me réjouis de sa présence parmi nous.

Avec l'été se donnent à voir de curieux spectacles. Le parc Panfilov se trouve soudain envahi de mariées en robe blanche dont les voiles voltigent entre les arbres. On se croirait dans un film surréaliste français. C'est qu'ici on aime à honorer les défunts : les jeunes épousées se font donc photographier devant des monuments aux morts, et le parc abrite le plus émouvant d'Almaty, érigé à la mémoire des Kazakhs de la division Panfilov qui ont succombé en défendant Moscou.

26 août.

L'ambassadeur des Pays-Bas et son épouse ont loué une yourte, qu'ils ont fait dresser dans une vallée située à environ une heure et demie de route d'Almaty. Après nous avoir invités à y pique-niquer en leur compagnie, ils nous en ont indiqué le chemin, mais nous nous sommes perdus, de sorte qu'il nous a fallu faire halte pour poser aux autochtones la question la plus saugrenue que nous ayons jamais eu l'occasion de formuler : « Excusez-moi, pourriez-vous m'indiquer où se trouve la yourte de l'ambassadeur des Pays-Bas ? » (Cette interrogation fut traduite en russe par AW.)

Enfin parvenus à destination, nous avons découvert un endroit ravissant. J'en étais déjà à proposer que nous partagions ensemble la location l'an prochain lorsque mon enthousiasme est retombé devant les bestioles grouillant autour de nous – il y avait des araignées à foison.

4 novembre.

Nous avons été réveillés au beau milieu de la nuit par un tremblement de terre. Le lit vibrait, un objet est venu heurter le toit avec violence et tous les aboyeurs du quartier observaient dans un silence sinistre. « Que doit-on faire ? » Je pressai AW d'agir. Il était en train de réfléchir à la question, m'a-t-il répondu, aussi suis-je demeurée allongée auprès de lui en attendant ses instructions pour finalement m'apercevoir qu'il s'était rendormi.

Je n'irai pas, je crois, jusqu'à prendre exemple sur l'épouse de l'ambassadeur de Grèce qui, conformément aux conseils délivrés par l'ambassade des États-Unis, a préparé une valise contenant l'essentiel de ses possessions et documents de valeur, mais je déposerai désormais chaque soir ma robe de chambre et mes pantoufles à côté du lit afin, le jour venu, d'éviter de me retrouver dehors en pyjama et pieds nus dans la neige.

10 décembre.

Quelle misère ! J'en suis arrivée à tenir mon journal avec une irrégularité comparable à celle des livraisons du *Guardian Weekly*. C'est que nous voilà installés dans une manière de routine – rien de bien folichon, c'est l'hiver à présent –, mais ma vie ne manque certes pas d'agrément. J'expédie des e-mails, je rédige ici ou là des articles pour quiconque m'en fait la demande, je mets à jour ces pages, je me rends au club féminin d'Almaty pour y retrouver celles qui sont devenues mes amies, et puis – c'est au fond ce que je préfère – je ratisse les échoppes en quête de tapisseries et autres broderies car je me suis lancée dans le commerce.

Ayant en effet pris contact en Angleterre avec quelqu'un qui me rachète mes trouvailles, j'ai tout loisir de faire les boutiques sans en concevoir la moindre culpabilité. J'engloutis mes bénéfices dans l'acquisition d'extraordinaires tapis confectionnés par les Ouïgours (musulmans vivant dans la province chinoise du Xinjiang, de l'autre côté des montagnes kazakhes). Paul Bergne, ancien ambassadeur de Grande-Bretagne en Ouzbékistan et éminent spécialiste de l'Asie centrale, les appelle des « tapis de fond d'évier » parce que leurs motifs représentent des vases emplis de fleurs, des tables, des lampes et jusqu'à des régimes de bananes. Ces ouvrages ont de quoi intriguer ; je compte organiser une exposition à notre retour définitif en Angleterre.

AW et moi donnons un dîner officiel à peu près chaque semaine. On nous invite aussi de temps à autre. Il faut ajouter les fêtes nationales célébrées dans les diverses ambassades où se tiennent également des manifestations culturelles. Il nous arrive encore d'assister à un opéra ou à un ballet. L'autre jour, Jean-Marc et Renato nous ont amené pour le déjeuner Leila, *prima ballerina* du Kazakhstan. Elle est exquise – aussi vulnérable, dirait-on, qu'un flocon de neige. Nous nous faisions l'effet de véritables éléphants en comparaison. Au beau milieu du repas, comme j'insistais pour qu'elle se serve plus copieusement, elle nous a annoncé qu'elle avait entrepris un régime car elle se jugeait beaucoup trop grosse. Depuis, AW et moi l'avons surnommée la « ballerine obèse ».

Lorsque nous nous retrouvons en tête à tête le soir, à la maison, nous lisons, ou nous regardons des vidéos. Nous avons tendance à éviter les journaux télévisés : nous ne supportons plus d'apprendre chaque jour l'assassinat de plusieurs Palestiniens ; quant aux sourires suffisants de George Bush et à la guerre en Irak, ils font grimper en flèche la tension artérielle d'AW. Lors de mon dernier séjour à Londres, l'un de mes amis anthropologues m'a remis tout un tas de documentaires animaliers dont j'étais censée faire don de sa part au British Council, mais les cassettes ne sont jamais arrivées à bon port, AW et moi ayant dégoté parmi elles *Chimpanzés en folie*, *Les Trois Petits Chimpanzés* et *Peines de cœur d'un chimpanzé*... autant d'excellents dérivatifs aux Bush, Blair et autres Saddam Hussein. Il ne nous reste hélas que cinq émissions à nous mettre sous la dent.

2 mars 2003.

Il m'a fallu pour diverses raisons retourner plusieurs fois en Europe au cours des quelques mois qui viennent de s'écouler. Ma dernière visite remonte au début de février ; après quoi je suis rentrée dare-dare pour aider AW à organiser la visite officielle de son supérieur, Chris Patten. Mais à la dernière minute, alors que tout était fin prêt, le déplacement a été annulé en raison des événements liés à la situation en Irak. Si AW se sentait cruellement déçu, je sautais de joie car il était prévu que je donne un déjeuner pour les huiles de Bruxelles ainsi que pour les ambassadeurs européens en poste ici, et même si l'assurance de Nina l'emportait (de justesse) sur mes appréhensions, c'est une fameuse épine que l'on m'a ôtée du pied.

Puisqu'il nous était rigoureusement impossible de participer à la grande manifestation pacifiste organisée à Londres, AW et moi avons proposé à

Jean-Marc et Renato d'en organiser une à Almaty. Mais sans autorisation spéciale du gouvernement, tout rassemblement public se voit ici interdit, aussi nos deux archéologues nous ont-ils proposé de troquer la marche contre un concert pour la paix auquel pourraient se joindre des représentants de toutes les confessions du Kazakhstan. Hier, ils nous ont demandé de venir solliciter avec eux les membres de divers groupes religieux. (Ils ont déjà reçu l'aval de l'évêque catholique et d'un prêtre russe orthodoxe.)

Après nous être retrouvés dans leur bureau en compagnie d'Alexei (moine bouddhiste) et d'un documentariste italien dont Renato a fait hier la connaissance au beau milieu de la rue, nous nous sommes mis en route. AW et moi suivions le minibus des garçons en compagnie de Lucy et d'Omar, un jeune ami irakien de passage à Almaty. Le bus a fait halte dans un crissement de pneus à la sortie de la ville pour laisser monter un autre dignitaire religieux, un mollah tchétchène, hilare et dodu, avant de nous entraîner sur les mornes routes de la steppe enneigée jusqu'à l'escale suivante : la communauté Hare Krishna. De jeunes hommes courtois au crâne rasé, vêtus de robes beaucoup trop légères pour la température extérieure, nous ont conduits auprès de leur gourou, Govinda Swami. Ce dernier nous a appris qu'il était originaire de Nashville, dans le Tennessee, l'information n'étant pas loin de constituer l'élément le plus surprenant de notre entretien avec lui.

Sa maison est équipée d'un chauffage par le sol. On nous a fait asseoir par terre, à ses pieds, pendant qu'une Russe ravissante nous servait un délicieux thé à la grenade accompagné de ce qui ressemblait à des caramels. J'ai songé tout à coup que quand l'heure sonnerait pour moi, au lieu de prendre mes quartiers dans une maison de retraite en Angleterre (où, comme je viens de le lire dans le *Guardian Weekly*, on assomme 80 % des pensionnaires à coups de tranquillisants), j'aurais tout intérêt à rejoindre une communauté Hare Krishna. On y respecte les personnes âgées, la nourriture est exquise, le logement douillet, la musique douce à l'oreille, et puis les robes que l'on porte ici, dépourvues de boutons et de fermeture Éclair, se révèlent plus indulgentes aux mains abîmées par l'arthrite. Cela dit, j'intégrerais plus volontiers une communauté établie aux Antilles que sur la steppe kazakhe.

Govinda Swami ayant été fort séduit par notre idée de concert, il a non seulement accepté d'y participer mais encore proposé de faire distribuer à titre gracieux de la nourriture à l'entracte, de nous fournir les haut-parleurs pour la scène, ainsi que de la musique et des chants.

Enivrés par notre succès, nous avons repris notre périple pour rendre visite à un chaman que Jean-Marc et Renato ont débusqué dans une hutte posée sur la steppe à deux pas d'une série de grottes. Sans doute me faut-il préciser que le chamanisme constituait autrefois la religion commune à toute l'Asie centrale ; les chamans, à l'instar des sorciers africains, ne vouent pas de culte à des « dieux » en tant que tels mais communiquent avec la nature et les esprits. Partout sur la steppe, notamment là où il y a de l'eau, se dressent des arbres couverts de petits morceaux de tissu, noués aux branches par ceux qui sont passés dans les parages en guise de prières ou de porte-bonheur – ce qui tend à prouver que le chamanisme demeure ancré dans l'âme kazakhe.

Il nous a fallu un temps considérable pour gagner la cahute du chaman, la mine d'Omar et de Lucy s'allongeant à proportion car ils avaient prévu d'aller skier dans l'après-midi ; AW, quant à lui, devenait de plus en plus irritable ; pour ma part, je m'ennuyais ferme et j'avais faim...

Le chaman était tout compte fait une vieillarde farouche aux yeux perçants qui, affublée d'une longue robe et d'un turban, se promenait avec un gros bâton sculpté. Elle nous a fait entrer chez elle (il nous a fallu pour ce faire passer devant une peau de mouton accrochée au mur extérieur de la maison et dégoulinant de sang), et nous avons pris place sur de petits tapis.

Je crois bien que c'est à ce moment-là que le fou rire a commencé à s'emparer de moi. Quelle drôle d'assemblée nous formions : la femme chaman, le moine, le mollah, le jeune Irakien, le documentariste italien, Jean-Marc et Renato – sans compter AW, ambassadeur de la Communauté européenne, et moi, son épouse. Pour ajouter au délire ambiant, les deux assistants de notre hôtesse étaient affublés d'un long manteau kazakh et d'un couvre-chef qui était une version burlesque de celui de Nelson, en velours bleu rehaussé de galons dorés. Je me suis mise à glousser, mais je n'étais pas au bout de mes peines…

La femme chaman ayant décrété que nous avions tous besoin d'un « traitement », elle nous a appelés les uns après les autres à ses côtés pour nous asséner à chacun un grand coup de bâton, avant de nous gifler violemment puis de nous cracher à la figure. À voir AW recevoir la bastonnade, j'ai hoqueté de plus belle, si bien que lorsque mon tour est venu, elle m'a littéralement passée à tabac avant de me glaviotter quatre fois en plein visage. Au sortir de sa demeure, l'hilarité m'a de nouveau terrassée, comme elle a aussi terrassé AW, Omar et Lucy. Je m'empresse de préciser, avant que l'on ne me jette le mauvais œil, qu'il n'entrait dans nos excès d'allégresse nulle raillerie. Nous nous étions au contraire pris de sympathie pour la femme chaman ; à sa façon elle nous en avait imposé. Elle avait de surcroît accepté de se joindre à notre concert.

Dans la voiture qui nous ramenait vers Almaty, je me suis soudain avisée que je vivais depuis un peu plus de douze mois au Kazakhstan. En mars de l'année dernière, j'étais effondrée, incapable d'apercevoir la moindre lueur au bout du tunnel. Or je me retrouvais auprès de mon cher AW, de quelques jeunes amis, les mâchoires douloureuses d'avoir tant ri, heureuse comme une reine tandis que nous roulions à travers la steppe pour rentrer chez nous après avoir consacré notre dimanche après-midi à une femme chaman ! Ce n'est assurément pas le Somerset qui m'aurait offert l'occasion de prendre part à une telle odyssée.

J'étais convaincue, voilà un an, de ne pouvoir supporter les quatre longues années qui m'attendaient ici ; je comptais supplier mon époux de prendre sa retraite au bout de trois ans maximum. À présent, je me demande quelle urgence devrait nous pousser à quitter un pays capable de nous réserver des journées comme celle que nous venons de vivre. Au long de notre existence nomade, il m'est arrivé de songer au jour où AW cesserait ses activités professionnelles. Hier, j'ai compris pour la première fois que ce jour refermerait derrière nous la porte de l'aventure – une porte qui une fois close ne doit pas être commode à rouvrir.

Quand AW m'a demandée en mariage, il m'a annoncé : « Je ne peux pas te promettre que tu deviendras riche, mais je te promets solennellement que tu ne t'ennuieras jamais. » Assurément, il a tenu sa promesse, et si le scénario qu'ensemble nous avons écrit ne correspond pas tout à fait à celui que j'aurais pu concocter seule, de quel droit pourrais-je me plaindre ?

Voilà ce que je vais tenter d'expliquer à Cecilia, la jeune épouse de l'ambassadeur de Roumanie qui a renoncé à exercer la médecine pour suivre son mari.

Épilogue

Cecilia et moi aurions eu bien du mal à imaginer, lors de la soirée d'adieu du nonce apostolique qui me paraît s'être tenue il y a des siècles, qu'il me faudrait pour répondre à sa question plus de deux ans et un livre tout entier.

Elle ne s'est certes pas contentée, dans l'intervalle, de se morfondre en attendant mes conseils : elle a appris le russe, étudié l'acupuncture et travaille désormais à temps partiel dans un hôpital d'Almaty. Son mari est encore en poste pour une année au Kazakhstan, après quoi le couple ignore où on l'enverra. Mais au vu des enseignements qu'elle aura tirés de cette première affectation, m'affirme la jeune femme, elle saura désormais trouver ses marques n'importe où – ce qui, bien sûr, n'ira pas sans larmes de temps à autre.

Tel est notre lot commun…

Notre concert pour la paix s'est révélé un succès, même si nous avons rencontré quelques soucis au démarrage car lorsque les représentants religieux ont commencé à s'adresser au public, le propriétaire de la salle a cédé à la panique. « Ce n'est pas un concert, s'est-il affolé, c'est une réunion politique ! Je ne peux pas donner mon accord. Je risque de gros ennuis. Il faut faire sortir tout le monde immédiatement. »

Nous l'avons finalement persuadé qu'il se ferait plus aisément remarquer en évacuant d'un coup sept cent cinquante personnes qu'en leur permettant de demeurer sur leurs sièges, aussi a-t-il verrouillé la salle de même que la grille d'entrée – le prêtre russe orthodoxe, qui était arrivé en retard, se trouvant dès lors dans l'incapacité de nous rejoindre à l'intérieur. N'importe, le voilà qui, en robe et couvre-chef, entreprend d'escalader le mur d'enceinte jusqu'à ce que la police mette la main sur ce « vandale religieux ». (Elle lui a rendu sa liberté peu après, une fois la situation éclaircie.)

AW a choisi, non de prendre sa retraite au bout de trois ans, mais de demeurer à son poste kazakh jusqu'au terme des quatre années prévues, puis d'en solliciter un autre*.

Hester s'est mariée avec le gendre idéal. Elle a obtenu son diplôme d'avocate, mais elle a ensuite décidé de reprendre ses études pour se spécialiser dans le droit humanitaire. À l'heure où j'écris ces lignes, elle a retrouvé le chemin de l'université.

Claudia a finalement obtenu son diplôme l'an dernier. Elle est parvenue à retarder de quelques mois encore le moment d'occuper un emploi à temps complet en collaborant à la publication de ce livre, mais je lui en serai éternellement reconnaissante, car elle a fait preuve dans l'entreprise d'un immense savoir-faire. Elle travaille à présent dans l'édition et s'est fiancée avec un charmant Gallois.

Bing et Marcelle, grâce aux relations qu'ils ont nouées à Damas, sont respectivement devenus majordome et gouvernante auprès d'un diplomate de l'ONU. Ils vivent à New York où tout paraît leur sourire.

Ceesay ayant perdu son emploi l'année dernière, il s'est mis à expédier des mails affolés à AW pour lui exposer qu'il ne retrouvait pas de travail et n'avait plus de quoi subvenir aux besoins de sa famille. Mon

---

* Au début de 2008, Alan Waddams est devenu le premier ambassadeur de l'Union européenne en Azerbaïdjan. *(N.d.T.)*

mari n'a vu d'autre solution que de lui acheter un terrain et de l'aider financièrement à y bâtir une maison. Des fenêtres des maisonnettes que j'avais photographiées à Almaty, j'ai tiré une affiche pour contribuer à réunir la somme nécessaire. Je n'aurai finalement pas sombré pour rien dans les congères et ne regrette plus de m'être parfois fait attaquer par des chiens. La demeure de Ceesay est terminée ; il nous en a fait parvenir un cliché sur lequel on le voit poser fièrement devant son œuvre. Nous espérons pouvoir un jour aller l'admirer pour de bon.

Julia, la femelle gorille, a passé de nombreuses années au zoo de Jersey avant de rejoindre celui de Melbourne en 1997 pour cause d'incompatibilité d'humeur avec le dos argenté que l'on venait alors d'introduire à Jersey. Elle s'est beaucoup plu à Melbourne, au point de donner naissance en 2000 à une petite Jumatano. Julia et sa fille ont intégré un groupe de six gorilles, et les autorités du zoo affirment que la femelle s'avère une mère exemplaire. Serait-elle capable de reconnaître Claudia si d'aventure nous nous rendions en Australie ?

Nous avons, à notre départ de Gambie, offert notre chère Toy à un jeune vétérinaire britannique qui, au même titre que son épouse, s'est beaucoup attaché à la chienne. Elle a gagné sa place au sein du foyer en exterminant, avec l'aide d'un congénère, un énorme cobra en furie qui s'était présenté sur le seuil de la maison. Toy est morte de vieillesse en 1997.

Quand nous nous sommes installés au Kazakhstan, mon petit logis damascène m'a brusquement paru si lointain – et si complexe la tâche de veiller sur lui – que je l'ai vendu. Aujourd'hui je le regrette.

Mon ouvrage sur Damas a produit l'effet escompté : des autochtones aussi bien que des étrangers (maintenant autorisés à investir dans l'immobilier) rénovent des demeures dans la vieille ville.

Le charmant couple du British Council, récemment

promu, a quitté le Kazakhstan, comme tant d'autres avec lesquels je m'étais liée peu à peu et sur lesquels j'avais appris à compter. C'est quand Lucy nous a fait ses adieux que j'ai éprouvé le vide le plus intense. Cela dit, elle s'est installée en Angleterre, ce qui signifie que j'aurai l'occasion de la voir chaque fois que je m'y rendrai.

La colossale statue de Lénine qui se dressait devant le musée de Bichkek, la dernière à être demeurée si longtemps en place dans l'ex-Union soviétique, a été finalement remisée en 2003 dans un endroit moins prestigieux.

Quant à Nina, Ira et Youri, ils sont toujours à notre service et nous les apprécions tous trois plus que jamais. L'été dernier, Nina s'est mise à se raser les jambes.

Et moi ? Eh bien je me suis surprise il y a quelques jours, au cours d'une soirée, à terrifier la jeune épouse d'un diplomate récemment nommé à Almaty en lui parlant du risque élevé de tremblement de terre. Je me mue peu à peu, ai-je pensé, en authentique expatriée. Heureusement, nous n'allons pas tarder à déménager.

Table des matières

Composition et mise en pages : FACOMPO, LISIEUX

Achevé d'imprimer en mars 2010
sur les presses de Normandie Roto Impression s.a.s
à Lonrai (Orne)
pour le compte des Éditions Payot & Rivages
106, bd Saint-Germain - 75006 Paris
N° d'imprimeur : 101233
Dépôt légal : avril 2010

Imprimé en France